쉽고 정확한
노자 도덕경

김준곤 지음

아우룸

머리말

『도덕경』은 성경 다음으로 많이 번역되어 출간된 책이라 한다. 오늘날에도 독자의 눈높이나 필요에 따라 다양한 관점과 수준에서 『도덕경』 해설서가 출간되고 있지만, 여전히 보통 사람이 『도덕경』의 내용을 접하고 그 내용을 이해하는 것은 쉬운 일은 아니다.

더구나, 일부의 책들은 한자 원문과 한글 번역이 맞지 않는 책이 있는가 하면, 한글 번역문 자체가 뜻이 통하지 않아 무슨 말인지 잘 알 수가 없는 책도 있다. 그리고 좀 더 전문적이고 내용이 비교적 충실한 일부 책들은 대상 독자를 관련 분야 연구자나 교수 등 전문가들로 한정한 것인지는 모르지만 마치 논문을 읽는 것같이 전문적이고 어려워, 『도덕경』의 내용을 쉽게 알고자 하는 보통 사람들로서는 이 역시 읽고 이해하기가 쉽지 않다.

또한, 『도덕경』에는 어려운 한자가 적지 않고, 또한 일상적인 한자라 하더라도 『도덕경』 특유의 뜻으로 해석을 해야 문맥이 통하는 한자도 적지 않은데, 읽는 중에 이러한 한자의 음과 뜻을 같이 적어 독자의 편의를 고려한 책도 많지는 않다.

대체로, 『도덕경』의 내용이 궁금한 사람이 반드시 동양 고전의 숙련가나 학자일 수는 없으며, 일반인들도 쉽고 빠르게 그리고 비교적 정확하게 『도덕경』의 내용을 알 수는 없을까, 라는 생각을 하게 되고 그런 생각이 이 책을 발간하게 된 가장 직접적인 동기이다.

생각해 보면, 『도덕경』은 중국 춘추 시대 말 공자와 동시대의 노자라는 인물이 저술한 책이라는 주장에서부터 전국 시대나 심지어는 진시황 때에 이르러 오늘날과 같은 책의 형태로 등장했다는 설까지 있다 보니 내용의 동질성이나 앞뒤 문맥의 일관성 문제도 적잖이 있어 당연히, 그 해석도 복잡하고 다양하다.

『도덕경』의 판본도 여러 종류가 있으며 같은 판본이라고 해도 시대에 따라 내용이 서로 다른 경우도 있다. 이 책에서는 우리나라에서 가장 많이 통용되는 삼국 시대 위(魏)나라 왕필(王弼)의 노자주(老子注)를 기본으로 하되, 내용이 미심쩍은 부분은 한(漢)의 하상공(河上公)이 저술했다는 『노자하상공장구(老子河上公章句)』와 1973년 중국 후난성 장사시 마왕퇴(湖南省 長沙市 馬王堆, 한나라 초기 한 문제 때인 BC 168년 축조)에서 출토된 마왕퇴 백서 갑·을본을 참고 판본으로 하기로 한다.

『도덕경』이 오늘날처럼 81장으로 나누어진 것은 긴 문장을 적당히 잘라서 장이나 구로 짧게 나누어 그 안의 내용을 파악하던 소위 '장구지학(章句之學)'이 유행한 한(漢)나라 때의 일이다. 특히 한(漢)의 하상공(河上公)이라는 사람은 81개의 장(章)마다 각 장의 내용을 요약해서 장의 제목을 붙였다. 그러나 유감스럽게도 장의 제목(=장명, 章名) 중 어떤 것은 해당 장의 내용을 대표한다고 보이는 것도 있지만 어떤 장은 장명 자체가 무슨 뜻인지 모를 정도로 모호하고 해당 장의 내용을 대표한다고 보기 어려운 장도 적잖아 그의 장명을 그대로 따라 하기는 어렵다.

해당 장의 내용을 대표하지도 않는 장명을 굳이 따라 할 필요는 없지만 그렇다고 장명이 없이 제17장이니 제65장이니 하고, 숫자로만 장을 표시하는 것도 어색하고 불편하다. 어떤 책에서는 한글 번역의 첫 부분을 장명으로 한 것도 있으나, 장명이 너무 긴 느낌이 있어 이 책에서는 해당 장에 나오는 한문의 첫 단어나 첫 구절을 장명으로 하기로 했다. 바로 『논어』에서 편명을 붙이는 방식이다(『논어』 학이편, 위정편 등). 짧아서 인용 시에도 불편을 덜 수 있고 장과 장 간에 변별력도 있어서 나름 장점이 있다고 본다.

『도덕경』을 연구하는 데 평생을 바친 연구자나 전문가의 눈으로 볼 때는 이 책은 여전히 허점이 많아 못마땅한 부분도 많이 있을 것이다. 그러나 『도덕경』을 알고 싶은 많은 사람에게 '『도덕경』의 내용은 이런 것이다.'라고 알려 주고 그들로 하여금 『도덕경』을 비롯한 고전에 새로운 흥미를 유발시키는 일이 나는 전혀 무의미하지만은 않다고 생각한다.

『도덕경』은 한자로 되어 있는 책이고 한자가 가진 의미의 다양성, 포괄성, 모호성으로 그 뜻을 한글로 명확하게 옮기기가 쉽지는 않다. 그러나 이 책에서는 최대한 한자 원문의 뜻을 살리면서 일반 사람들이 이해하기 쉽도록 해석하는 데 노력했다고 자부한다. 아울러, 고전이라고 해서 그 문헌이 성립될 당시의 가치관이 오늘날에도 무조건 모두 옳다거나 아니면, 억지로 오늘날의 가치관과 부합하도록 견강부회(牽强附會)하는 것도 옳지 않다고 생각한다.

오늘날의 견지에서 볼 때 명백히 잘못된 것은 오히려 잘못된 것이라고 솔직히 인정하여야, 올바른 것이 더 빛이 난다고 본다. 이것이 고전을 대하는 보다 올바른 자세가 아닌가 생각된다. 그런 의미에서 나는 이 책에서 노자의 생각이라도 오늘날 가치관으로 볼 때 명백히 잘못된 것은 잘못되었다고 솔직히 지적하고자 한다.

또한, 『도덕경』은 일관되지 않은 내용이 상당수 포함되어 있음에도 불구하고 처음부터 끝까지 일관된 하나의 논리로 해석이 가능한 것처럼 말하는 것 역시 견강부회가 될 수 있다고 생각한다. 나는 이 책에서 앞뒤의 말이 서로 모순되어 다른 내용은 다르다고 말하고자 한다. 그래야 읽는 이의 고민을 덜 수 있다고 생각한다.

『도덕경』은 뭐니 뭐니 해도 지금으로부터 이천 수백 년 전, 중국의 춘추 전국 시대라는 미증유의 난세를 맞아 삶의 터전을 잃고, 그간 믿고 의지해 온 삶의 지향점 마저 흔들려 정처없이 헤매는 수많은 사람들에 대한 무한한 애정으로 그들의 삶을 다둑이며 격려하는 처세술 교본이자 그러한 백성들을 위해 힘써야 할 위정자들이나 장차 위정자를 꿈꾸는 사람들이 가져야 할 진정한 마음가짐을 설파한 지혜의 보고(寶庫)이다. 비록 시대와 상황은 다르지만 노자가 처했던 전국 난세는 유감스럽게도 오늘날의 경제 상황이나 국제 정세에서 여전히 진행형이며 노자의 대처 방안 역시 대부분 여전히 유효하다고 본다.

그러나 『도덕경』이 처세술이나 제왕학의 교본이라고 해서 『도덕경』 자체가 문자 그대로 교본 식으로 딱딱하게 이것은 무엇이고 저것은 어떻게 되어야 한다는 식으로 독자들을 가르쳐 들려 하지 않는다. 마치 한 편의 가벼운 시나 수필을 읽는 것처럼 독자가 별로 부담을 느끼지 못하는 중에 자신도 모르게 무릎을 치게 만드는 세상사의 교훈이나 경구가 도처에 잠복해 있다는 데에 『도덕경』의 참다운 매력이 있다고 생각한다.

나는 이 책을 『도덕경』을 알고자 하는 많은 사람들, 특히 한자 공부와 병행하면서 고전도 알고 싶은 학생들이나 많고 적은 종업원들을 거느리고 전국 시대의 난세와 꼭 같이 죽느냐 죽이느냐는 험난한 기업 환경에 동분서주하는 기업 경영인들과 장차 정치에 대한 꿈을 키우고 있는 정치 지망생, 그리고 어려운 정치 현실에서 무엇이 참된 길이며 정의인가를 고민하는 많은 현직 정치인들에게 권하고자 한다. 그 분들이 이 책을 틈틈이 읽고 이천 수백 년을 이어 온 선철(先哲)의 지혜를 현재의 상황에 재조명해 보는 기회를 가지는 데 도움이 된다면 더 바랄 것 없는 기쁨으로 여길 수 있을 것이다.

끝으로, 이 책이 출간되기까지 물심양면으로 애를 써 준 많은 분들, 특히 출판사 관계자분들이나 친지 그리고 아내 황희옥에게 감사드린다. 이 책이 다소나마 세상이 노자의 도를 이해하는 데 공헌한다면 그 모두는 다 그분들의 덕이다.

2019년 6월 18일

龍谷 김준곤 씀

쉽고 정확한
노자 도덕경

머리말   3

노자와 『도덕경』   11
   1. 노자에 대하여
   2. 『도덕경』에 대하여

제1장. 도가도 (道可道)	19	제21장. 공덕 (孔德)	99
제2장. 천하개지 (天下皆知)	24	제22장. 곡즉전 (曲則全)	102
제3장. 불상현 (不尙賢)	27	제23장. 희언 (希言)	105
제4장. 도충 (道沖)	30	제24장. 기자 (企者)	109
제5장. 천지불인 (天地不仁)	33	제25장. 유물 (有物)	112
제6장. 곡신 (谷神)	38	제26장. 중위경근 (重爲輕根)	117
제7장. 천장지구 (天長地久)	41	제27장. 선행 (善行)	121
제8장. 상선약수 (上善若水)	44	제28장. 지기웅 (知其雄)	124
제9장. 지이영지 (持而盈之)	48	제29장. 장욕 (將欲)	128
제10장. 재영백 (載營魄)	51	제30장. 이도 (以道)	132
제11장. 삼십폭 (三十輻)	56	제31장. 부병자 (夫兵者)	137
제12장. 오색 (五色)	59	제32장. 도상무명 (道常無名)	143
제13장. 총욕 (寵辱)	63	제33장. 지인자 (知人者)	147
제14장. 시지불견 (視之不見)	67	제34장. 대도 (大道)	151
제15장. 고지 (古之)	71	제35장. 집대상 (執大象)	155
제16장. 치허극 (致虛極)	75	제36장. 장욕흡지 (將欲歙之)	158
제17장. 태상 (太上)	79	제37장. 도상무위 (道常無爲)	162
제18장. 대도폐 (大道廢)	83	제38장. 상덕 (上德)	165
제19장. 절성 (絶聖)	87	제39장. 석지득 (昔之得)	170
제20장. 절학무우 (絶學無憂)	92	제40장. 반자 (反者)	176

제41장. 상사문도 (上士聞道)	178		제61장. 대국자 (大國者)	252
제42장. 도생일 (道生一)	183		제62장. 도자 (道者)	256
제43장. 천하지지 (天下之至)	188		제63장. 위무위 (爲無爲)	259
제44장. 명여신 (名與身)	190		제64장. 기안이지 (其安易持)	263
제45장. 대성 (大成)	194		제65장. 고지선위 (古之善爲)	268
제46장. 천하유도 (天下有道)	199		제66장. 강해 (江海)	272
제47장. 불출호 (不出戶)	202		제67장. 천하개위 (天下皆謂)	275
제48장. 위학 (爲學)	206		제68장. 선위사자 (善爲士者)	280
제49장. 성인 (聖人)	209		제69장. 용병 (用兵)	284
제50장. 출생 (出生)	213		제70장. 오언 (吾言)	288
제51장. 도생지 (道生之)	217		제71장. 지부지 (知不知)	290
제52장. 천하유시 (天下有始)	220		제72장. 민불외위 (民不畏威)	293
제53장. 사아 (使我)	223		제73장. 용어감 (勇於敢)	296
제54장. 선건자 (善建者)	226		제74장. 민불외사 (民不畏死)	300
제55장. 함덕 (含德)	229		제75장. 민지기 (民之饑)	303
제56장. 지자 (知者)	232		제76장. 인지생 (人之生)	307
제57장. 이정치국 (以正治國)	235		제77장. 천지도 (天之道)	311
제58장. 기정민민 (其政悶悶)	239		제78장. 천하막유 (天下莫柔)	315
제59장. 치인 (治人)	246		제79장. 화대원 (和大怨)	319
제60장. 치대국 (治大國)	249		제80장. 소국 (小國)	322
			제81장. 신언 (信言)	327

노자와 『도덕경』

1. 노자에 대하여

노자에 대한 가장 오래된 기록은 사마천의 『사기』 노자한비열전(史記 老子韓非列傳)이다. 그에 따르면, 노자에 대하여는 세 가지 설이 있다고 한다.

첫째 설은, 노자는 초나라 고현 여향 곡인리(楚 苦縣 勵鄕 曲仁里, 오늘날 중국 허난성 주구시 녹읍현) 사람으로 성은 이(李)씨, 이름은 이(耳), 자(字)는 담(聃)이며, 주(周)나라 왕실의 책을 관리하는 수장실(守藏室)의 관리를 지냈다고 한다.

공자가 주나라에 갔을 때 노자를 찾아가 예에 대해서 물었다. 노자는 "그대가 말하는 사람들은 이미 뼈까지 썩어 그 말만이 귀에 남아 있을 뿐인 사람들이다. 군자는 때를 만나면 가마에 오르지만 때를 만나지 못하면 자기 손으로 물건을 이고 들고 가야 한다. 내가 듣기로는 좋은 상인은 물건을 숨기고 없는 것처럼 하고, 군자는 많은 덕을 지녔지만 겉으로는 어리석은 것처럼 보인다고 한다. 그러니, 그대는 교만함과 과다한 욕심을 버리고 또한, 가식적인 태도와 표정과 음험한 뜻도 버려라. 그것은 모두 그대에게 도움이 되지 않는 것들이다. 내가 그대에게 말하고자 하는 바는 이것뿐이다."라고 했다.

공자가 돌아가서 제자들에게 다음과 같이 말했다. "새는 날 수 있고 물고기는 헤엄칠 수 있고 짐승은 달릴 수 있어 뛰는 것은 그물로 잡을 수 있고 헤엄치는 것은 낚시로 낚을 수 있고 나는 것은 화살로 잡을 수 있지만, 용은 바람이나 구름을 타고 하늘로 오르기 때문에 잡는 방법을 모르겠구나. 오늘 노자를 봤는데 마치 용과 같은 사람이었다."

노자는 도덕을 닦았으며 그 학문은 스스로 숨겨 이름을 남기지 않는 것이었다. 주나라에 오래 있다가 주나라가 쇠퇴함을 보고 마침내 떠나서 관(關)에 이르렀다. 관을 지키는 책임자인 윤희(尹喜)가 "선생님이 이제 은둔하시려나 봅니다. 무리하지만 저를 위하여 책을 좀 써 주십시오."라고 말했다. 이에 노자가 객관으로 가서 밤새 도덕에 관한 말 5천여 자로 된 책 상·하편을 지어 주고 떠났으며 그 뒤를 아무도 알지 못한다고 한다.

둘째 설은 노래자(老萊子)란 사람 역시 초나라 사람이며 저서가 15편 있는데 도가(道家)에 관한 글이고 공자와 동시대의 사람이라 전해진다. 대체로 노자가 160여 세를 살았다거나 혹은 200여 세를 살았다는 것도 그가 도를 닦고 수명을 잘 조정한 탓이라고 한다.

셋째 설은 공자 사후 129년이 지난 뒤 주(周)나라의 태사 담(儋)이 진헌공(秦獻公)에게 말하기를 "처음에 진(秦)은 주(周)와 합해져 있었으나 오백 년 후에 떨어졌고 떨어진 지 70년 후에 진에서 패왕이 나왔다"라고 했는데 이 담(儋)이 즉, 노자라고 한다.

사마천이 『사기』를 완성한 때가 BC 90년이니 이미 공자가 죽은 지 400년이 지난 후이다. 노자를 대체로 공자와 동시대의 사람이라 가정한다 해도, 400년이 지난 사마천 때에도 여전히 노자에 대하여 세 가지 설을 얘기하고 있을 정도니 노자에 대하여는 확실한 것이 거의 없다 해도 과언이 아닐 것이다. 여기에 좀 특이한 것이 있다면 사마천이 이야기한 첫 번째 가설에 관한 것이다. 이렇게 불확실한 노자에 대하여 사마천이 이름과 자(字)까지 알고 있는 것도 이상하지만 이름과 자 자체도 석연치 않다. 이름이 이(耳, 귀라는 뜻)인데도 자(字)가 담(聃)이라 하니 담(聃)이란 통상 귀가 아주 크다는 뜻이지만 귓바퀴가 없다는 뜻도 있다.

아무래도 통상적인 자(字)가 아니어서 후세의 장자(莊子) 계통의 도가(道家)에서 말하는 가공의 이름이나 자(字)가 아닌가 한다. 더구나 공자가 주나라를 방문한 때는 공자가 비록 젊지만 이미 노(魯)나라에서 상당한 명망과 지위를 가진 신분인 데 반하여, 주(周)의 왕립도서관장에 불과한 이이(李耳)가 이웃 나라의 명망가 손님이 아마도 매우 공손한 태도를 취하고 더군다나 '예'에 대하여 묻는 공자에게 '무례'하게도 "그대가 말하는 사람들은 이미 뼈까지 썩은 사람들이다"라든가 "그대의 교만함과 과다한 욕심을 버리고 또한, 가식적인 태도와 표정, 음험한 뜻도 버려라"라는 등 거의 욕설에 가까운 충고를 던진다는 건 상식적으로 이해하기 힘든 응대 장면이라고 생각된다.

이러한 수모에 대해 공자가 수긍하고 돌아와 제자들에게 노자는 용에 가까운 인물이라고 평가했다는 것도 상식에 맞지 않는다. 사실 노자와 공자가 면담을 하고 공자가 노자를 용에 비유했다는 이야기는 『장자』 천운편에 나온다. 말하자면 도가 측의 일방적인 문헌에서만 나오는 이야기라는 것이다. 사마천의 『사기』는 이 『장자』 천운편을 근거로 한 것이라는 것이 현재의 통설이며 『장자』의 다른 내용이 대부분 가공의 이야기이므로, 그에 근거한 노자와 장자의 만남도 사실이 아닌 가공의 이야기일 확률이 높다.

더구나 공자와 노자라는 특별한 사람들이 만나고 문답하고, 만남 이후에 제자들에게 공자가 그 만남을 평가까지 한 사건에 대하여 공자 사후 제자들에 의해 편찬된 『논어』에서나 그 뒤에 맹자 학파에 의한 『맹자』나 전국 말기에 순자 계열의 『순자』 전국 말기의 여불위의 『여씨춘추』 등 주요 서적에서 노자와 공자의 만남에 대해서는 어떠한 언급도 없다는 것 역시 이 만남이 사실이 아니라는 것을 반증한다고 본다.

노자와 공자의 만남이 사실이 아니라면 노자는 공자와 동시대의 사람이 아니라 주나라 천자 중심의 천하관이 흔들리고 유가가 성행한 전국 시대 이후의 사람일 확률이 높다. 『도덕경』의 내용 중에 유가의 대표적인 인의예지 중 특히 예에 대해서 신랄한 비판을 하고 있는 것으로 보아 유가 중에서도 특히 예를 숭상하였던 순자 이후의 인물일 가능성이 크다. 아마도, 노자는 전국 중기 이후에 왕의 주변에서 무위정치의 유용성을 믿으며 사관(史官) 등으로 오랫동안 일정 지위와 학식을 가지고 천하가 하나로 움직여 가는 것을 직접 보고 느낀 사람들일 것으로 생각된다. 이 부분에 대하여는 본문에서 상세히 다룬다.

2. 『도덕경』에 대하여

빼어난 현인들이 남긴 어록이나 저서를 높이는 말로 '경(經)'이란 용어가 사용된 때가 한 경제(漢景帝, 재위 BC 157~141) 이후이니 노자가 지었다는 책이 『도덕경』이라는 명칭으로 사용된 것도 그 이후로 봐야 한다. 통상, 맹자가 지은 책이 『맹자』로 불리듯이 노자가 지은 책도 『노자』로 일컫는 것이 보통이다. 그러나 본서에서는 편의상, 노자가 지었다는 책은 『도덕경』이라 하여 '노자'라는 개인과의 용어상의 혼동을 피하고자 한다.

노자에 관한 설이 나누어지듯이 『도덕경』의 성립 시기에 대한 설도 나누어진다.

첫째는, 노자가 공자와 비슷한 시기에 살았고 공자와 예에 관하여 문답을 나눈 『사기(史記)』의 기록 등을 대체로 긍정하는 설이다. 이 설에 따르면 『도덕경』은 춘추 시대(BC 770~402) 말경에 『논어』와 비슷한 시기에 성립되었다고 본다. 그러나, 노자가 함곡관을 지키던 윤희에게 5천 자로 된 책을 처음 저술해 주었다는 이야기는 『도덕경』 제70장 오언(吾言)에서 노자가 '내 말은 아주 알기 쉽고 행하기도 쉽다. 그러나 세상 사람들은 알지 못하고 행하지도 않는다(吾言甚易知, 甚易行, 天下莫能知, 莫能行(오언심이지 심이행, 천하막능지 막능행))'라고 자기의 말이나 글을 세상 사람들이 몰라준다고 한탄하는 대목이 있는 것으로 보아 이러한 도덕경의 윤희 첫 전수설은 앞뒤가 맞지 않아 사실이 아닐 가능성이 크다.

두 번째는, 노자의 저술이 『장자(莊子)』, 『여씨춘추』 등 전국 시대 이후의 주요 저서에 언급되지 않은 점, 인의(仁義) 등 전성기의 유가 사상을 비판하는 등의 사실에 주목하여 『도덕경』은 전국 시대 말이나 진시황을 전후한 시기 등 훨씬 후기에 잡가적 경향을 가진 사람들의 집단에 의해 저술된 것이라고 본다. 그러나 『도덕경』에는 전국 시대 중기 이후에 성선설, 성악설 등 맹렬한 논쟁을 거쳐 유행했던 인성의 본성론(本性論)에 대한 내용이 없고 전국 중기의 도가의 대유행을 고려할 때 그들의 교과서인 『도덕경』을 훨씬 후인 전국 말기나 진한(秦漢) 시기의 저작으로 보는 것은 무리한 추론이라고 생각한다.

즉, 전국 시대 중기 사람인 맹자가 말한 '호연지기(浩然之氣)' 하나에도 다른 유파의 것을 모방했다는 모방설 등 치열한 논쟁의 흔적이 남아 있는데 『도덕경』에는 인성의 본성에 관한 논의 흔적이 전혀 없다. 한편 전국 중기, 소위 '직하학'이 융성했던 제위왕(齊威王, BC 378~320) 시에 적게는 수백 명, 많게는 수천 명의 같은 학파의 학자들이 모여 자기 논리를 개발하고 타 학파와 치열한 논쟁을 벌였다.

이때 각자의 학파를 이끈 선생들은 각자 이미 자기의 저서를 들고 제후들에게 유세를 했는데, 이 직하학궁에서 가장 세력이 큰 것이 도가 학파였다. 그런데 이 도가 학파만이 유가의 『논어』, 묵가의 『묵자』와는 달리 그들을 이념적으로 뭉치게 하고 이끌었던 교과서적인 책이 없었다고 하는 것은 상식적이지 않다. 그러므로 적어도 전국 시대 중기 이전에 이미 도가 학파를 이끌었던 『도덕경』이 어떤 형태로나마 책으로 성립되어 있었다고 보는 것이 상식적이고 타당하다고 생각된다.

그리고, 1993년 중국 후베이성 곽점촌에서 발굴된 전국 시대 초나라 시대의 분묘는 대체로 전국 시대 중기에 해당하는 BC 300년 전후에 조성된 것으로 추정되는데, 여기에서 발굴된 노자 죽간본(곽점초묘 죽간본, 郭店楚墓 竹簡本)은 오늘날 통행본으로 사용되는 왕필본에 비해 그 내용이 5분의 2 정도에 불과하지만, 『도덕경』의 성립 연대를 적어도 전국 시대 중기 이전으로 추정하는 데 중요한 근거가 된다고 생각된다.

그러나, 전국 중기 이후의 『맹자』나 『장자』 『순자』, 그리고 전국 말기의 여불위의 『여씨춘추』 등에서는 노담이나 노자라는 인물의 말을 인용하는 경우는 있어도, 『도덕경』이나 『노자』라는 책과 그 내용을 인용한 예가 없으므로 전국 말기에 이르러서도 『도덕경』이나 『노자』라는 책이 없었다는 반론도 있다.

그러나 『장자』, 『여씨춘추』 등의 책에서도 분명히 노자나 노담의 말을 인용하고 있고 그 인용의 근거가 구전(口傳)이 아니라면 그런 책을 저술할 때에는 노자의 말은 어떤 형태건 '문자화되어 있었다'라고 봐야 한다. 나는 그 '문자화된 문건'의 이름이 '노자'가 아니므로 그 '문자화된 문건'의 존재 자체도 부정하는 것은 옳지 않다고 본다.

결론적으로 『도덕경』은 책명이야 어떻든, 적어도 전국 시대 중기에는 기본적인 형태가 '문자화된 문건'으로 되어 있던 책이며 내용은 그 이후에 꾸준히 가필되었다고 보는 것이 타당하다. 특히, 유가에 대해 대립적인 내용이 곽점초묘 죽간본에는 없었으나 왕필본 등 통상본에는 나타나는 것으로 보아 후세로 갈수록 노자의 초기 문헌에 전국 시대에 걸쳐 많은 노자 그룹의 사람들이 내용을 보완하여 오늘날의 형태를 갖추게 되었다고 본다.

이러하므로 『도덕경』의 판본도 여러 종류가 있으나 이 책에서는 앞서 말했듯이 가장 많이 통용되는 삼국 시대 위(魏)나라 왕필(王弼)의 노자주(老子注)를 기본 판본으로 하되, 한(漢)의 하상공(河上公)이 저술했다는 『노자하상공장구(老子河上公章句)』를 참고하고 일부는 1973년 중국 후난성 장사시 마왕퇴(湖南省 長沙市 馬王堆)에서 출토된 백서 갑본 및 백서 을본을 참고 판본으로 한다.

제1장. 도가도(道可道)

도라고 부를 수 있는 도는 참된 도가 아니고

이름 지어 부를 수 있는 이름은 참된 이름이 아니다.

이름이 없을 때 천지가 시작되었고,

이름이 있을 때 비로소 만물이 생겨났다.

보고자 함이 없을 때 도의 오묘함을 보고,

보고자 함이 있을 때 도의 끝없음을 본다.

이 두 가지는 같은 것이며 다른 이름으로 불릴 뿐이다.

똑같이 심오하다고 일컬어지며 심오하고도 심오하니,

모든 오묘함으로 가는 문이 된다.

道可道, 非常[1]道, 名可名, 非常名 (도가도, 비상도, 명가명, 비상명)

無名[2], 天地之始, 有名, 萬物之母 (무명, 천지지시, 유명, 만물지모)

---

1 비상도(非常道)에서 상(常)은 곽점초간문이나 백서에서는 항(恒)으로 되어 있다. 이는 한나라의 제3대 황제인 한문제(漢文帝)의 이름이 유항(劉恒)이므로 그 항(恒) 자를 피해서 같은 의미인 상(常) 자를 대신 쓴 것이다.

2 백서 갑본이나 을본에서도 '無名天地之始也, 有名萬物之母也'으로 붙여져 있어 무명이나 유명에서 끊어 읽는지 무나 유에서 끊어 읽는지가 불분명하다. 그러나 '恒無欲也 以觀其妙, 恒有欲也 以觀其所徼 (항무욕야 이관기묘, 항무욕야 이관기소요)'에서 무욕(無欲)이나 유욕(有欲) 뒤에 야(也)를 붙이고 있어

故常無欲, 以觀其妙, 常有欲, 以觀其徼 (고상무욕, 이관기묘, 상유욕, 이관기요)

此兩者同出而異名 (차양자동출이이명)

同謂之玄, 玄之又玄, 衆妙之門 (동위지현, 현지우현, 중묘지문)

常(상) 항상, 늘 그러함, 여기서는 참되다, 진짜라는 뜻으로 쓰임 | 欲(욕) 하고자 하다 | 其(기) 그, 그것 | 妙(묘) 오묘하다, 미묘하다 | 徼(요) 돌다, 가장자리, 크다는 뜻 | 此(차) 이, 이것 | 謂(위) 이르다, 일컫다 | 玄(현) 검다, 깊다, 심오하다 | 衆(중) 무리, 많다

해설

『도덕경』에서 도(道)란 대체로 아래의 뜻으로 사용되는데 첫째는, 우주 만물이 생성되고 변화하는 근본적인 원리나 법칙을 뜻하고 둘째는, 어떤 체제나 행위에서 마땅히 있어야 할 핵심적이고 당위적인 요소라는 뜻으로 쓰이며 셋째로는, 우주 만물을 생성·변화시키는 근본적 실체란 뜻을 갖는데 이 경우는 사실상 기(氣)와 같은 뜻이 된다. 『도덕경』에서 도는 대체로 앞의 두 가지 의미로 쓰인다.

구체적으로 어떤 경우에 어떤 의미로 쓰이는지는 한마디로 말하기 어렵다. 도의 이러한 면 때문에 노자는 도가도(道可道)에서 두 번째 도(道)는

무와 유를 욕(欲)이나 명(名)과 떼어서 읽지 않고 무명, 유욕 등으로 붙여서 읽어야 함을 알 수 있다.

동사로서 '말하다'라는 의미로 쓰며 명가명(名可名)에서 두 번째 명(名) 역시, '이름 지어 부르다'라는 동사로 쓴다.

즉, 도를 도라고 부를 때 그 도라는 것은 우리가 갖고 있는 기존의 지식이나 통념으로 규정된 도를 말하기 때문에 그것은 본래의 있는 그대로의 도가 아닌 것이며, 이름 지어 부를 때도 그 이름으로 불리는 실체는 우리가 그 이름으로 상식이나 개념으로 덧씌운 것이므로, 본래의 참된 실체가 아니라고 하는 것이다.

도는 크게는 형이상학적인 우주 자연의 근본 원리나 법칙이며 작게는 사람의 모든 행위나 상황에서 필수 불가결한 핵심적 당위적 요소이므로 언제나 우리 주변에 두루 있다. 그러므로 우리는 도를 너무 포괄적이고 신비적으로 표현하여 일상의 삶과 동떨어진 개념으로 만드는 것은 경계하여야 한다.

'무명, 천지지시(無名, 天地之始)'에 관해서는 '무, 명천지지시(無, 名天地之始)' 등으로 무(無) 뒤에 구두점을 찍어서 읽어야 한다는 견해도 있다. 즉, 故常無, 欲以觀其妙(고상무, 욕이관기묘) 등으로 읽는 방식이다. 그러나 통상본보다 앞선 마왕퇴 백서에서는 무욕(無欲)이나 유욕(有欲) 뒤에 야(也)를 붙이고 있어(恒無欲也, 以觀其妙, 恒有欲也, 以觀其所徼), 당초부터 무와 유를 욕(欲)이나 명(名)과 떼어서 독자적으로 읽지 않고 무명, 유욕 등으로 붙여서 읽어야 옳음을 알 수 있다.

천지가 만들어졌던 태초에는 아무것도 이름이 없었으며, 그것이 무명이다. 그러나 그것들이 이름을 가졌을 때(有名) 만물이 비로소 그로부터 개념화되어 나타나게 되었다. 그러므로 유명은 만물의 어머니인 것이다. 그러나 만물은 이름이 있을 때나 없을 때나 사실은 같은 것이며 단지 그들에게 이름이 붙었느냐 붙지 않았느냐의 차이가 있을 뿐인 것이다.

즉, 이름이 붙지 않았을 때의 본질적인 세계나 이름을 붙여 우리가 인식하는 대상 세계나 근본적으로는 같은 것이지만 다만, 우리가 그 이름을 달리 부르며 그에 따라 인식을 달리할 뿐인 것이다. 우리가 도에 대한 의식 없이(常無欲, 상무욕) 세상을 바라볼 때는 우주 만물이 저절로 운행하며 질서 있게 이루어지는, 말로 설명할 수 없는 오묘함을 보고 도를 의식하면서(常有欲, 상유욕) 세상을 바라볼 때는 도가 세상천지에서 행하는 한없이 크고 광대무변한 역할을 보게 된다. 그러나 도를 의도 없이 볼 때의 오묘함이나 의도를 갖고 볼 때의 광대무변함은 또한 같은 것이며 말만 달리할 뿐인 것이다.

노자는 도의 오묘함이나 광대무변함을 현(玄)으로 표현한다. 현(玄)이란 검다는 뜻이지만 단순히 검다는 흑(黑)과는 다르다. 천장에 매달아 놓은 흰 실타래가 세월이 지나면 점점 검어진다는 것이 검을 현(玄)의 원래 뜻이다. 마치 바닷물이 일정 깊이 이상으로 깊어지면 빛이 사라져서 점차 어두워지고, 해가 저물어 빛이 점점 사라져서 사방이 점점 어두워지는 그런 의미로 검다는 뜻이다.

이렇게 검어진 모양은 단순히 먹물이나 재가 검은 것과는 다르다. 오랜 세월의 깊이를 지닌다. 이러한 세월의 깊이에서 현(玄)이 깊다, 오묘하다는 의미를 더 가지게 된 것이다. 그런데 이렇게 현(玄)이 단순히 검다는 의미 외에 오묘하다는 뜻을 갖게 된 것은 전국 시대 중기 이후라고 한다.

이 장뿐만 아니라 제10장 재영백(載營魄)에서나 제51장 도생지(道生之)에서도 현(玄)을 검다는 의미가 아니라 모두 오묘하다는 의미로 쓰고 있어『도덕경』의 성립 연대가 전국 시대 중기 이후라는 설을 뒷받침한다. 어쨌든 현으로 나타내어지는 도의 세계는 이름 있음과 없음의 경계도 사라지고 나아가서는 있음과 없음의 경계도 사라지는 궁극의 오묘한 세계이다.

그리하여 노자는 도는, '보아도 보이지 않고, 들어도 들리지 않으며, 잡아도 잡히지 않는다. 이 세 가지가 섞여서 하나로 되어 있다. 그 위는 밝지 않고 그 아래는 어둡지 않으며 끝없이 이어져 있어 그 이름을 붙일 수도 없다.'(제14장 시지불견 視之不見)라고도 표현한다. 어쨌든, 도는 깊고 심오한 것이며 끝없이 오묘한 지혜의 문이다. 이제 그 문을 열고 들어가 보자.

제2장. 천하개지(天下皆知)

세상 사람들이 모두 아름다움을 아름답다고 할 때

거기서 추악함이 생겨난다.

또, 착함을 착하다 할 때 거기서 착하지 않음도 생겨난다.

그래서 있음과 없음도 서로 맞붙어 생겨나고,

어려움과 쉬움도 서로 붙어서 이루어지고

길고 짧음도 서로 비교되어 나타나며,

높음과 낮음도 서로 상응하여 나타나고

악기 소리와 목소리도 서로 상대방 소리와 화합하며,

앞과 뒤는 서로 꼬리를 물고 따라간다.

이에 성인은 어느 편에도 서지않고 무위에 처하며 말 없는 가르침을 준다.

만물을 만들되 내가 했다고 말하지 않고, 낳되 소유하지 않으며,

위하되 자랑하지 않으며

공을 세우고도 머무르지 않으니 오직 머무르지 않으므로

그 공이 사라지지 않는다.

天下皆知美之爲美, 斯惡已 (천하개미미지위미, 사악이)

皆知善之爲善, 斯不善已 (개지선지위선, 사불선이)

故有無相生, 難易相成, 長短相較 (고유무상생, 난이상성, 장단상교)

高下相傾, 音聲相和, 前後相隨 (고하상경, 음성상화, 전후상수)

是以聖人處無爲之事, 行不言之敎 (시이성인처무위지사, 행불언지교)

萬物作焉而不辭, 生而不有, 爲以不恃 (만물작언이불사, 생이불유, 위이불시)

功成而弗居, 夫唯弗居, 是以不去 (공성이불거, 부유불거, 시이불거)

皆(개) 모두 | 斯(사) 이, 이것, 이로 인해 | 已(이) 뿐, 따름. 다만 여기서는 어조사 의(矣)와 같이 '~였다'로 특별한 의미가 없음 | 較(교) 비교하다 | 傾(경) 기울다 | 音聲(음성) 악기 소리와 목소리 | 隨(수) 따르다 | 處(처) 곳, 처리하다 | 無爲(무위) 인위적인 행위가 아닌 자연스러운 행위 | 辭(사) 말하다 | 恃(시) 자부하다, 자랑하다

해설

사람들이 가지는 가치 판단의 상대성을 지적한 장이다. 아름다움과 추함은 상대적인 개념이다. 아름다움이 없다면 추함 역시 있을 수 없다. 그런 가치 판단은 대부분 사람의 주관이 만들어 낸 상대적인 평가일 뿐이다. 있음이 있으니 없다는 개념도 생겨나고, 어려움이 있으니 쉬움도 있는 것이다. 길고 짧음도 독립적인 것은 아니고 서로 비교해야 나타나는 개념이며, 높음과 낮음이나 악기 소리와 목소리, 전과 후도 모두 전자가 있기에 후자가 있는 것이며 절대적인 기준이 있는 것은 아니다.

그러나 사람들은 흔히 어떤 현상이나 사물 등에 대해 나름대로 평가하

고 자신의 평가를 남에게도 강요하는 수가 많고, 다른 평가를 하는 사람들과 쓸데없는 다툼이 생길 수 있다. 이렇게 믿을 만한 기준도 없는 평가는 분란의 시초가 되고 그 기준으로 일을 처리하려 들면 유위가 되며 도에 어긋나는 행위가 된다.

　이에 이상적인 인물인 성인은 착함과 착하지 않음이나 있음과 없음, 쉽고 어려움 등과 같은 상대적인 구분을 하지 않으므로 백성들을 다툼으로 이끌지 않고 마치 하늘이 만물을 낳고 키우듯이 자연스러운 무위로 일이 처리되도록 한다. 그리하여 성인은 사물을 만들되 내가 만들었다고 말하지 않고, 낳되 소유하지 않으며 위하되 자랑하지 않으므로 공을 세우더라도 머물러 백성들을 지배하려 하지 않는다. 그렇게 지배하려 하지 않으므로 그 공이 백성들 사이에서 영원히 남아 있게 되는 것이다.

제3장. 불상현 (不尙賢)

위정자가 현명함을 숭상하지 않으면 백성들이 다툴 일이 없다.
위정자가 얻기 힘든 보물을 귀하게 여기지 않으면
백성들이 도둑이 되지 않고,
욕심을 내보이지 않으면, 민심이 어지러워지지 않는다.

그래서 성인의 다스림은 백성들의 마음은 비우되 배는 채우고
뜻은 약하게 하고 뼈를 튼튼히 하게 하는 것이다.

항상 백성들을 무지하고 욕심이 없는 상태로 만들면
지혜 있는 자가 감히 무엇을 하지 못할 것이다.
무위를 하면 다스려지지 않는 바가 없다.

不尙賢, 使民不爭 (불상현, 사민부쟁)
不貴難得之貨, 使民不爲盜 (불귀난득지화, 사민불위도)
不見[1]可欲, 使民心不亂 (불현가욕, 사민심불란)

---

1 이 경우는 나타낼 '현'으로 읽는다.

是以聖人之治, 虛其心, 實其腹 (시이성인지치, 허기심, 실기복)

弱其志, 強其骨 (약기지, 강기골)

常使民無知無欲, 使夫智者不敢爲也 (상사민무지무욕, 사부지자불감위야)

爲無爲 則無不治 (위무위 즉무불치)

> 尙(상) 숭상하다, 높이다 | 使(사) 하여금, 시키다 | 難得之貨(난득지화) 얻기 어려운 귀한 재물 | 可(가) 옳다. 가히 | 夫(부) 지아비, 여기서는 '대체로 보아서' 정도의 발어사(發語辭)로 별다른 뜻이 없음

해설

전국 시대에 들어 각 나라가 경쟁적으로 머리 좋은 소위 '현명하다'는 인재들을 초빙하여 군비나 체제 개편 등으로 부국강병을 추구한 결과, 왕을 비롯한 일부 치자 그룹에는 만족감을 주었지만 다른 나라 역시 같은 유형의 인재들을 초빙하여 같은 방식의 부국강병을 추구함으로써 결국 나라 간 전쟁의 규모만 커지고 일상화됨에 따라 인명은 더 경시되고 백성들의 삶은 더욱 피폐해져 갔다.

이런 현명하다는 인재들 중에는 출세를 위하여 아내를 서슴지 않고 죽이고, 자식을 삶아 죽여서 군주에게 갖다 바치는 것은 물론, 진나라의 장군 백기가 항복한 조나라 병사 40여만 명을 생매장해서 죽인 사건에서 보듯이 출세 등의 목적을 위해서는 극악무도한 패륜을 아무렇지 않게 행하는 자들이 속출했다.

오늘날에도 머리 좋고 똑똑하다는 사람들 중에서 겉으로는 국가와 국민을 위한다고 하지만 실제로는 오로지 자신의 치부나 권력 강화에만 몰두하여 오히려 국가에 피해를 준 사람도 허다하다. 노자는 소위 현명함이 대체로 백성들의 삶을 향상시키기보다는 백성들의 삶을 해치는 것으로 보고, 당시의 '현명하다'는 가치에 대해서 의문을 제기하고 위정자에게 현명함을 숭상하지 말라고 충고하고 있다.

또한 노자는 얻기 어려운 귀한 물건, 즉 보물 같은 것들은 대체로 백성들의 삶에는 아무런 도움이 되지 않는 물건이므로 위정자가 솔선해서 이것을 귀하게 보지 않음으로써 백성들로 하여금 이를 얻기 위한 불필요한 노력이나 다툼 등 혼란을 줄이도록 권고한다. 따라서 위정자는 보물이나 값비싼 옷 같은 사치품에 대한 욕심을 비우고 사람들의 생존에 기본이 되는 먹거리 등 백성들의 실질적인 삶의 질을 높이는 데 더 힘을 쓸 것을 권하고 있다.

노자에게 있어서 무지나 무욕이란 아무것도 모르는 상태이거나 하고자 하는 일체의 욕심을 버린 상태가 아니라 과도한 지식 일변도의 자세나 목적의식이 없는 상태이다. 무위도 단순히 소극적인 것만은 아니다. 만물을 낳고, 키우고 보살피는 행위는 적극적인 의미와 행동력을 지닌다. 그러한 무위로 백성들을 위하면 백성들도 스스로 일어나 힘을 합쳐 일하므로 당연히 이루지 못할 것이 없게 된다.

제4장. 도충 (道沖)

도는 텅 비어 있으나, 그 쓰임은 끝이 없는 것 같다.
깊구나, 마치 만물의 으뜸인 듯하다.

예리함은 꺾고 어지러움은 풀어 주고,
번쩍임을 누그러뜨려 세상과 함께한다.
맑구나, 마치 있는 듯 없는 듯하다.

나는 도가 어디로부터 나왔는지 알 수 없지만
아마도, 조물주보다 앞서 있은 것 같다.

道沖, 而用之或不盈 (도충, 이용지혹불영)
淵兮, 似萬物之宗 (연혜, 사만물지종)
挫其銳, 解其紛, 和其光, 同其塵[1] (좌기예, 해기분, 화기광, 동기진)
湛兮, 似或存 (잠혜, 사혹존)

---

1 본 장의 내용 중 '挫其銳, 解其紛, 和其光, 同其塵 (좌기예, 해기분, 화기광, 동기진)'은 앞뒤로 문맥이 매끄럽지 않아 죽간의 순서가 잘못된 것이며, 이 부분은 제56장 지자(知者)로 옮기는 것이 옳다고 하는 견해도 있다(馬敍倫, 陳鼓應). 그러나 여기서는 왕필본을 따라 그대로 둔다.

吾不知誰之子, 象帝之先 (오부지수지자, 상제지선)

> 沖(충) 비다, 깊다 | 或(혹) 혹은, 어떤 경우에는 | 盈(영) 차다, 가득하다 | 淵(연) 못, 깊다 | 兮(혜) 어조사, 감탄사 | 似(사) 닮다, 같다 | 挫(좌) 꺾다 | 紛(분) 어지럽다, 엉클어지다 | 塵(진) 먼지, 여기서는 '속세'라는 뜻 | 湛(잠) 맑다는 뜻. '빠지다, 고이다'라는 뜻으로는 '담'으로 읽음 | 存(존) 있다, 존재하다 | 誰(수) 누구, 무엇 | 상(象) 사(似)와 같은, '마치'라는 뜻 | 帝(제) 천자, 하느님, 조물주

해설

　도는 크게는 우주 자연을 움직이는 근본 원리이며 근원적 요소로 볼 수 있고 작게는 어떤 체제나 상황에서의 필수 불가결한 핵심적, 당위적 요소이므로 언제나 우리 주변에 두루 있다. 도는 형이상학적인 존재이기 때문에 언뜻 보기에는 텅 비어 있어 아무것도 없는 것 같다. 그러나 도의 작용은 마치 아무리 물을 부어도 가득 차지 않는 그릇처럼 무한히 깊고 무한히 넓어서 다함이 없는 것 같다.

　시냇가의 돌은 날카롭고 모난 것도 있으나 강가, 특히 바닷가의 돌은 모두가 닳고 닳아 원형이나 타원형의 모습을 하고 있다. 즉, 모든 날카롭고 모난 것들도 시간이 흐르면 끝부분들이 닳고 마모되어 둥글게 된다. 이것이 자연의 이치이며 곧 도의 작용이다. 아울러 모든 어지러운 것들도 시간이 지나면 풀리게 되고, 번쩍이는 모든 것도 시간이 흐르면 그 빛이 옅어지고 희미해져서, 마침내 세상의 다른 것과 뒤섞여 구분이 되지 않는다 (同其塵, 동기진).

노자는 이 도 자체는 맑고 투명해서 평시에는 있는 듯 없는 듯하고, 아주 오래되어 언제 어디에서 어떻게 나타났는지도 알 수 없지만, 상제(上帝)보다 먼저 있어 만물의 으뜸인 것 같다고 한다. 여기서 상제(上帝)는 옥황상제(玉皇上帝), 즉 하느님이다.

하느님은 천지를 창조하고 자기 모습과 같이 인간도 창조하여 자신이 창조한 세상 만물과 이에 따른 자연현상과 인간사 모두를 자기 뜻대로 지배·관리하고 있다고 한다. 여기에 사랑과 분노 등 지극히 인간적인 감정도 가지고 있어 심지어는 사람도 자기를 믿는 편과 믿지 않는 상대편을 나누어 자기편에게는 무한한 자애를, 상대편에 대해서는 치명적인 박해도 서슴지 않는 존재라고 한다.

한편, 노자는 『도덕경』 어디에서도 우주의 궁극적인 창조자, 근원적인 존재로서의 신을 말하지 않는다. 우주 자연과 인간 만사를 지배·관리하고 있는 것은 가치 중립적이고 비인격적인 도라고 할 뿐이다. 유가나 불교 역시 천지를 창조·주재하는 신의 존재를 말하지 않으니 인도 이동(以東)의 아시아 지역에서는 일부 이슬람 반란 지역을 제외하고는 자기가 믿는 신의 이름으로 무고하게 다른 사람을 죽이는 경우가 거의 없다.

제5장. 천지불인(天地不仁)

하늘과 땅은 자애롭지 않아 모든 것을 버려지는 짚 인형으로 여긴다.

성인 역시 자애롭지 않아 백성을 버려지는 짚 인형으로 여긴다.

하늘과 땅 사이는 큰 풀무와 같이 한없이 비어 있지만,

움직일수록 점점 더 많은 것이 만들어진다.

말이 많으면 자주 궁해지니 차라리 중간을 지키는 것이 낫다.

天地不仁, 以萬物爲芻狗 (천지불인, 이만물위추구)

聖人不仁, 以百姓爲芻狗 (성인불인, 이백성위추구)

天地之間, 其猶橐籥乎, 虛而不屈, 動而愈出 (천지지간, 기유탁약호, 허이불굴, 동이유출)

多言數[1]窮, 不如守中 (다언삭궁, 불여수중)

---

1 數(삭) : 여기서는 '자주, 누차'라는 뜻으로 '삭'으로 읽는다.

芻狗(추구) 짚으로 만든 개 모양의 인형, 고대 중국에서 제사 때 쓰고 버림 | 猶(유) 마치 ~와 같다 | 橐籥(탁약) 풀무, 바람통 | 不屈(불굴) 굴하지 않는다. 여기서는 다함이 없다는 뜻. (屈: 다하다, 쇠퇴하다) | 愈(유) 점점 더, 낫다 | 數(삭) 보통은 수이나 여기서는 '자주'라는 뜻으로 '삭'으로 읽음 | 窮(궁) 궁하다

해설

앞 장에서 본 바와 같이 도는 가치 중립적이며 비인격적인 실체이다. 하늘과 땅은 신 같은 인격이 아니라 가치 중립적이며 비인격적인 도에 따라 움직이며, 성인 역시 도에 따르는 사람이므로 도에 의해 백성을 다스리지 인격적이고 주관적인 사랑이나 인(仁) 등에 따라 백성들을 다스리지 않는다.

예를 들어, 사람들이 봄을 좋아한다고 4계절이 모두 봄이라면 여름의 뙤약볕과 가을의 선선함이 없어 채소도 자라지 않고 곡식도 여물지 않아 큰 곤란을 겪을 것이며 각종 병충해나 전염병의 창궐로 사람들의 삶이 오히려 크게 위협을 받을 것이다. 따라서 천지는 인이 아니라 도에 따라 움직이며, 사람들이 싫어하든 말든 규칙적으로 계절을 순환시켜 만물을 조화시킨다.

성인 역시 인이 아니라 도에 의해 백성을 다스리므로 백성들의 좋고 나쁨에만 따라 정치를 하는 것이 아니다. 즉, 사람들이 함께 모여 놀고 즐기는 것이 좋다고 일 년 내내 놀기만을 조장한다면 결국에는 먹을 것이 없어 사람들이 모두 굶어 죽을 수밖에 없을 것이다.

그러므로 천지나 성인은 자신의 호불호에 따라 백성들을 돌봐 주는 존재가 아니라 도에 따라 만물이 저절로 순환하고 저절로 움직이도록 하는 존재인 것이다. 천지나 성인이 백성을 짚 인형으로 여긴다는 것은 백성들을 무시한다는 의미가 아니라 천지나 성인은 사사로운 인간의 의지나 주관이 아닌 우주를 움직이는 대원리, 즉 도에 따라서 행동하므로 백성 개개인의 사정을 고려하기가 어렵다는 뜻이다. 그것이 무위이다.

그러나 이 장의 인(仁)에 대해서는 아래와 같은 논란이 있다.

『도덕경』의 가장 오래된 원전인 곽점초묘죽간(BC 300년, 전국 중기 추정)에는 둘째 줄인 '天地之間, 其猶橐籥乎, 虛而不屈, 動而愈出 (천지지간, 기유탁약호, 허이불굴, 동이유출)'만 있을 뿐, 이 장의 첫째 줄 '天地不仁, 以萬物爲芻狗, 聖人不仁, 以百姓爲芻狗 (천지불인, 이만물위추구, 성인불인, 이백성위추구)'이 없다. 이 첫째 줄이 나타난 것은 한나라 초기 분묘(BC 168년)인 마왕퇴 백서 이후이며 물론, 통행본인 왕필본(삼국 시대 위나라. AD 248년)에는 당연히 있다.

그리고 첫째 줄과 둘째 줄은 의미상으로도 서로 연관성이 없다. 또한, 셋째 줄 '多言數窮, 不如守中 (다언삭궁, 불여수중)'도 곽점초묘죽간에는 없는 데다가 역시 의미상 위 두 줄과는 연관성이 희박하다.

이 장은 당초의 둘째 줄뿐인 문장에 한(漢) 초기 이후 누군가가 첫째 줄과 셋째 줄을 삽입한 것으로 추정된다. 즉, 천지나 성인이 인(仁)하지 않다는 것은 유교의 기본 덕목인 인을 부정한다는 뜻인데 유가와의 차별성을 강화하기 위하여 유가에서 가장 대표적인 덕목으로 생각되는 인(仁)이 자연이나 성인 양자에게 모두 부정됨을 보여 주기 위해 삽입한 구절로 보인다.

그러나, 원래 인(仁)이란 인간 사회에서 지켜야 할 덕목이지 천지 등 자연이 지켜야 할 덕목은 아니다. 그런데도, 천지를 불인(不仁)하다 하여 어느 정도 독자의 주의를 흩트린 다음, 성인도 불인(不仁)하다 하여 유교의 가장 이상적인 인간인 성인이 유교의 가장 중요한 덕목인 인을 부정한다는 논리를 이끌어 내고 있다.

더구나 성인이 불인하여 백성을 '제사를 마친 뒤에 버리는 개 모양의 짚 인형(芻狗)'처럼 취급한다는 말은 그 원래의 의미는 위에서 설명한 바와 같다 하더라도 유가가 성행하던 전국 말기에 누군가가 '성인'과 '인'이라는 유가의 상징적인 단어를 교묘하게 이용하여 유가를 공격한 것이 아닌가 생각된다.

그리고 하늘과 땅 사이는 풀무처럼 텅 비어 있어 도가 훌륭하게 작동하는 구간이다. 뭔가로 꽉 차 있으면 도가 작용할 여지가 없다. 꽉 채우려 하는 것은 유위의 작용이요, 텅 비우려 하는 것이 무위의 작용이다. 무위의 공간은 텅 비어 아무것도 없는 듯하지만 비 오고 바람 불고 햇볕이 쬐는 것같이 도가 쉼 없이 작용하는 공간이다.

도는 많은 말이나 통제를 필요로 하지 않는다. 위정자가 여러 가지 법령이나 규정을 많이 만들어 백성을 속박하려 들면 들수록 유위가 심해져 도에서 멀어지므로, 하면 할수록 더 목적과는 멀어진다. 차라리 백성들에게 많은 자율을 주고 도에 따르게 하는 중용을 취하는 것이 낫다.

제6장. 곡신 (谷神)

골짜기의 신은 죽지 않는데, 이 신(神)을 현빈(신비한 암컷)이라 부른다.

현빈의 문은 하늘과 땅이 열리는 근원이라 할 것이다.

끊임없이 이어져 마치 있는 듯 없는 듯하나, 그것을 씀에는 다함이 없다.

谷神不死, 是謂玄牝 (곡신불사, 시위현빈)

玄牝之門, 是謂天地根 (현빈지문, 시위천지근)

綿綿若存, 用之不勤[1] (면면약존, 용지불근)

谷神(곡신) 골짜기의 신. 여기서는 도를 골짜기에 비유하여 지칭 | 玄牝(현빈) 신비한 암컷. 역시 도의 여성스러운 면을 의인화 | 綿綿(면면) 끊어지지 않고 잇달아 있다 | 若(약) 같다 | 勤(근) 부지런하다, 다하다

해설

골짜기는 비어 있음을 뜻한다. 도는 어떤 고정된 실체를 가지지 않아서

---

1 용지불근(用之不勤) : 근(勤)을 어떻게 보느냐에 따라 다른 뜻으로 해석된다. 즉, 근(勤)을 진(盡 : 다하다)로 보면 '씀에는 다함이 없다'가 되고 왕필과 같이 노(勞 : 수고롭다)로 보면 '작용을 하되 힘들이지 않고 한다'라는 뜻이 된다. 그러나, 면면약존(綿綿若存)과의 관계를 볼 때 근(勤)을 진(盡 : 다하다)으로 보는 것이 자연스럽다. 왕필과 같이 '작용을 하되 힘들이지 않고 한다'로 해석한다면 어차피 사람이 행하지도 않고 스스로 작용하는 도가 '힘들게 작용하는가 쉽게 작용하는가' 하는 문제가 무슨 사람들 사이에 논의 거리가 되어야 하는지에 대해 의문이 남는다.

텅 비어 있지만 태초부터 면면히 이어져 영원하다는 의미에서 '골짜기의 신은 죽지 않는다'라고 표현한다. 한편으로 도는 만물을 만들어 내고 키우는 근원이 되기 때문에 영원한 창조의 여신이기도 하다. 이를 현빈이라고 한다. 이 역시 도를 여성의 본성에 비유하여 지칭하는 말이다.

고대 중국인은 하늘은 아버지, 땅은 어머니로 하여 자연을 부모로 생각하는 사고방식을 갖고 있었다. 이 장에서는 도를 여성화하여 나타내고 있는데 여기서 '현빈지문'은 도로 나아가는 문이란 의미이며 제1장에서 말하는 '중묘지문'과 같은 뜻이다. 노자는 여성이나 물같이 부드럽고 약한 것이 보다 근본적인 존재이며 따라서 도에 가까운 성질을 지녔다고 생각한다.

태초에 신의 첫 이미지는 사람들에게 먹을 것을 주는 풍요로운 땅이었으며 사람들이 숭배하기 시작한 최초의 신의 형태도 대부분 여성적인 풍요와 다산의 신이었다. 그러나 씨족 사회가 부족 사회로 통합되고 다시 부족 국가가 등장함에 따라 전쟁이 빈발하게 되고 이러한 전쟁 시기를 거침으로써 점차 남성의 힘을 중심으로 사회가 편제되고 이에 따라 조상신 등 점차 남성적인 신도 나타나기 시작하였다.

그러나 여성적인 땅의 신을 결정적으로 대체한 것은 태양신이었다. 태양은 빛이고 불이며 강렬한 힘의 상징으로 완전히 남성적인 신의 첫 이미지이다. 태양신에 뒤이어 태양이 속한 하늘과 땅 전체를 지배하는 하늘의 신은 하나같이 경쟁자를 용납하지 않는 무소불위의 힘과 전지전능의 신이었다. 하늘의 신은 그 출신 지역이나 시기에 관계없이 모두 인간에게 무조건적인 복종을 강요하고 자신을 믿지 않는 사람들을 미워하고 적대시하는 유위의 신들이었다.

그러나 노자는 여성으로서의 신의 이미지를 다시 내세우고자 한다. 노자에게는 여성신이야말로 부드럽고 약하지만 만물을 낳고 기르는 참된 생명의 신인 것이다. 도는 곧 골짜기의 여신이며 골짜기의 여신인 현빈으로 가는 문이야말로 천지의 근원으로 들어가는 문인 것이다.

이렇게 여성적인 도는 천지와 더불어 생겨나서 오늘날까지 면면히 이어져 왔지만, 평소에는 마치 있는 듯 없는 듯하여 사람들이 크게 의식하지 않고 지낸다. 그러나 사실은 도는 어디서나 존재하고 어디서나 쓰여 그 씀에 이르러서는 하늘이나 땅과 같이 무한하고 영원한 것이다. 그러므로 도는 영원히 죽지 않는다(不死, 불사).

제7장. 천장지구 (天長地久)

하늘과 땅은 영원하다.

하늘과 땅이 그렇게 영원할 수 있는 것은

스스로의 삶을 도모하지 않기에 길고 오래갈 수 있는 것이다.

그러므로 성인은 그 몸을 뒤에 둠으로써 오히려 남보다 앞서 있게 되고

몸을 버림으로써 오히려 몸을 보존할 수가 있는 것은

자기의 사심을 버렸기 때문이 아니겠는가?

그러므로 성인은 오히려 자기를 완성할 수 있는 것이다.

天長地久 (천장지구)

天地所以能長且久者 (천지소이능장차구자)

以其不自生, 故能長久 (이기불자생, 고능장구)

是以聖人後其身而身先 (시이성인후기신이신선)

外其身而身存 (외기신이신존)

非以其無私邪? 故能成其私 (비이기무사야? 고능성기사)

> 久(구) 오래가다. | 所以(소이) 까닭 | 能(능) 할 수 있다, 능하다 | 且(차) 또, 또한 | 外(외) 바깥, 여기서는 바깥에 두다. 버린다는 뜻 | 者(자) 사람, 것. 『도덕경』에서는 대부분 후자의 뜻으로 쓰임 | 私(사) 자기, 개인 일 | 邪(사, 야) 간사하다(사). 여기서는 어조사(語助辭)로 '야'로 읽으며 '~인가?' 정도의 뜻

해설

이 장에서 장(長)이나 구(久)는 모두 오래간다는 뜻이다. 그러므로 장구(長久)하다는 것은 영원하다는 의미가 된다. 하늘과 땅은 영원하다. 노자는 하늘과 땅이 영원할 수 있는 것은 자기의 이득이나 삶을 도모하지 않기 때문이라고 한다. 하늘과 땅의 도를 따르는 성인도 자기의 이득이나 삶을 도모하지 않기 때문에 공을 이루고 영원히 공을 지켜 나갈 수가 있다.

즉, 성인은 자신이 남보다 앞서려 하지 않기 때문에 오히려 남의 앞에 설 수 있고, 자신을 버리기 때문에 오히려 그 몸을 보존할 수가 있는 것이다. 천장지구(天長地久)는 영원히 변치 않는 남녀 간의 사랑을 표현하는 말로 쓰이기도 한다. 따지고 보면 영원히 변치 않는 사랑이란 상대에 대하여 나의 이득이나 나의 기분을 앞세우지 않음으로써 가능하다는 뜻으로도 생각할 수 있다.

남의 앞에 서려는 사람은 오히려 자신을 남의 뒤에 두고 겸허해야 하며 내 것을 온전히 보전하고 싶으면 먼저 내 것을 버려야 한다. 그럼으로써 온전히 내 것으로 가질 수가 있는 것이다. 『도덕경』에서 성인이 무엇을 한다는 것은 대부분 누구라도 응당 그렇게 해야 한다는 뜻을 함축하고 있다. 더구나 위정자나 위정자가 되려는 사람은 더욱 당연히 그렇게 해야 한다는

뜻이 된다. 이러한 점이 『도덕경』이 처세술 교본이자 동시에 제왕학을 가르치는 책이 되는 첫째 이유이다.

오늘날에도 수단 방법을 가리지 않고 남보다 앞서려거나 돈과 권력을 가지려는 사람은 그 목적을 이루기도 쉽지 않지만 이룬다 해도 오래가는 경우가 드물다. 그런 것은 도가 아니기 때문이다.

선거철만 되면 항상 국민의 뜻이나 심지어는 국민의 명령에 따른다고 하지만, 사실은 국민의 뜻과는 아무런 상관없이 자신의 지위 유지나 이익만을 좇아 줄타기를 반복하는 정치인들이 생긴다. 그들은 얼마 동안은 남보다 앞서는 것처럼 보여도 언젠가는 민심의 역풍을 맞아 제대로 뿌리를 내리지 못하고 도태되는 경우가 대부분이다. 역시 도가 아니기 때문이다. 도는 길이다. 길이 아니면 가서는 안 된다.

만일, 진심으로 국민의 안녕과 행복을 위하고 나를 앞세울 자리에 남을 앞세우고 국민을 위해 서슴없이 나를 버릴 줄 아는 정치인이 있다면 언젠가는 국민들의 지지를 받게 마련이다. 나를 버리기에 나를 이룰 수 있고 나의 삶을 도모하지 않기에 오래갈 수가 있는 것이다.

제8장. 상선약수 (上善若水)

가장 좋은 선은 물과 같다.

물은 즐거이 모두를 이롭게 하고 누구와도 다투지 아니하며

사람들이 싫어하는 곳에 자리 잡으니, 도에 가깝다.

성인도 즐거이 낮은 곳에 처하고 마음은 고요히 깊으며

인과 함께 있기를 좋아한다.

말에는 믿음이 있고 다스림은 올바르며,

일에는 유능하고 좋은 때를 가려 움직이며

언제나 다투지 않으니, 허물이 없다.

上善若水, 水善利萬物而不爭 (상선약수, 수선이만물이부쟁)

處衆人之所惡, 故幾於道 (처중인지소오, 고기어도)

居善地, 心善淵, 與善仁 (거선지, 심선연, 여선인)

言善信, 正善治, 事善能, 動善時 (언선신, 정선치, 사선능, 동선시)

夫唯不爭, 故無尤 (부유부쟁, 고무우)

> 善(선) 착하다, 좋아하다. 이 장에서는 상선(上善)을 제외하고는 대부분 '좋아하다'라는 동사의 뜻으로 쓰임 | 而(이) 그리고, 그런데도 | 衆人(중인) 여러 사람 | 惡(오) 싫어하다. 통상 악할 '악'으로 읽지만 여기서는 '싫어하다'라는 뜻으로 '오'로 읽음 | 幾(기) 가깝다, 얼마 | 於(어) 어조사로 '~에'의 뜻 | 地(지) 땅, 여기서는 낮은 곳이라는 뜻 | 夫(부) 지아비, 여기서는 '대체로 보아서' 정도의 발어사(發語辭)로 별다른 뜻이 없음 | 唯(유) 오직. 여기서는 문맥상 '언제나'로 표현 | 尤(우) 더욱, 허물, 과실

해설

노자는 물이 약하고 부드러우나 만물에 도움을 주고 누구와도 다투지 않으니 도에 가깝다고 한다. 사람을 비롯한 모든 생명에는 반드시 물이 필요하고 어떤 일을 하든 물이 사용되지 않는 일이 거의 없다. 물만큼 세상만사에 중요한 역할을 하는 것도 없지만, 물은 어디에나 존재하여 존재의 희귀성이나 역할의 중요성을 가지고 남에게 으스대지 않는다.

이 장의 앞부분은 물이 만물에 도움을 주고 세상 사람들이 꺼리는 낮고 더러운 곳에 자리 잡음을 마다하지 않는 등 물의 덕을 칭송하지만, '居善地(거선지)'부터는 한편으로는 물의 특질과 그 덕을 칭송하면서 또 한편으로는 그러한 물의 이미지에 사람의 처신을 비유하여 교묘하게 누구라도 물과 같이 처세해야 한다는 당위성을 이끌어 내고 있다. 서문에서처럼 『도덕경』의 많은 경구가 딱딱하지 않고 마치 시나 수필을 읽는 것처럼 부드럽게 독자에게 어필하면서 적절히 교훈을 던지는 데에 『도덕경』의 매력이 있다고 생각한다.

성인도 물과 같이 낮은 위치에 있기를 좋아하고, 연못처럼 마음 씀씀이

가 깊으며, 어진 사람과 더불어 있되 말에는 믿음이 있고, 정치는 올바르게 하며, 일에는 유능하고, 사람들을 노역에 부릴 때도 시의에 맞게 한다는 것이다. 요컨대 물이 세상에 멋지고 훌륭하게 도움을 주듯이 사람도 역시 세상에 그렇게 도움을 주어야 한다는 뜻이다.

물이 그렇듯이 성인 또한, 남과 싸우지 않으니 허물이 없다. 성인이 남과 다투지 않는다는 것은 제7장 천장지구(天長地久)에서와 같이 '성인이 그 몸을 뒤에 둠으로써 오히려 앞서 있게 되고 몸을 버림으로써 오히려 몸을 보존할 수가 있는 것은 자기의 사심을 버렸기 때문이 아니겠는가? 그러므로 성인은 오히려 자기를 완성할 수 있는 것이다 (是以聖人後其身而身先 外其身而身存 非以其無私邪? 故能成其私, 시이성인후기신이신선 외기신이신존 비이기무사야? 고능성기사)'라는 것처럼 처신하기 때문이다.

대체로 무능한 사람이 우연히 높은 자리에 오르면 그 지위에 따르는 책임과 권한의 중함을 깨닫고 겸허하게 처신하는 것이 아니라, 자신이 얻은 권력의 유지를 위해 비슷한 부류의 사람들을 주변에 더 모아 유대를 강화한다. 특히 자신들의 그룹 밖에 있거나 그룹 내외에 있더라도 자신보다 약한 위치에 있는 사람들은 마음껏 깔보며 학대한다. 소위 갑질이다.

갑질을 즐겨 하는 사람들은 대체로 무능하다는 것이 조직 내의 평가다. 무능하면서도 주변에 유능한 것처럼 보이려 하면 특히 갑질의 정도가 심해진다. 정말로 유능한 사람들은 그러한 갑질을 할 여유도 없고 필요도 느끼지 않는다. '한 사람의 힘이라도 더 모아 목표를 이루는 데 써야 하는데 갑질로 힘을 분산시키고 조직력을 떨어뜨릴 필요가 어디 있느냐?' 그런 생각을 하는 것이다.

제9장. 지이영지(持而盈之)

가득 찬 채로 유지하려는 것은 그만두는 것이 좋고
쇠를 두들겨서 날카롭게 해봐야 오래갈 수가 없다.

금과 옥이 집 안에 가득하다 해도 이를 지킬 수가 없고
부귀한 위에 교만하면 스스로 허물을 남기게 된다.
공을 이루면 물러나는 것이 하늘과 땅의 도이다.

持而盈之, 不如其已 (지이영지, 불여기이)
揣而銳之, 不可長保 (췌이예지, 불가장보)
金玉滿堂, 莫之能守 (금옥만당, 막지능수)
富貴而驕, 自遺而咎 (부귀이교, 자유이구)
功遂身退, 天地道 (공수신퇴, 천지도)

持(지) 지속하다, 유지하다 | 已(이) 이미, 끝나다 | 揣(췌) 때리다, 두들기다 | 銳(예) 날카롭다 | 莫(막) 없다, 불가하다 | 驕(교) 교만하다 | 遺(유) 남기다 | 咎(구) 허물, 죄과 | 遂(수) 이루다, 끝나다

해설

이 장은 도의 특징을 아주 쉽게 잘 표현하고 있다. 즉, 도는 자연스러운 것이다. 모든 부자연스러운 상태는 도가 아니므로 오래 지속되지 못하고 원래의 자연스러운 상태 즉, 도(道)로 돌아가게 된다.

전국 시대, 천하에 헐벗고 굶주린 백성들이 널려 있는 난세에 홀로 재물을 집 안에 가득 채워 이를 계속 지키려 하는 것은 자연스러운 일이 아니며, 도에 어긋나는 것이므로 그만두는 것이 좋은 것이다. 정당하게 얻은 재물이라도 그러한데 하물며 부정한 방법으로 얻은 재물이라면 더 말할 나위도 없다.

날카롭게 다듬은 칼도 시간이 흐르면 녹슬고 무디어진다. 병장기인 칼도 빛나고 날카로운 것이 아니라 세월에 따라 퇴색되고 무디어지는 것이 도에 맞는 것이다.

부귀를 이루면 사람들은 흔히 교만해진다. 모든 것을 다 가진 듯이 법이 있어도 법이 자신을 어찌하지 못한다고 생각하고 사람들이 손가락질해도 그런 정도의 비판에는 무신경해진다. 자신은 특별하므로 다른 사람에게는 허락되지 않는 특혜를 받아야 마땅하다고 느낀다. 교만해진 것이다. 부귀를 얻은 위에 교만함까지 갖추었다면 끝은 아주 가까이 다가온 것이다. 그러한 사람에게 재앙은 소리 없이 다가와 느닷없이 들이닥친다. 그 사람들에게는 그것이 바로 도다.

공을 이룬 다음에는 물러나는 것이 자연스러운 것이며, 하늘의 도다. 권력의 단맛에 취해 물러남을 모를 때에는 참혹하고도 치욕스러운 결말이 그를 맞게 된다. 한 고조 유방의 패업을 도운 신하 중 큰 공을 세운 장량은 스스로 승상의 현직에서 물러나 은퇴함으로써 그 몸과 명성을 지킬 수가 있었다. 그러나 항우의 군사를 격파하여 한나라를 세우는 데 가장 큰 공을 세운 한신은 머뭇거리다가 진희(陳豨)가 일으킨 반란에 공모했다는 모함을 받아 참살되었다.

일본의 도요토미 히데요시는 2백 년에 걸친 일본의 전국 시대를 끝내고 일본의 통일을 이루는 큰 업적을 이루었지만 그에 만족하지 않았다. 무리하게 대륙 침략의 야욕을 이루고자 1592년 조선을 침입하여 이른바 임진왜란을 일으켜 조선은 물론 일본, 중국에까지 많은 피해를 주었지만 뜻을 이루지 못하고 병사했다.

이에 기회를 보며 은인자중하던 도쿠가와 이에야스가 힘으로 히데요시의 후계자를 압도하여 마침내 오사카성에서 히데요시의 처자를 불구덩이 속으로 몰아넣는 데 성공한 후, 히데요시의 모든 공적을 일본의 공식 기록에서 삭제해 버렸다. 즉, 히데요시는 공을 이루고도 물러남이 없었기에 하늘의 도를 벗어나게 되고 그 벗어남으로 자신의 모든 공과 남은 가족마저 일거에 사라지게 하는 비운을 겪게 된 것이다.

제10장. 재영백 (載營魄)

온몸으로 도(道) 하나를 붙잡고 떨어지지 않을 수 있는가?

오로지 기를 부드럽게 하여 갓난아기와 같이 될 수 있는가?

마음의 거울을 닦아 아무런 티가 없이 할 수가 있는가?

백성을 아끼고 나라를 잘 다스리는 데 무위로 할 수 있는가?

하늘 문이 열리고 닫힘을 여성처럼 부드럽게 할 수 있는가?

모든 것을 명백하게 알면서도 아무것도 모르는 것처럼 할 수 있는가?

도는 만물을 낳고 기른다. 낳았으면서도 가지지 않고

위하면서도 자랑하지 않고 기르면서도 주관하려 들지 않으니

이를 깊고 오묘한 덕이라 한다.

載營魄抱一, 能無離乎 (재영백포일, 능무리호)

專氣致柔, 能嬰兒乎 (전기치유, 능영아호)

滌除玄鑒[1], 能無疵乎 (척제현감, 능무자호)

---

1 玄鑒(현감)은 왕필본이나 하상공본에서는 玄覽(현람)이라고 되어 있어 해석이 어려우나, 백서에는 거울 감(鑒)으로 되어 있어 자연스러우므로 이 부분에서는 백서의 글자를 택한다.

愛民治國, 能無爲乎 (애민치국, 능무위호)

天門開闔, 能爲雌乎 (천문개합, 능위자호)

明白四達, 能無知乎 (명백사달, 능무지호)

生之畜之, 生而不有 (생지축지, 생이불유)

爲而不恃, 長而不宰, 是爲玄德 (위이불시, 장이불재, 시위현덕)

載(재) 싣다, 타다, 어조사 | 營(영) 경영하다, 진영 | 魄(백) 영혼 | 專(전) 오로지 | 嬰兒(영아) 갓난아기 | 滌(척) 씻다, 닦다 | 除(제) 없애다 | 鑒(감) 거울 | 闔(합) 닫다 | 雌(자) 암컷 | 恃(시) 자부하다 | 宰(재) 주관하다

해설

이 장의 첫 구절인 載營魄抱一(재영백포일)의 뜻에 대하여는 견해가 여러 가지로 나누인다. 이 부분의 해석은 한(漢)나라는 물론 그 뒤 삼국 시대, 오호 16국 시대를 지나 훨씬 뒤인 당나라 태종 때까지도 명확한 해석이 나오지 않아 당 태종과 그 신하들이 격론을 벌였을 정도로 『도덕경』 중 대표적인 난해한 부분으로 손꼽힌다.

우선 載(재)에 대해서는 왕필은 처(處)한다와 같은 뜻이라 하고 하상공은 타다(乘)로 본다. 이 밖에 어조사 부(夫)와 같이 별다른 뜻이 없다고 보는 설(陸希聲)도 있다.

그리고, 영백(營魄)에 대해서도 여러 가지 설이 있으나 대표적으로 하상공은 영(營)은 영혼, 백(魄)은 육체라고 하기도 하고, 왕필은 '사람이 항상 거처하는 곳'이라 한다(營魄, 人之 常居處也). 하상공의 경우 영(營)을

영혼이라고 보는 이유도 불분명하지만, 백(魄)을 육체라고 보는 것은 더욱 이상하다.

왕필도 영백(營魄)을 '사람이 항상 거처하는 곳'이라고 본다고 하는데 영(營)을 '항상 거처한다'로 볼 수는 있지만, '백(魄)'을 사람으로 보는 것은 역시 이상하고 그렇게 해석할 타당한 이유도 없어 보인다.

이 책에서는 우선, 영(營)을 '거주하다'라는 기본적인 의미로 해석하기로 한다. 그리고 백(魄)도 보통은 영혼을 의미하므로 영백(營魄)이란 문자 그대로 영혼이 거주하는 곳이 되고 이는 육체 즉, 몸이므로 이 책에서는 영백을 사람의 몸으로 보기로 한다.

영백을 몸으로 본다면 앞의 載(재)에 대해서 하상공의 풀이와 유사하게 '타다, 싣다'라는 뜻으로 본다면 재영백(載營魄)은 '온몸을 실어서' 정도의 뜻으로 풀이하는 것이 무난하다고 본다. 그리고, 포일(抱一)에서 일(一)은 여기서는 도 자체를 말한다고 봐야 한다. 그렇게 되면 첫째 줄 '載營魄抱一, 能無離乎(재영백포일, 능무리호)'는 '온몸으로 도(道) 하나를 붙잡고 떨어지지 않을 수 있는가?'가 되어 다른 해석에 비해 논리적이고 자연스럽다.

이 장에서 노자는 질문의 형태로 도를 따르는 사람들이 지향해야 할 목표를 제시하고 있다. 즉, '온몸으로 도(道) 하나를 붙잡고 떨어지지 않을 수 있는가?'는 온몸으로 도를 붙잡고 떨어지지 않아야 한다는 것이고 '오로지

기를 부드럽게 하여 갓난아기와 같이 될 수 있는가?'에서 갓난아기는 유약한 동시에 가장 순수한 기를 가진 존재이므로 어떠한 인위도 없으며 아무런 억지나 조작도 없다. 그러므로 기를 부드럽게 순치시켜 갓난아기와 같이 순수한 기가 되었을 때 도의 경지에 이른다고 노자는 말한다.

한편, 현감(玄鑒)은 마음의 거울을 나타낸다. 거울을 티 없이 맑고 깨끗하게 닦듯이 위정자는 마음의 거울을 닦아야 하며 나라를 다스리는 데 있어서도 한 점의 유위나 작위의 티도 없이 오로지 무위로 임해야 한다는 것이다.

'하늘 문이 열리고 닫힘을 여성처럼 부드럽게 할 수 있는가?'에서 하늘 문이 무슨 뜻인가에 대해서도 견해가 나누어진다. 생각건대, 하늘 문이란 제1장의 중묘지문(衆妙之門)이나 제6장의 현빈지문(玄牝之門)과 같이 모든 미묘함과 변화가 나오는, 도의 문을 가리킨다고 본다. 같은 문이고 같은 의미이다. 그러한 도의 문을 노자는 적극적으로, 능동적으로 여는 것이 아니라 여성처럼 부드럽고 자연스럽게 여닫을 수가 있어야 한다고 말한다.

'모든 것을 명백하게 알면서도 아무것도 모르는 것처럼 할 수 있는가?'는 '도가 통하여 명석한 통찰력을 가지고 삼라만상의 이치를 두루 알면서도 그 지식과 지혜를 쓰지 않고 무위할 수 있는가?' 하는 의미이다. 도는 만물을 낳고 기른다. 즉, 낳았으면서도 가지지 않고 보살피면서도 자랑하지 않고, 기르면서도 지배하려 들지 않는다.

이 모든 것, 즉 낳고 보살피고, 길렀으면서도 아무것도 안 한 것처럼, 아무것도 모르는 것처럼 할 수 있는가? 를 노자는 묻는다. 그리고 그렇게 할 수 있다면 당신은 이제 깊고 오묘한 덕을 가졌다고 할 수 있다고 하는 것이다. 그리고 그 깊고 오묘한 덕의 자리가 곧 도의 자리인 것이다.

제11장. 삼십폭 (三十輻)

30개의 바퀴 살이 하나의 수레바퀴를 만드는 데

수레바퀴의 빈 공간이 수레에 유용한 것이며,

진흙을 이겨 그릇을 만드는 데

그릇의 빈 공간이 그릇을 유용하게 한다.

문과 창을 뚫어 방을 만들 때도 그 방의 빈 공간이

방을 유용하게 한다.

그러므로 있음(有)이 이로움이 되는 것은,

없음(無)이 그 역할을 하기 때문이다

三十輻共一轂, 當其無, 有車之用 (삼십폭공일곡, 당기무, 유차지용)

埏埴以爲器, 當其無, 有器之用 (선식이위기, 당기무, 유기지용)

鑿戶牖以爲室, 當其無, 有室之用 (착호유이위실, 당기무, 유실지용)

故有之以爲利, 無之以爲用 (고유지이위리, 무지이위용)

輻(폭) 바퀴 살 | 共(공) 함께, 한가지로 하다 | 轂(곡) 수레바퀴 | 埏(선) 흙을 이기다 | 埴(식) 진흙 | 鑿(착) 뚫다 | 戶牖(호유) 문과 창 | 戶(호) 출입문 | 牖(유) 들창, 들어서 여는 창

해설

이 장에서 노자는 무의 유용성을 수레와 그릇, 방 등을 예로 들어서 설명하고 있다. 즉, 수레바퀴는 30개의 살과 하나의 바퀴가 모여서 된 것인데 바퀴의 안쪽은 30개의 살 외에는 빈 공간이다. 이 빈 공간이 있기에 수레바퀴를 가볍게 만들 수 있고 수레바퀴가 회전함으로써 수레가 앞으로 나아가는 일이 가능하다.

그릇도 비어 있기 때문에 거기에 음식을 담을 수 있고, 방도 비어 있으므로 사람들이 출입할 수 있어 방의 역할을 할 수가 있는 것이다. 사람들은 유(有)의 편리성과 효용에 대해서는 잘 알면서도 그 유(有)가 사람들에게 편익이 되는 것은 유(有) 안에 비어 있는 무(無)가 있기 때문이라는 것은 잘 생각하지 않는 듯하다.

잡동사니로 방과 마당이 가득 찬 집은 언뜻 보기에는 '있음'으로 가득 차 있어 유용한 듯하지만 빈 공간 즉, 무(無)가 없는 집은 사람이 들어갈 수도 없고 물건을 둘 공간도 없어 집으로써 쓸 수가 없다. 즉 방에는 사람이 출입하여 기거할 수도 없고, 마당도 사람이 사용할 수도 없어 집 전체가 집으로서의 역할을 할 수가 없는 것이다.

그래서 사람들이 방과 마당의 잡동사니를 모두 버리고 나면 비로소 방과 마당에도 텅 빈 공간이 생겨 집에 사람이 사용할 수 있는 '쓰임'이 되돌아온다.

무의 유용성은 물건에만 국한되는 것이 아니다. 사람도 자만이나 편견으로 머리가 가득 차 있는 사람은 남의 말이나 의견을 받아들일 수 없다. 그러므로 그 사람에게 아무리 유용한 지식이나 정보가 제공되어도 마치 음식이나 물로 가득 차 있는 그릇처럼 더 이상 들어갈 자리가 없는 것이다. 그러므로 그 사람 역시 별로 쓸모가 없는 것이다.

겸허(謙虛)란 말에도 나에게 상대의 뜻을 받아들일 수 있는 '비어 있는 공간(虛)'이 있다는 의미가 있다. 상대의 말이나 의견을 받아들일 아무런 빈 공간도 없으면서 겸허한 척하는 것은 거짓이며 상대를 우롱하는 짓이다.

제12장. 오색 (五色)

화려한 색깔은 우리 눈을 멀게 하고

현란한 음악은 우리 귀를 먹게 하고

맛있는 음식은 우리 입을 상하게 한다.

말달려 사냥을 하는 것은 사람을 미치게 하고

얻기 어려운 보물은 사람의 행동을 어지럽게 한다.

따라서 성인은 배를 위하지 눈을 위하지 않는다.

고로 저것(눈)을 버리고 이것(배)을 취한다.

五色令人目盲 (오색영인목맹)

五音令人耳聾 (오음영인이농)

五味令人口爽 (오미영인구상)

馳騁畋獵, 令人心發狂 (치빙전렵, 영인심발광)

難得之貨, 令人行妨 (난득지화, 영인행방)

是以聖人爲復不爲目 (시이성인위복불위목)

故去彼取此 (고거피취차)

> 五色(오색) 청, 적, 황, 백, 흑색이나 여기서는 화려한 색깔을 뜻함 | 令(영) 하여 금 ~하게 하다 | 五音(오음) 궁, 상, 각, 치, 우의 다섯 음계. 여기서는 현란한 음악을 뜻함 | 聾(농) 귀머거리 | 五味(오미) 달고, 쓰고, 맵고, 시고 짠맛. 여기서는 맛있는 음식을 뜻함 | 爽(상) 상쾌하다, 손상되다 | 馳騁(치빙) 말달리다, 질주하다 | 畋獵(전렵) 사냥 | 發狂(발광) 미치다 | 行妨(행방) 행동하는 데 방해가 되다. 거리끼다. 상하게 하다.

해설

기술이나 지식, 정보의 발달이 반드시 인간의 삶에 대한 만족도를 높인다고 볼 수는 없다. 산해진미에 길들면 소박하지만 맛있는 음식을 외면하는 것처럼, 한번 화려한 색깔에 익숙해지면 예전의 수수한 모습들을 버리고 보다 더 화려한 것을 찾게 되고, 현란한 음악도 그에 익숙해지면 보다 더욱 자극적인 음악을 원하게 되는 것이다.

로마의 시저 휘하에서 무적의 군단장이자 오른팔이었던 안토니우스는 동방 원정에서 이집트의 클레오파트라를 만나 그녀에게 로마의 속주인 시리아를 포함한 키프로스섬, 북부 아라비아 등 광대한 영토를 준다는 약속을 하고 만다.

시저의 양자인 옥타비아누스가 로마의 영토를 임의로 처리한다고 비난하면서 군사를 몰아 쳐들어오자 안토니우스가 그를 맞아 싸운 해전이 저 유명한 '악티움 해전'이다. 한때는 무적의 장군이었지만 이미 오랫동안 화려함과 현란한 사치에 물들어 자신에게 패배한 안토니우스는 전쟁에 유독 약하다는 옥타비아누스의 상대조차 되지 못하고 참패한 후 이집트로 도망가서 결국 자결하게 된다.

위정자가 화려함이나 현란한 사치에 익숙해지면 그러한 욕구 충족을 위해 불필요한 지출이 증가하고 이러한 지출 충족을 위해 백성들에게서 보다 많은 세금이나 공납을 거두어들이게 된다면 백성들의 삶은 더욱 고단해진다.

말을 달려 짐승을 쫓아 화살이나 창으로 짐승을 잡는 고대의 사냥은 사냥꾼과 몰이꾼 간의 연락 체계, 짐승을 모는 방향 설정, 참가자들의 역할 분담 등이 사전에 정해지지 않으면 안 되기 때문에 흔히 왕이나 귀족들의 오락 겸 군사 연습이 되기도 한다.

그러나 왕이 여기에 너무 빠져 버리면, 백성들의 전답을 왕의 사냥터에 강제로 편입시키고 짐승 몰이를 위해 많은 백성을 동원하여 백성들이 생업을 못 하게 하고 왕 역시 정사를 소홀히 하게 되는 폐해가 발생한다. 그러므로 노자는 말달려 사냥에 몰두하는 것은 사람을 미치게 하는 것이라고 경계한다.

또한 위정자가 얻기 어려운 보물을 좋아하면, 권력에 접근하려는 사람은 그런 보물을 뇌물로 바쳐 위정자에게 접근하여 목적을 이루려고 하므로, 위정자가 얻기 어려운 보물을 좋아하는 것 자체가 나라의 기강을 흔드는 싹이 되는 것이다. 그러므로 노자는 얻기 어려운 보물은 사람의 행동을 어지럽게 한다고 하여 특히 위정자가 얻기 힘든 보물을 좋아하는 것을 경계한다.

배의 욕구는 몇 가지 음식으로 채워 주면 끝난다. 그러나 눈의 욕구는 무한하다. 본문에서 배를 위한다는 위복(爲腹)은 사람이 사는 데 가장 기본적인 생존 조건인 의식주를 뜻한다. 그러므로 성인은 요구가 한정되는 배부름을 위한 정치를 하지, 요구가 무한한 눈의 만족을 위한 정치를 하지 않는 것이다.

여기에 대해서 왕필도 '배를 위함은 물질로 자신을 키우는 것이지만 눈을 위함은 물질로 자기를 부려먹는 것(爲腹者以物養己, 爲目者以物役己, 위복자이물양기, 위목자이물역기)'이라 하면서 눈에 의한 만족을 경계하고 있다.

제13장. 총욕 (寵辱)

총애와 굴욕은 모두 놀라운 일이며

몸에 큰 화가 닥친 것처럼 두려워해야 한다.

왜 총애와 굴욕이 모두 놀라운 일인가?

총애조차도 하찮은 것이기 때문이다.

총애를 얻는 것도 놀랍고, 잃는 것도 놀라운 일이니

총애와 굴욕이 모두 놀라운 일이라 하는 것이다.

왜 몸에 큰 화가 닥친 것처럼 두려워해야 한다고 하는가?

우리가 큰 화가 닥쳤다고 두려워하는 것은 우리에게 몸이 있기 때문이다.

우리 몸이 없다면 무슨 화가 있겠는가?

그래서 자기 몸을 귀하게 여기듯 천하를 위하는 사람이라면

가히 천하를 줄 수 있으며,

자기 몸을 아끼듯 천하를 아끼는 사람에게는

가히 천하를 맡길 수 있을 것이다.

寵辱若驚, 貴大患若身 (총욕약경, 귀대환약신)

何謂寵辱若驚? 寵爲下 (하위총욕약경? 총위하)

得之若驚, 失之若驚, 是謂寵辱若驚 (득지약경, 실지약경, 시위총욕약경)

何謂貴大患若身? (하위귀대환약신?)

吾所以有大患者, 爲吾有身 (오소이유대환자, 위오유신)

及吾無身, 吾有何患 (급오무신, 오유하환)

故貴以身爲天下, 若可寄天下 (고귀이신위천하, 약가기천하)

愛以身爲天下, 若可託天下 (애이신위천하, 약가탁천하)

寵辱(총욕) 총애와 굴욕 | 貴(귀) 귀하다, 여기서는 두려워하다, 중대시한다는 뜻 | 及(급) 미치다, 끼치다 | 若(약) 만일, 여기서는 즉(則)과 같은 뜻으로 쓰임 | 寄(기) 주다, 위탁하다 | 託(탁) 위탁하다

해설

총애라는 것은 신하가 왕으로부터 받는 신임이나 호감을 의미한다. 대체로 봉건 시대의 왕은 모든 것을 마음대로 할 수 있었으므로 왕의 총애는 신하에게는 곧 명예와 권력, 재물을 의미하지만 왕이 총애를 거두면 그 신하는 명예와 권력, 재물을 잃는 것은 물론 하나뿐인 생명마저도 위태로워진다.

총애가 하찮다고 하는 것은 총애라는 것은 항상 변할 수 있는 왕의 마음이기 때문에 언제라도 잃게 될 수 있고 그 상실은 큰 굴욕을 가져오는 시초가 되기 때문이다. 남의 마음에 의존하는 총애 따위가 어찌 항상 같을 수가 있겠는가? 그러므로 왕의 총애를 상실하는 굴욕은 당연히 재앙이 되지만 그 단서가 되는 총애조차도 자신에게 큰 재앙이 온 것처럼 두려워하고

어려워해야 한다는 것이다.

그러나 그 모두가 나에게 재앙이 되는 것은 내게 몸이 있고 그에 따른 사욕이 있기 때문이다. 만약에, 내게 몸이 없고 아무런 사욕이 없다면 어떤 것도 재앙이 될 수가 없다. 그러므로 내 몸을 귀하게 여겨야 하며 몸을 닦고 사욕을 멀리하는 일이 모든 일의 으뜸이 되어야 하는 것이다. 그래서 자기 몸을 귀하게 여기듯이 천하를 귀하게 여기는 사람이 있다면 그에게 천하를 다스리게 할 수 있을 것이다.

한편, 자신을 진심으로 아끼고 사랑하지 않는 사람은 남도 진심으로 아끼고 사랑할 수 없다. 자신에 대한 이해심과 애정이 넘쳐나 그 자신감이 있을 때 남에게도 진정으로 그 사랑을 베풀어 줄 수 있는 것이다. 자신에 대해 아무런 애정도 없이 모멸감이나 수치심만을 가진 사람은 남도 진심으로 사랑하기 어렵다. 설사 그렇게 보인다 하더라도 그것은 자신을 속이고 남도 속이는 위선이거나 착각에 불과한 것이 대부분이다. 사랑이 어찌 하늘에서 툭 떨어진 것일 수 있으랴?

그러므로 노자는 먼저 자기 몸을 아끼고 그와 같은 수준으로 천하를 아끼는 사람이 있다면 천하를 그에게 맡겨도 좋다고 하는 것이다.

그러나 자신에 대해 지나친 이기주의나 자만감을 가지는 것 또한 자신을 진심으로 아끼는 것이 아니다. 자신만 좋으면 남이야 죽든 말든 상관없다고 생각하여 권력을 남용하고 부정한 재물을 탐하거나 불법적인 쾌락에 빠지는 등 그릇된 사욕에 빠지지 않는 자만이 진심으로 자신을 아끼는 사람이라 할 수 있다. 그렇게 자신을 아끼되 자만과 사욕에 빠지지 않는 사람. 그런 균형 감각을 가진 자만이 천하를 다스릴 자격이 있는 것이다.

제14장. 시지불견 (視之不見)

보려 해도 보이지 않는 것을 이(夷)라 하고

들으려 해도 들리지 않는 것을 희(希)라 하고

잡으려 해도 잡히지 않는 것을 미(微)라 한다.

이 세 가지는 따로 구분할 수가 없고 섞여서 하나로 되어 있다.

그 위는 밝지 않고 그 아래는 어둡지 않으며

끝없이 이어져 있어

그 이름을 붙일 수도 없다.

무(無)로 돌아가니 일러 형태가 없는 형태라 한다.

모양이 없는 모양이 되니 흐릿하고 어슴푸레하다고 하며

마주 서서는 그 머리를 볼 수가 없고 뒤에서도 그 뒷모습을 볼 수가 없다.

예전의 도를 잡고 현재 있는 것에 맞추어 보면

옛날부터 있던 그 처음을 알 수 있으니 이를 도의 줄기라고 한다.

視之不見名曰夷 (시지불견명왈이)

聽之不聞名曰希 (청지불문명왈희)

搏之不得名曰微 (박지부득명왈미)

此三者, 不可致詰, 故混而爲一 (차삼자, 불가치힐, 고혼이위일)

其上不皦, 其下不昧, 繩繩不可名 (기상불교, 기하불매, 승승불가명)

復歸於無物, 是謂無狀之狀 (복귀어무물, 시위무상지상)

無物之象, 是爲惚恍 (무물지상, 시위홀황)

迎之不見其首, 隨之不見其後 (영지불견기수, 수지불견기후)

執古之道, 以御[1]今之有 (집고지도, 이아금지유)

能知古始, 是謂道紀 (능지고시, 시위도기)

夷(이) 오랑캐, 평평하다 ǀ 希(희) 바라다, 드물다 ǀ 微(미) 적다, 숨다. ǀ 致(치) 힘쓰다, 이르다. ǀ 詰(힐) 묻다, 따지다, 여기서는 '구분하다, 규명하다'라는 뜻으로 쓰임 ǀ 皦(교) 밝다 ǀ 昧(매) 어둡다, 어리석다 ǀ 繩(승) 새끼줄. 繩繩은 새끼줄이 이어져 있는 모습 ǀ 惚(홀) 흐릿하다 ǀ 恍(황) 어슴푸레하다 ǀ 迎(영) 맞이하다, 마음으로 따르다 ǀ 隨(수) 따르다, 수행하다 ǀ 御(아) 다스리다(어), 제압하다(어), 영합하다, 맞추다(아) ǀ 紀(기) 벼리(그물코를 꿴 굵은 줄), 줄기, 실마리, 쓰다, 적다

해설

도는 형이상학적인 존재이므로 통상의 사물을 인식하는 방법으로는 도를 인식할 수가 없다. 불교가 AD 148년 후한 환제 때에 처음 중국에 전래되었을 때에도 불교의 번뇌라든가 고(苦) 같은 형이상학적인 개념을 당시 사람들에게 납득시키기가 쉽지 않았다고 한다.

『도덕경』은 그보다도 수백 년 전의 일이니 도라는 형이상학적인 개념을

---

1 御(아)는 통상 다스린다는 뜻의 御(어)로 읽으나 여기서는 '맞추다, 영합하다'라는 뜻으로 御(아)로 읽는다.

설명하기가 더욱 어려웠을 것이므로 이 장에서처럼 통상의 인식 방법으로는 도를 알기 어려움을 이야기하고 있다. 더구나 중국의 한자는 원래 사물의 형상을 그대로 베낀 상형 문자이므로 눈에 보이는 형상이 없는 형이상학적인 개념이나 존재는 더욱 표현하기가 곤란했을 것이다.

원래 夷(이)는 평평해서 잘 보이지 않는다는 뜻이며 希(희)는 들어도 잘 들리지 않는다는 뜻이며 微(미)는 숨어서 잘 잡히지 않는다는 뜻이다.

이처럼 도는 보려 해도 잘 보이지 않고(夷), 들으려 해도 잘 들리지 않고(希), 잡으려 해도 잘 잡히지 않는(微) 존재이다. 그 위가 밝지도 않고 그 아래가 어둡지도 않아 수직적인 경계가 없고 태초부터 현재까지 끝없이 이어져 있어 시간적인 경계도 분명하지도 않아 그 이름을 붙일 수가 없다.

구분할 수 있는 경계가 있어야 이름을 붙일 수가 있다. 경계가 없으면 이름을 붙일 수도 없다. 그러나 경계가 있어 이름을 붙일 수 있으면 이미 도가 아니다. 이름을 붙일 수가 없으니 도는 여전히 이름이 없는 무명의 세계에 속한다.

『도덕경』25장 유물(有物)에서도 도의 이러한 특질을 새겨 '나는 그 이름을 몰라 자(字)를 도라 한다. 억지로 이름 붙인다면 크다(大)고 하겠다. 큰 것은 떠나가고 떠나가면 멀리 가고 멀리 간 것은 돌아오니(吾不知其名, 字之曰道, 强爲之名曰大, 大曰逝, 逝曰遠, 遠曰反, 오부지기명, 자지왈도, 강위지명왈대, 대왈서, 서왈원, 원왈반)'라고 하여 도가 이름 지어 부를 수 있는 경계를 가지지 않음을 말하고 있다.

도는 모양이나 형태를 가질 수가 없어 홀황으로도 표현되는데, 홀(惚)은 없는 것 같아서 잘 볼 수 없다는 것이고 황(恍)은 있는 듯하지만 잘 볼 수 없는 것이라 하나 양자의 구분도 큰 의미는 없다. 한마디로 도는 흐릿하고 어슴푸레해서 형태를 잘 알 수 없다는 말이 된다. 결국 도는 형이상학적 존재이므로 구체적인 형태를 가지는 물질의 차원을 넘어선 존재라고 밖에 말할 수 없다.

노자는 이를 다시 '뒤로 쫓아가 봐도 그 뒷모습을 볼 수가 없고 앞으로 마주 서 봐도 그 얼굴을 볼 수가 없다'라고 짓궂게 표현하고 있다. 도는 볼 수는 없는 존재이지만, 분명히 실재하는 존재이므로 오늘날에도 도를 꽉 붙잡고 현재의 모든 일에 도를 적용시켜 본다면 도가 처음부터 존재하였음을 일 수 있으니 이것이 도의 줄기 즉, 도의 본체라 할 수 있을 것이다.

제15장. 고지 (古之)

옛날에 도를 잘 닦은 사람은 미묘한 부분까지 통달하여

그 깊이를 알 수 없다.

알 수 없기에 억지로 그 모습을 형용한다면

머뭇거림은 마치 겨울에 냇물을 건너는 듯하고,

망설임은 사방을 두려워하는 듯하고

엄숙함은 손님이 된 듯하고, 풀어져 있기는 얼음이 녹는 듯하고

두터움은 통나무 원목과 같고 텅 빈 것은 골짜기 같으며

혼탁하기는 흙탕물 같다.

누가 흙탕물을 가라앉혀 서서히 맑게 할 수 있는가?

누가 오래 가라앉아 있은 것을 움직여

서서히 생기를 불러일으킬 수 있는가?

이 도(道)를 지키는 사람은 가득 차기를 바라지 않는다.

오직 가득 차기를 바라지 않기에

모든 것을 포용하여, 새로운 것을 만들 수 있다.

古之善爲道[9]者, 微妙玄通, 深不可識 (고지선위도자, 미묘현통, 심불

가식)

夫唯不可識, 故强爲之容 (부유불가식, 고강위지용)

豫焉, 若冬涉川, 猶兮, 若畏四鄰 (예언, 약동섭천, 유혜, 약외사린)

儼兮, 其若客²⁾, 渙兮, 若冰之將釋 (엄혜, 기약객, 환혜, 약빙지장석)

敦兮, 其若樸³⁾, 曠兮, 其若谷, 混兮, 其若濁 (돈혜, 기약박, 광혜, 기약곡, 혼혜, 기약탁)

孰能濁以靜之徐淸? (숙능탁이정지서청?)

孰能安以久動之徐生? (숙능안이구동지서생?)

保此道者, 不欲盈 (보차도자, 불욕영)

夫唯不盈, 故能蔽而⁴⁾新成 (부유불영, 고능폐이신성)

强(강) 굳세다, 억지로 시키다 | 豫(예) 미리, 머뭇거리다 | 涉(섭) 건너다 | 猶(유) 오히려, 망설이다 | 畏(외) 두려워하다 | 鄰(인) 이웃 | 儼(엄) 삼가다 | 渙(환) 흩어지다, 여기서는 넉넉한 태도를 가리킨다 | 釋(석) 풀다, 풀리다 | 敦(돈) 두텁다 | 曠(광) 밝다, 비다 | 混(혼) 섞다, 흐리다 | 蔽(폐) 덮다, 포용하다

---

1 왕필본에는 선위사자(善爲士者)로 되어 있고 사(士)는 도를 잘 수행한 사람으로 풀이하고 있으나 문맥이 자연스럽지 못하다. 마왕퇴 백서 을본에는 선위도자(善爲道者)로 되어 있어 명확하다. 이 책에서는 이 부분은 백서 을본을 따른다.

2 왕필본에는 기약용(其若容)으로 되어 있으나 초간문, 백서, 하상공본 모두 기약객(其若客)으로 되어 있고, 의미도 기약객(其若客)이 보다 자연스러우므로 이 부분은 하상공본을 따른다.

3 樸(박)은 원래 통나무로 쪼개거나 다듬지 않은 상태의 원목을 말한다. 『도덕경』에서는 꾸미지 않은, 질박하고 순박한 도를 의미한다.

4 蔽而新成(폐이신성)은 왕필본이나 하상공본에서 공히 蔽不新成(폐불신성)으로 되어 있다. 그러나 蔽不新成(폐불신성)은 이 장의 앞부분과도 맥이 통하지도 않고 『도덕경』의 다른 부분과도 의미상 이질적이다. 이 부분에서 장기근(노자, 1983)은 蔽不新成(폐불신성)은 蔽而新成(폐이신성)의 오류로 보고 있으므로 그 설에 따라 본서에서도 蔽而新成(폐이신성)으로 교정한다.

해설

도를 잘 닦은 사람은 모든 것의 미묘한 부분까지 다 통달하였으므로 그 통달한 깊이를 알 수가 없다. 그러나 억지로 그 모습을 그려 본다면, 겨울에 개울을 건너면서 얼음이 언제 깨지지 않을까 조심스러워하는 사람 같고, 사방에 적을 둔 왕처럼 언제 적들이 쳐들어올까 두려워하는 것 같고, 엄숙하기는 중요한 모임에 초청되어 앉음새를 바로 하는 손님이 된 듯하고, 풀어져 있기는 여기저기 녹아내리는 얼음 덩어리 같다.

두텁고 촌스럽기는 통나무 원목 같고 텅 비어 있기는 골짜기 같고 탁하기는 흙탕물 같다.

이러한 도인의 모습은 전국 시대 당시에 너도나도 되고자 하는 이상적인 성인과는 전혀 다른 이미지이다.

그렇지만 그런 이미지의 도인이라도 나라가 흙탕물처럼 혼란스러울 때 그 어지러움을 제거하고 혼란을 진정시켜서 서서히 안정을 찾게 할 수 있으며 나라가 오래 침체되어 아무런 희망이 보이지 않는 상황에서도 활력을 불어넣어 재생의 길로 나설 수 있게 한다. 이것이 도를 잘 닦은 도인의 진면목이다.

도인은 모든 것이 가득 차기를 바라지 않는다. 가득 차기를 바라지 않기에 낡은 것도 포용하여, 새로운 것을 만들 수 있다. 즉, 새로운 것을 만들기 위해 옛것을 파괴하지 않는다. 우리는 새로움, 혁신 또는 혁명이라는 미명 하에 훌륭한 기존의 가치들이 얼마나 많이 파괴되고 돌이킬 수 없을 정도로 훼손되는 사례를 보아 왔는가?

새로운 가치가 기존의 가치를 부정하는 속도나 정도가 급하고 심한 것일수록 그 새로운 가치란 것이 개인의 사욕이나 오판으로 인한 것이 더 많았다. 1960~70년대 중국의 문화혁명으로 수많은 인명 피해와 함께 유적, 유물이 파괴되었으며 캄보디아의 크메르루주, 아프가니스탄의 탈레반이나 중동의 IS 등이 개혁이나 혁명이라는 미명 아래 수많은 사람을 무고하게 살해하고 귀중한 유적들을 파괴한 것 등이 그 사례들이다.

진정으로 도를 잘 닦은 사람은 이렇듯 옛것을 포용하여 새로운 것을 만들 수 있는 사람이다. 하늘 아래 새로운 것은 없다는 말처럼 새로운 것이 어느 날 불쑥 하늘에서 떨어지는 것은 아니다. 대체로 옛것이 수정되고 보완·변형되어 새로운 것이 나타나는 것이다.

제16장. 치허극 (致虛極)

마음을 완전히 비우고 고요함을 굳게 지키면

모든 것이 함께 움직여 근본으로 돌아가는 것을 볼 수 있다.

만물은 다양하고 무성하나 각기 그 근본으로 돌아간다.

근본으로 돌아가는 것을 '고요하다'라고 하고

'생명으로 돌아간다'라고 한다.

생명으로 돌아가는 것을 '늘 그러하다'라고 하고

늘 그러함을 아는 것을 '밝다'라고 한다.

늘 그러함을 알지 못하고 망령되이 행동하면 흉하다.

늘 그러함을 알면 넓게 포용할 수 있고

포용하면 공정해지고

공정해져야 왕이 될 수 있으며

왕이 되면 하늘에 순응해야 하고

하늘에 순응하면 도에 이르게 되고

도에 이르면 오래가게 되어, 죽을 때까지 위태롭지 않다.

致虛極, 守靜篤 (치허극, 수정독)

萬物竝作, 吾以觀復 (만물병작, 오이관복)

夫物芸芸, 各復歸其根 (부물운운, 각복귀기근)

歸根曰靜, 是謂復命 (귀근왈정, 시위복명)

復命曰常, 知常曰明 (복명왈상, 지상왈명)

不知常, 妄作凶 (부지상, 망작흉)

知常容, 容乃公 (지상용, 용내공)

公乃王, 王乃天 (공내왕, 왕내천)

天乃道, 道乃久, 沒身不殆 (천내도, 도내구, 몰신불태)

極(극) 다하다, 한계 | 致虛極(치허극) 비움의 극치에 다다르다. | 靜(정) 고요하다, 맑다 | 篤(독) 도탑다, 굳다 | 竝(병) 아우르다, 나란히 하다 | 芸芸(운운) 무성한 모양 | 命(명) 명령, 여기서는 하늘이 명한 것이라는 뜻 | 沒(몰) 가라앉다, 다하다 | 殆(태) 위태하다

해설

마음을 극에 이르도록 완전히 비운다(致虛極, 치허극)는 것은 마음에 일어나는 모든 욕망, 선입견 등을 완전히 없애서 어떠한 의지나 목적성도 갖지 않는 상태가 되는 것을 말한다. 이것이 무위의 상태이다. 이 무위의 상태를 흔들림 없이 굳게 지킨다면, 노자는 만물이 함께 일어나 같이 도로 돌아가는 것을 볼 수 있다고 한다.

즉, 만물은 한때 다양하고 무성하게 번성하더라도 마침내는 모두 그 뿌리인 도로 돌아간다는 것이다. 나무를 예를 들면 봄과 가을에 걸쳐 무성했던 잎과 꽃, 열매들이 겨울이 되면 나 떨어지고 나무의 모든 생명력이 뿌리로 되돌아가는 것으로 비유될 수 있다.

뿌리로 돌아가면 일체의 외부 행위가 멈춰져서 고요해지며 그것을 '생명으로 돌아간다(復命)'라고 한다. 생명으로 돌아가는 것을 '본래 그러하다(常)'라고 하고 '늘 그러함'을 아는 것을 '밝다(明)'라고 함으로써 노자는 늘 그러한 흥성과 쇠퇴를 알지 못하고 자신의 권력이나 명예가 영원히 계속될 것처럼 망령되이 행동하는 것을 흉하다고 경고한다.

그리하여 세상만사 흥망성쇠가 반복됨을 알면 강한 자와 약한 자, 가진 자와 못 가진 자를 차별하지 않고 모두 넓게 포용할 수 있고, 이렇게 모든 이를 포용하여 안으면 어느 한쪽에 치우침이 없이 공정해지고, 공정해지면 비로소 많은 사람의 추대를 받아 사람들의 위에 서는 왕이 될 수 있고 왕이 되면 하늘의 뜻에 순응해야 하고 하늘의 뜻은 곧 도이니, 도에 이르면 오래도록 가게 되고 죽을 때까지 위태롭지 않을 것이라 한다.

흔히 『도덕경』을 제왕학이라고도 한다. 그런데 여기서의 제왕학을 제왕이 되기 위한 구체적인 방법이나 방안을 제시하는 것으로 생각하면 잘못이다. 『도덕경』은 뭐니 뭐니 해도 지금으로부터 이천 수백 년 전, 전국시대라는 미증유의 난세를 맞아 삶의 터전과 그 지향점을 잃고 헤매는 수많은 사람들에 대해 무한한 애정으로 그들의 삶을 다독이며 격려하는 처세술 교본이자 난세의 백성을 위해 힘써야 할 위정자들이 가져야 할 진정한 마음가짐을 설파했다는 의미에서의 제왕학인 것이다. 이름이 제왕학이든 뭐든, 노자의 주 관심 대상은 어디까지나 제왕보다는 백성인 것이다.

그러한 의미에서 노자는 제왕이 무욕하고 무위하여 도를 깨닫는다면 그

지위가 오래갈 것이라고 한다. 그 무욕과 무위의 주체는 제왕이지만 그 혜택은 어디까지나 백성들에게 돌아가는 것이다. 오늘날에도 제3세계의 많은 국가에서 위정자들의 편향되고 왜곡된 유욕과 유위로 고통받는 것은 어디까지나 힘없는 백성들인 것이다.

노자는 그러한 위정자에 대하여 지금도 외치고 있는 것이다. '마음을 비워라. 무위로 돌아가서 정치에 임하라'라고.

제17장. 태상 (太上)

가장 뛰어난 통치자는 백성들이 그 존재만 알고 있는 자이고

그다음은 백성들이 친하게 여기고 칭찬하는 통치자이며

그다음은 백성들이 두려워하는 통치자이고

그다음은 백성들이 업신여기는 통치자이다.

통치자에게 믿음이 부족하면 불신이 생긴다.

통치자는 여유를 가지고, 말을 아껴야 한다.

공을 세우고 일이 이루어지더라도

백성들이 모두 자기 스스로 한 것으로 말하게 하여야 한다.

太上, 下知有之 (태상, 하지유지)

其次, 親之譽之 (기차, 친지예지)

其次, 畏之 (기차, 외지)

其次, 侮之 (기차, 모지)

信不足焉, 有不信焉 (신부족언, 유불신언)

悠兮, 其貴言 (유혜, 기귀언)

功成事遂, 百姓皆謂我自然 (공성사수, 백성개위아자연)

親(친) 친하다 | 譽(예) 칭찬하다 | 畏(외) 두려워하다 | 侮(모) 업신여기다 | 焉(언) 어찌, 여기서는 어조사로 실질적인 뜻이 없이 문장의 끝에 둠 | 悠(유) 멀다, 한가롭다, 여기서는 조급하지 않다는 뜻 | 兮(혜) 어조사로 ~여! | 遂(수) 마치다

해설

대체로 나라의 통치자라고 하는 자는 아래의 네 가지 유형으로 구분할 수가 있다. 최선은 백성들이 그 존재만 알고 있는 군주이고, 그다음은 백성들이 친밀하게 여기고 칭찬하는 군주이며, 그다음은 백성들이 무서워하는 군주이다. 최악은 백성들에게서 욕을 듣는 군주이다.

이 장에서 흔히 백성들에게서 성군이라고 칭찬을 받는 군주라 하더라도 백성들이 존재만 알고 있는 군주보다는 못하다는 노자의 인식을 알 수 있다. 즉, 노자는 성군이라도 무위의 왕보다는 못하다는 것이다.

최선의 군주는 결국 무위의 다스림을 실천하는 군주이다. 노자의 무위란 아무것도 하지 않는 것이 아니다. 목적을 갖고 백성들을 끌고 나가는 것이 아니라 천지자연이 그렇듯이 백성들이 스스로 하고 싶은 것을 했을 때 그 결과 생긴 이익이 되어 자신들의 노력한 결과로 생각하게 하는 것이 무위이다. 무지나 무욕은 아무것도 모르는 상태이거나 하고자 하는 일체의 욕심을 버린 상태가 아니라 위정자가 자신의 목적의식이나 욕심을 버리고 백성들의 자율성이 충분히 보장될 수 있도록 하라는 의미이다.

노자가 이처럼 정치에서 무위니 무욕에 집착하는 이유는 무엇일까? 물론 전국 시대라는 새로운 시대 조류에 걸맞게 천지자연의 움직임을 행동

의 기준으로 삼는 도를 말하고 있지만 노자는 전란의 시대에서는 아무리 훌륭한 군주가 훌륭한 목적을 갖고 일을 한다고 하더라도 그 일의 수행 과정에서는 무고한 백성들의 희생이 따르기 십상이라는 의혹을 늘 가지고 있었다고 생각된다.

그러므로 노자가 생각하는 바람직한 군주는 무슨 목적이나 의도를 갖고 백성들을 희생시키는 것이 아니라 백성들 스스로 자율적으로 일을 하게 하여 그 사업을 백성들이 스스로 이루어낸 것이라고 생각하게 하는 군주인 것이다. 그런 사업에서는 백성들의 희생이 거의 없을 뿐만 아니라 있어도 백성들이 그를 억울하게 여기지 않을 것이다.

노자는 위정자가 어떤 의지나 목적을 갖고 백성들을 끌고 가면 백성들이 진정으로 바라는, 제대로 된 성과를 이루지 못한다는 문제의식을 갖고, 위정자가 의지나 목적성을 버리고 백성들을 자연 그대로 두었을 때 최선의 결과가 나타난다고 말한다.

그런 면에서 노자의 무위는 근대 영국의 경제학자인 애덤 스미스(1723~90)가 『국부론』에서 논파한 저 유명한 '보이지 않는 손'의 논리와 유사한 맥락을 갖고 있다. 애덤 스미스는 개인이 자기 이익을 추구하여 행하는 행위는 궁극적으로 사회 전체의 이익과 조화를 이루는 방향으로 나아가며, 그런 방향을 이끄는 것이 이른바 '보이지 않는 손'이라고 말한다.

'보이지 않는 손'은 사회 전체에서 가장 적절한 재화의 양과 종류를 생산할 수 있게 해 준다. 이것을 시장의 측면에서 보면 생산자는 가장 비싸게, 수요자는 가장 싸게 재화를 팔고 사려 하므로 각자의 희망 가격과 희망 물량이 교차되는 지점에서 가격이 결정되고, 그렇게 결정된 가격이 시장 참여자들을 고루 만족시키는 것은 물론, 이상적인 자원 분배로 사회 전체의 이익도 극대화한다는 것이다.

　스미스는 위정자가 민간의 시장 경제에 어떠한 인위적인 간섭이나 통제도 하지 않을 때 보이지 않는 손이 시장을 지배하게 되며 이렇게 보이지 않는 손이 지배하는 시장 경제야말로 사는 사람과 파는 사람 모두에게 가장 만족스러운 결과를 낳는다고 보았다. 노자의 무위 역시 위정자가 아무런 목적이나 의지를 갖지 않고 백성들의 삶에 개입하여 왜곡하지 않을 때가 가장 좋다고 하는 점에서 애덤 스미스의 '보이지 않는 손'의 이념과 일맥상통한다.

제18장. 대도폐 (大道廢)

큰 도가 없어져야 인의가 생기고

지혜가 생기면 큰 거짓이 생긴다

육친이 불화할 때 효도와 자상함이 생기고

나라가 혼란스러워야 충신이 난다

大道廢, 有仁義 (대도폐, 유인의)

智慧出, 有大僞 (지혜출, 유대위)

六親不和, 有孝慈 (육친불화, 유효자)

國家昏亂, 有忠臣 (국가혼란, 유충신)

廢(폐) 폐하다, 그만두다 | 僞(위) 거짓 | 六親(육친) 부(父), 모(母), 형(兄), 제(第), 처(妻), 자(子)를 말함 | 慈(자) 사랑하다, 자비 | 昏亂(혼란) 어둡고 어지러움 *混亂(혼란, 갈피를 잡을 수 없이 어지러움)과는 다름

해설

세상 사람들이 제각기 모든 질서의 근원인 도를 알고 도에 따라 단순하고 자연스럽게 산다면 세상살이에 굳이 현명하다는 지혜가 필요하지 않다. 그러나 도가 사라지고 여태까지의 단순하고 자연스러운 삶의 모습이

점차 복잡해지고 계층의 분화와 아울러 참됨과 거짓이 뒤섞여 보통 사람이 이를 판별하기가 어려운 지경에 이르러서야 비로소 이러한 상황을 판별할 수 있는 지혜의 필요성이 부각되는 것이다.

결국 도가 사라져야 현명하다는 지혜의 필요성이 증대하게 되고 아울러 이러한 지혜를 가진 현인을 숭상하는 풍조가 나타나게 되는 것이다. 동남아나 남미의 정글 속에 고립되어 사는 소수 민족 집단에게는 지식인이나 현인을 별다르게 숭상하는 분위기가 없다. 그저 조상신이나 경험 많은 연장자에 대한 존경의 기풍이 있을 뿐이다. 삶이 단순해질수록 지혜와 현명함에 대한 수요는 줄어든다.

세상 사람들이 다 도에 따라 천지자연의 순리대로 살면 구태여 인의나 지혜를 높이 외칠 이유가 없다. 도가 사라져서 남을 속이고 거짓말하는 풍조가 팽배해져야 비로소 지혜를 중시하게 되고 이어서 지혜를 가장한 큰 거짓도 소리를 높이게 된다.

같은 이치로 화목한 가정에는 굳이 효도와 자애를 거론할 필요가 없다. 가족 간에 불화가 생기니까 서로 자애라든가 효도라는 덕목을 안 한다고 비난하게 되는 것이다. 나라도 제대로 다스려져서 태평성대가 되면 애국자 아닌 사람이 없고 충신 아닌 사람이 없다. 그러니 충신을 따로 말할 필요가 없는 것이다.

그러나 나라가 어지러워져서 너도나도 제 살길이 바빠져서 나라와 임금을 내팽개치니 비로소 충신이 필요하고 충신에 관한 이야기를 하게 된다는 것이다.

마왕퇴 백서 갑본에는 이 장의 모든 유(有) 앞에 안(案)이 붙어 있고 백서 을본에는 안(案) 대신에 안(安)이 붙어 있다. 즉 '고대도폐, 안유인의(故大道廢, 案有仁義) / 지혜출, 안유대위(智慧出, 案有大僞) / 육친불화, 안유효자(六親不和, 案有孝慈) / 방가혼란, 안유정신(邦家昏亂, 案有貞臣)으로 되어 있다.

여기서 안(案)이나 안(安)을 '이에'로 해석할 수도 있고 '어찌'라는 의문사로 볼 수도 있는데, '이에'로 해석하면 위와 같은 뜻으로 해석이 되나, '어찌'라는 의문사로 보면 '큰 도가 없어지는데 어찌 인의가 생기고, 지혜가 생기는데 어찌 큰 거짓이 생길 수 있는가? 육친이 불화하는데 어찌 효도와 자상함이 생기고, 나라가 혼란스러운데 어찌 곧은 신하가 있겠느냐?'가 되어 유가와 그 뜻이 별로 다르지 않게 된다.

가장 오래된 곽점초묘 죽간본에도 마왕퇴 백서와 유사하게 유(有) 앞에 안(案)이나 안(安)이 붙어 있는바, 이를 볼 때 당초에 이 부분은 유가의 보통 생각과 다르지 않게 어찌(案)라는 의문사가 붙어 있었으나 후세인이 안(案)을 빼 버려 이 장이 파격적으로 반유가적으로 보이게 된 것이 아닌가 한다.

한편 고대에는 거짓 위(僞)를 할 위(爲), 즉 僞=爲로 혼용해서 썼고, 또한 이 장에서는 유(有) 이하는 모두 긍정의 문구(有仁義, 有孝慈 등)로 되어 있으므로 智慧出, 有大僞(지혜출, 유대위)도 '지혜가 생기면 큰 거짓이 생긴다'로 새길 것이 아니라 '지혜가 생기면 큰일을 한다'로 새겨야 한다는 설이 있다.

그러나 그럴 경우에는 이 장의 모든 구(句)가 부정+긍정의 대구 형태로 되어 있는바 智慧出, 有大僞(지혜출, 유대위)만 긍정+긍정의 형태가 되어 글 전체의 균형이 깨지게 되는 문제도 생기지만 의미 또한 '지혜가 생기면 큰일을 한다'는 무미건조한 말이 되므로 그 설은 취하기 어렵다.

제19장. 절성 (絶聖)

총명함을 끊고 지혜를 버린다면 백성들의 이익이 백 배가 된다.

인을 끊고 의를 버린다면

백성들은 효성스럽고 자애로운 모습으로 되돌아온다.

교묘함을 끊고 이익을 버려야 도적이 없어진다.

이 세 가지는 겉치레이고 부족한 것들이다.

모름지기 백성들이 다스림에 따르게 하려면

위정자가 소박함을 보이고 지켜 나가며, 사심과 욕심을 줄여야 한다.

絶聖棄智, 民利百培 (절성기지, 민리백배)

絶仁棄義, 民復孝慈 (절인기의, 민복효자)

絶巧棄利, 盜賊無有 (절교기리, 도적무유)

此三者, 以爲文而不足 (차삼자, 이위문이부족)

故令有所屬 (고영유소속)

見素抱樸, 少私寡欲 (견소포박, 소사과욕)

聖(성) 성스럽다. 총명하다. 여기서는 후자의 뜻으로 쓰임 | 棄(기) 버리다, 그만두다 | 文(문) 글자, 무늬, 아름다운 외관. 여기서는 후자의 뜻 | 令(영) 명령하다, 하게 하다, 여기서는 '백성으로 하여금 ~하게 하다'는 뜻으로 쓰임 | 屬(속) 무리, 모으다 | 抱(포) 품다 | 樸(박) 통나무, 순박함

해설

이 장에서 노자는 유가에서 통상 군자의 이상적인 덕목으로 거론되는 인(仁), 의(義), 예(禮), 지(智) 중 예(禮)는 두고 성(聖)을 넣은 다음에 이를 유가나 도가 양측 모두가 탐탁잖게 여기는 교(巧)나 이(利) 같은 것과 함께 끊거나 버려야 할 대상에 병렬시킴으로써 유가의 덕목을 시각적·감각적 차원에서 평가절하하고 있다.

전국 중기로 추정되는 곽점초묘 죽간본(BC 300년)까지만 해도 이렇게 끊거나 버려야 할 항목으로 성(聖), 변(辯), 교(巧), 이(利), 위(僞), 사(詐) 등을 들고 있어 성(聖)을 제외하고는 '말이 많은 것(辯 변)', '교묘함(巧 교)', '이익(利 이)', '거짓말(僞 위)', '속임(詐 사)' 같은 일반적으로 피하거나 자제해야 할 사항들을 나열하고 있을 뿐 특별히 유가의 덕목을 공격하고 있지는 않다.

그러던 것이 한나라 초기인 마왕퇴 백서에서는 유가의 대표적인 덕목이라 할 수 있는 인(仁), 의(義), 지(智)까지 끊고 버려야 할 항목에 넣음으로써 반유가적인 의도를 확실히 드러내고 있다. 아마도 이 시기를 전후하여 유가와 도가의 대립 경쟁이 표면화되고 격화되지 않았나 싶다.

사실 유가에서 말하는 총명함(聖), 지혜(智) 그리고 어짊(仁)이나 옳음(義) 같은 덕목은 문자 그대로 그 덕성을 지켜 나간다면 큰 문제는 없을 것이다. 그러나 그런 덕목들은 하나같이 인간이 판단해야 하므로 대상과 시기 선택 등에서 얼마든지 주관성, 상대성을 가질 수가 있어 막상 실행에 접어들면 인의예지나 충성이라는 거창한 구호 뒤에 얼마든지 나쁜 패륜을 저지를 수도 있다는 문제가 생긴다.

매국노 이완용도 어릴 때부터 『논어』, 『대학』, 『중용』 등 유학을 열심히 공부하여 과거에 합격한 후 관직 생활을 하면서도 학문에 매진하여 오늘날 국립대학교의 총장이라고 할 수 있는 성균관 대사성까지 지냈다. 아마도 학생들과 함께 매일같이 인, 의, 예, 지나 임금에 대한 격한 충성심을 읊조리며 지냈으리라.

그러나 막상 조선이 일본 등 열강에 의해 국권이 무참히 유린되는 지경에 이르고 나라가 존망의 위기에 처하자 당대 유수의 지식층이며 관료 선비의 핵심층에 있던 그는 나라가 어려울 때 '임금을 모시고 오랑캐를 물리친다.'라는 유교 가르침의 본분과 조선이 수백년 동안 선비를 키워 온 이유를 헌신짝처럼 내던져 버리고 재빨리 매국노의 길로 달려갔다.

1907년 7월 헤이그 특사 사건이 일어나자 당시 일본의 초대 통감 이토 히로부미의 사주를 받아 궁지에 몰린 고종에게 책임을 추궁하며 양위할 것을 협박하는 패륜을 저질러 고종을 퇴위케 하고 순종을 즉위하게 하더니 마침내, 1910년 8월 22일 대한제국의 내각총리대신으로 직접 어전회

의를 주재하여 한일 강제합병안을 가결하는 동시에 당시 일본 통감이던 데라우치의 관사로 일부러 찾아가 합병조약을 체결하고, 나라를 일본에 깔끔히 넘겨주고 말았다.

그 공으로 일본으로부터 특별 대훈장을 받고 일본 정부에 의해 백작으로 임명되어 죽을 때까지 갖은 부귀영화를 다 누렸다. 후일 일본의 왕에게 '바닷속을 벗어나지 못해 온 세상이 캄캄했는데, 하늘 가운데 이르러 (일본 왕을 보니) 온 세상이 밝아졌네(未離海底千山暗, 及到天中萬國明 미리해저천산암, 급도천중만국명).'라는 낯 뜨거운 시도 서슴없이 자작하여 해와 함께 그려 바치기도 했다.

매국노 이완용은 유교가 가진 이중성의 폐해가 가장 적나라하게 나타난 사례이다. 그에게는 충성을 바칠 수 있는 대상이 있어 그에게 충성을 바치면 되는 것이지 그 대상이 누구인지는 별로 중요하지 않은 것이다. 즉 충성의 대상이 조선 왕에서 일본 왕으로 바뀌었을 뿐 누구에게든 열심히 충성을 바치면 된다는 궤변이다. 매국노 이완용은 조선 유교 500년의 몰락을 상징하는 슬프고도 부끄러운 자화상이었다.

인의예지라는 구호가 아무리 멋지더라도 그런 구호 뒤에 교묘하게 자신들의 이익을 숨겨서 꾀한다면 시간이 지날수록 백성들이 그 실체를 알고 점차 그 체제에서 이탈해 갈 것이다. 그러므로 위정자가 겉치레뿐인 총명함과 지혜를 버린다면 백성들의 이익이 백 배가 될 것이며 겉치레뿐인 인의를 버린다면 백성들은 효성과 자애로움으로 되돌아오며 교묘한 말장난을 하지 않고 자신들의 이익을 버리면 백성들 사이에는 도적이 없어진다.

실제로 살림살이가 나아지면 도둑들은 저절로 없어진다. 우리나라도 1970년대에는 전국 어디서나 좀도둑이나 소매치기가 횡행하였다. 그러나 경제가 발전하고 국민들의 살림살이가 나아지자 그런 좀도둑이나 소매치기가 거의 사라져 버렸다.

백성들은 위정자가 생각하는 것만큼 어리석지는 않다. 머리가 좋은 사람들이 평소에 온갖 방법으로 교묘하게 법망을 피해 자신들의 이익을 챙기다가 요행히 중요한 직책과 지위에 오르면 그때부터는 더욱 자신의 책임과 의무는 멀리 던져 버리고, 주어진 권한을 이용하여 엉뚱하게 욕심을 부리다가 백성들의 손가락질을 받아 일순간에 몰락하는 경우가 흔하다. 그러므로 노자는 '모름지기 백성들이 다스림에 따르게 하려면 위정자가 먼저 소박함을 보이고 지켜 나가며, 사심과 욕심을 줄여야 한다.'라고 한다. 그렇지 아니한가?

제20장. 절학무우 (絶學無憂)

학문을 끊으면 근심이 없어진다.

대답할 때 '예'와 '응'의 차이는 얼마나 되며,

선함과 악함의 차이는 또 얼마나 되나.

사람들이 두려워하니

나도 어쩔 수 없이 두려워하지만 황당하기 이를 데 없네.

사람들이 큰 축제를 즐기듯, 봄날에 누각에 오르듯 희희낙락할 때

나는 아무것도 모르는 채 홀로 담담하게 있네.

아직 웃지도 못하는 아기가 피곤해도 돌아갈 집이 없는 것 같구나.

사람들은 모두 다 여유가 있는데 나만 혼자 버려진 것 같네.

어리석은 내 마음이여! 혼란스럽기만 하구나.

사람들은 사리에 밝은데 나만 혼자 어두운 것 같고

사람들은 영리하게 잘들 아는데 나만 어리숙하구나.

그러나 내 마음은 넉넉하기가 바다와 같아

바람 불어도 그 끝을 모르는 것 같네.

사람들은 모두 능력이 있는데, 나만 혼자 무뎌서 어리석은 것 같구나.

그래도 나 혼자 다른 사람들과 달리

사람들을 먹여 주는 어머니, 도를 귀하게 여긴다.

絶學無憂 (절학무우)

唯之與阿, 相去幾何? 善之與惡, 相去若何? (유지여아, 상거기하? 선지여악, 상거약하?)

人之所畏, 不可不畏 (인지소외, 불가불외)

荒兮, 其未央哉 (황혜, 기미앙재)

衆人熙熙, 如享大牢, 如春登臺 (중인희희, 여향대뢰, 여춘등대)

我獨泊兮, 其未兆 (아독박혜, 기미조)

如嬰兒之未孩, 儽儽兮, 若無所歸 (여영아지미해, 래래혜, 약무소귀)

衆人皆有餘, 而我獨若遺 (중인개유여, 이아독약유)

我愚人之心也哉, 沌沌兮 (아우인지심야재, 돈돈혜)

俗人昭昭, 我獨昏昏 (속인소소, 아독혼혼)

俗人察察, 我獨悶悶 (속인찰찰, 아독민민)

澹兮, 其若海, 飂兮, 若無止 (섬혜, 기약해, 류혜, 약무지)

衆人皆有以, 而我獨頑似鄙 (중인개유이, 이아독완사비)

我獨異於人, 而貴食母 (아독이어인, 이귀식모)

唯(유) 오직, 예(공손하게 대답하는 말) | 與(여) 더불어, ~와 | 阿(아) 꾸짖다, 헐뜯다, 여기서는 무례하게 대답한다는 뜻 | 相去(상거) 서로 간의 거리, 차이 | 不可不(불가불) 어쩔 수 없이 | 荒(황) 거칠다, 넓히다, 황당하다 | 央(앙) 가운데, 끝나다 | 哉(재) 어조사로 실질적인 뜻이 없음 | 熙熙(희희) 기뻐하는 모습 | 享(향) 누리다, 제사 지내다 | 大牢(대뢰) 큰 제사를 지낼 때 바치던 소, 여기서는 큰 제사 | 泊(박) 머물다, 담백하다 | 兆(조) 조짐 | 孩(해) 어린아이, 웃다 | 儽儽(래래) 고달프다

遺(유) 남기다, 버리다 | 沌沌(돈돈) 어리석다, 혼란스럽다 | 昭昭(소소) 환히 빛나다 | 昏昏(혼혼) 어둡다 | 察察(찰찰) 살피다 | 悶悶(민민) 어둡다, 어리숙하다 | 澹(섬) 넉넉하다, '조용하다'는 '담'으로 읽음 | 飂(류) 높이 부는 바람 | 有以(유이) 여기서 以는 用(용)과 같다. 즉 능력이 있다는 뜻 | 頑(완) 완고하다, 무디다 | 鄙(비) 인색하다, 어리석다 | 食母(식모) 먹을 것을 주는 어머니, 여기서는 도를 뜻한다

해설

절학(絶學)이란 학문을 끊는다는 것이다. 즉, 배움이나 지식을 버린다는 뜻이다. 노자는 학문을 끊어 버리면 걱정도 없어진다고 한다. 우리가 걱정하는 것 중에서 정말로 걱정해야 할 것은 얼마 되지 않으며 대부분의 걱정이라는 것은 우리가 배운 지식에서 나오므로 그런 배움을 버리면 근심도 없어진다는 것이다.

노자는 『도덕경』 전체에 걸쳐 지식이나 지혜, 현명함 등에 대하여 대체로 부정적인 인식을 보인다. 그런 것들이 백성들의 삶에 도움이 되지 않는다고 보기 때문이다. 즉, 제3장에서는 '현명한 자를 숭상하지 않으면 백성들이 다투지 않는다.(不尙賢, 使民不爭 불상현, 사민부쟁)' 하고,

제19장에서는 '약삭빠름을 끊고 지혜를 버린다면, 백성의 이익이 백 배가 된다.(絶聖棄智, 民利百培 절성기지, 민리백배)' 하기도 하고 제65장에서는 '옛날에 도를 잘 행하던 사람은 백성을 밝게 만들지 않고 마땅히 우둔하게 하였다.(古之善爲道者 非以明民, 將以愚之 고지선위도자 비이명민, 장이우지)'라 하고 제80장에서도 '의사 표현을 위하여 다시 결승문자를 사용(使人復結繩 而用之 사인복결승 이용지)'한다는 등 지식과 지

혜에 대하여 부정적으로 말하고 있다.

우리가 대답할 때 '예' 하고 공손히 대답하는 것과 '응' 하고 무례하게 대답하는 것의 차이는 정말로 그렇게 큰 것인가? 우리가 통상 착하다고 하는 것과 악하다고 하는 것의 차이는 또 얼마나 되나? 그 차이는 상대적으로 미미한데 우리는 마치 양자 간에 절대적인 차이가 있는 것처럼 구분 지으려 드는 것이 아닐까? 노자는 그런 쓸데없는 구분은 우리가 누구에게 선가 배운 것이 아닌가, 라고 묻고 있는 것이다. 그리고 그러한 쓸데없는 구분적 지식과 배움을 버리라고 하는 것이다.

그러나 이러한 노자의 반지식주의를 지식 전체로 확대 해석하는 것은 곤란하다고 본다. 노자의 시대는 극소수의 사람들이 정치를 담당하고 나머지 대부분의 백성들은 농업이나 가내 수공업 등 반복적인 생산에 종사하던 시대였기 때문에 사회 전체적으로 자기 직업의 범위를 벗어난 포괄적이고 종합적인 지식의 중요성이 별로 강조되지 않았던 시대였다.

그러나 오늘날은 시대 상황이 전혀 다르다. 민주주의는 기본적으로 국민이 스스로 자신을 다스리는 국민 자치를 그 기본이념으로 하기 때문에 국민이 무지하고 무식해서 어떤 사태나 상황에 대해 정확한 판단을 하지 못하면 국민 자치가 의미가 없어진다. 국민이 많이 알고 똑똑할수록 정치 협잡꾼이나 사기꾼들이 정치를 이용해서 자신의 욕심을 채우는 기회를 줄일 수 있다. 이런 점에서 나는 노자의 반지식주의를 대체로 반대한다. 노자가 다시 돌아와서 오늘날의 상황을 본다면 반드시 내 의견에 동의해 주시리라 믿는다.

이 장에서는 홀로 도를 지키려는 노자의 쓸쓸하고 외로운 마음이 도처에 나타난다. '내가 이 세상에 사는 이상은 사람들이 두려워하는 것을 나도 어쩔 수 없이 두려워할 수밖에 없지만, 황당하기가 이를 데가 없다'라고 토로하기도 한다. 또한 사람들은 도는 모르지만 재빠르게 이익을 좇아 살아가므로 생활에 여유도 갖고 삶을 축제 즐기듯 희희낙락하며 살지만 자신은 홀로 어리석게 떨어져 돌아갈 집도 없는 아이처럼 외롭고 쓸쓸하다고 한다.

사람들이 '큰 축제를 즐기듯, 봄날에 누각에 오르듯 희희낙락할 때'
나는 '아무것도 모르는 채 피곤해도 돌아갈 집이 없는 아기같이 있고'
사람들은 '모두 다 여유가 있고 사리에 밝고, 영리하고 능력이 있는데'
나는 '혼자 버려진 것같이 어리석고 어둡고, 어리숙하며 무디고 어리석은 것 같다'라고 한다.

그러나 '내 마음은 넉넉하기가 바다와 같아 바람 불어도 그 끝을 모르는 것 같다' 하고 나 혼자 '다른 사람들과 달리 사람들을 먹여 주는 어머니, 도를 귀하게 여긴다.'라고 한다. 그러니 아무리 외롭고 쓸쓸해도 견딜 수 있다는 것이다.

노자는 도와 진리를 아는 사람이 세상에서 칭찬을 받거나 잘살기가 쉽지 않고 오히려 외롭고 고달프게 살면서 한술 더 떠서 사람들로부터 '철없는 사람 혹은 어리석은 사람'으로 손가락질 받을 수도 있다고 한다. 마치 일제 강점기에 독립운동가나 정권의 눈 밖에 나 있는 야당 인사처럼 옳은 것을 믿고 실천하는 사람들이라 해도 오히려 고난과 핍박과 손가락질을 받을 수도 있다는 것이다.

일제 강점기에도 일본의 지배에 저항하는 사람은 불령선인이니 해서 아주 나쁜 사람들로 취급받았고 청장년들이 일본을 위해 일본군에 자원 입대하고 징용을 가는 것은 훌륭한 일이라고 칭찬받았다. 소위 사회 지도층이라는 자들이 전국을 돌며 청년 학도들에게 일본군 입대를 권유하고 일본을 위해 죽거나 일본군을 위해 재산을 헌납하는 일 등은 장한 일로 대대적인 칭송을 받았다.

그것이 반민족적이고 매국 행위라고 지탄을 받은 것은 해방 이후의 일이다. 그러므로 모두가 일본을 칭찬하고 체제에 순응하려 할 때 의연히 동양척식회사나 일본 경찰서에 폭탄을 투척하거나 고향을 떠나 낯선 상해·만주 등지에서 외롭고 고단한 독립 투쟁을 한 수많은 애국지사들도 따지고 보면 모두 도를 체득한 사람들이다. 도가 곧 진리이며 진리를 아는 것이 도를 아는 것이기 때문이다. 그들은 진리를 알았기 때문에 거침없이 용감해질 수 있었다.

도를 모르고 시세에 영합하는 사람들은 여유 있게 살고, 사리에 밝아 영리하게 살지만 도를 아는 사람들은 만물을 품고 키우는 유모와 같은 도를 귀하게 여기며 외롭게 산다. 도로 가는 길은 휘황찬란하고 영광된 길이 아니다. 오히려 아무도 가지 않는 호젓하고 조용한 산길이다. 그래도 그 길에 서 있기에 마음은 고요하기가 바다와 같고, 그 바다는 바람이 불어 가도 그 끝을 알 수 없을 정도로 넓고 넓어 한없이 편안한 도의 바다다.

제21장. 공덕 (孔德)

큰 덕은 오직 도만을 따른다.

도라는 것은 있는 듯 없는 듯하고

없는 듯 있는 듯하지만 그중에 형태가 있고

있는 듯 없는 듯하지만 그중에 실체가 있다.

깊고 아득함이여! 먼 어두움이여! 그중에 정수가 있다.

그 정수는 아주 참된 것이므로 믿을 수 있다.

예로부터 오늘에 이르기까지 그 이름이 사라지지 않으니

이것으로 모든 것을 알 수 있다.

내가 어찌 만물의 상황을 알 수 있겠는가? 이러해서이다.

孔德之容, 惟道是從 (공덕지용, 유도시종)

道之爲物, 惟恍惟惚 (도지위물, 유황유홀)

惚兮恍兮, 其中有象 (홀혜황혜, 기중유상)

恍兮惚兮, 其中有物 (황혜홀혜, 기중유물)

窈兮冥兮, 其中有精 (요혜명혜, 기중유정)

其精甚眞, 其中有信 (기정심진, 기중유신)

自古及今, 其名不去, 以閱衆甫 (자고급금, 기명불거, 이열중보)

吾何以知衆甫之狀哉? 以此 (오하이지중보지상재? 이차)

孔(공) 크다, 구멍 | 惟(유) 생각하다, 오직 | 恍(황) 황홀하다, 있는 듯하지만 잘 볼 수 없는 모양 | 惚(홀) 황홀하다, 없는 듯하지만 잘 볼 수 없는 모양 | 窈(요) 그윽하다, 심원하다 | 冥(명) 어둡다, 깊숙하다 | 精(정) 정수, 원기 | 甚(심) 정도가 지나치다, 심하다 | 閱(열) 보다, 조사하다, 알다. | 以閱 : 以其閱의 생략형태 | 衆甫(중보) 평범한 모든 것

해설

세상 모든 것은 도의 작용이다. 즉, 형이상학적인 도가 실제의 세계로 들어와 우리가 인식할 수 있는 형태로 나타난 것이 바로 덕이다. 그러므로 세상만사 큰 그림은 큰 덕의 모습(孔德之容, 공덕지용)이며 이것은 당연히 오직 도를 따라 나타난다.

그러나 도라는 것은 덕으로 그 모습을 드러내기 전에는 우리의 오감으로 명확하게 인식할 수 있는 것은 아니다. 그렇기 때문에 노자는 이를 있는 듯 없는 듯하고, 없는 듯 있는 듯하지만 그중에 형태가 있고, 있는 듯 없는 듯하지만 그중에 실체가 있다고 말할 수밖에 없는 것이다.

깊고 아득해 보이지만 도야말로 모든 사물의 핵심이며, 참된 실재이다. 도는 예로부터 오늘에 이르기까지 사람들이 알든 모르든 세상만사에서 그 작용을 멈추지 않으며 아직도 그 이름이 사라지지 않는 것을 보면 도가 여전히 실재함을 알 수 있는 것이다. 노자가 도를 '없는 듯 있는 듯하고 있는 듯 없는 듯하다(惚兮恍兮, 恍兮惚兮, 홀혜황혜, 황혜홀혜)'라 한

것은 형이상학적인 도를 우리의 오감으로 명확히 인식하기 어려움을 표현한 것이다.

제22장. 곡즉전 (曲則全)

구부러진 것은 온전하게 되고 휘어진 것은 펴지게 된다.
움푹 팬 것은 채워지고 낡은 것은 새것으로 바뀐다.
적으면 얻게 되고 많으면 오히려 어지러워진다.

성인은 하나를 껴안아 천하의 모범이 된다.
스스로 드러내지 않으므로 밝아지고,
옳다고 하지 않으므로 더욱 뚜렷해지고
스스로 공을 내세우지 않으므로 공이 있다 여겨지고
자랑하지 않으므로 오래갈 수 있다.

오직 싸우지 않으므로 세상 누구라도 그와 더불어 싸울 수 없다.
옛말에 구부러져야 온전하게 된다는 것이 어찌 헛된 말일까?
진실로 온전해지면 모든 것이 그에게로 돌아간다.

曲則全 枉則直 (곡즉전 왕즉직)
窪則盈, 敝則新 (와즉영, 폐즉신)
少則得, 多則惑 (소즉득, 다즉혹)
是以聖人抱一, 爲天下式 (시이성인포일, 위천하식)

不自見[1]故明, 不自是故彰 (부자현고명, 부자시고창)

不自伐故有功, 不自矜故長 (부자벌고유공, 부자긍고장)

夫唯不爭, 故天下莫能與之爭 (부유부쟁, 고천하막능여지쟁)

古之所謂曲則全者, 豈虛言哉? (고지소위곡즉전자, 기허언재?)

誠全而歸之 (성전이귀지)

> 窪(와) 웅덩이, 우묵하게 패다 | 敝(폐) 해지다, 옛것 | 惑(혹) 미혹되다 | 式(식) 기준, 본받다 | 伐(벌) 공적, 공훈 | 彰(창) 밝히다 | 矜(긍) 자랑하다, 불쌍히 여기다 | 豈(기) 어찌, 發語의 조사 | 誠(성) 성실하다. 여기서는 '참으로'라는 뜻

해설

노자 철학의 묘미는 부족하고 모자라는 것들에 대한 일반의 상식을 뒤집어서 그것도 완전한 것과 같이 좋을 수도 있다는 것을 역설적으로 나타낸다는 데 있다. 나무가 구불구불 휘어져 볼품이 없어 재목으로는 쓸모가 없어 보이지만 그 이유로 오히려 오래 살 수 있고 사람도 결함이 있으면 난세에는 오히려 제 명대로 사는 데 유리할 수 있다는 것이다.

그리고 구부러져야 다음에 펼 수가 있고 팬 곳이 있어야 채울 수 있으며 낡아야 새로운 것으로 대체될 수 있고 적으면 더 얻을 수 있다는 것이다. 즉, 애벌레는 몸을 구부려야 그다음에는 몸을 펼 수가 있고, 골짜기는 비어 있어야 물이 들어올 수 있어 더 많은 물을 가질 수 있다. 의복이나 신발도

---

1 여기서 見은 '나타날 현'으로 읽는다.

너덜너덜하게 해어져 있어야 새것을 장만할 기회가 생긴다.

　사람도 재주가 거의 없는 사람은 그나마 가진 한두 가지 재주라도 어떻게든 발전시켜 보려고 노력하게 되고 이것이 의외의 성공을 거두는 경우가 있으나, 여러 가지 재주를 가진 사람은 이것저것 하다 보니 어느 것에도 남다른 경지에 오르지 못하고 고만 고만하게 되어 오히려 생활마저 곤궁하게 되는 경우도 드물지 않다.

　성인은 이처럼 사물의 역설적인 모습 즉, 사물의 한쪽 면만을 보지 않고 반대편도 바라보아 양쪽이 서로 발전하고 변화하는 전체의 모습을 바라보는 것이다. 그리하여 모든 사물의 근원에 있는 유일한 도를 꽉 붙잡아 천하 사람들의 모범이 되는 것이다.

　도를 가진 성인은 스스로 드러내지 않고 자랑하지 않고 남과 다투지 않으므로 천하의 으뜸이 되어 오래 그 지위를 유지한다. '구부러져야 완전해진다(曲則全, 곡즉전)'라는 옛말처럼 보통 완벽하고 빈틈없는 사람은 오히려 인간미가 없어 사람들이 기피하게 되고 적당하게 인간적인 약점을 가진 사람이 오히려 믿음직한 사람으로 인식되어 천하가 그에게로 귀복하게 된다.

제23장. 희언 (希言)

말이 적은 것이 자연이다.

회오리바람은 아침나절을 넘기지 않고

소나기도 하루 종일 가지는 못한다.

누가 이것을 하는가? 천지다.

천지가 하는 일 또한 오래 못 가는데,

하물며 사람이 억지로 하는 일이 오래갈까!

그러므로 매사에 도를 따르는 사람은 도와 같아진다.

덕이 있는 사람은 덕과 같아질 것이며

도와 덕을 잃은 사람은 그 잃은 것과 같아질 것이다.

도와 같아진 사람은 도 역시 기꺼이 같아질 것이며,

덕과 같아진 사람은 덕 역시 기꺼이 같아질 것이며,

도와 덕을 잃은 사람은

도와 덕이 없는 상태가 역시 그 사람과 기꺼이 같아질 것이다.

믿음이 부족하면 불신이 생긴다.

希言自然 (희언자연)

飄風不終朝, 驟雨不終日 (표풍부종조, 취우부종일)

孰爲此者? 天地 (숙위차자? 천지)

天地尙不能久, 而況於人乎! (천지상불능구, 이황어인호!)

故從事於道者, 道者同於道 (고종사어도자, 도자동어도)

德者同於德, 失者同於失 (덕자동어덕, 실자동어실)

同於道者, 道亦樂得之 (동어도자, 도역낙득지)

同於德者, 德亦樂得之 (동어덕자, 덕역낙득지)

同於失者, 失亦樂得之 (동어실자, 실역낙득지)

信不足焉, 有不信焉 (신부족언 유불신언)

希(희) 바라다, 드물다 | 飄風(표풍) 회오리바람 | 驟雨(취우) 소나기 | 尙(상) 높이다, 또한 | 於(어) ~에 있어 | 況(황) 하물며 | 德(덕) 어진 이, 얻다 | 焉(언) 어찌, 여기서는 어조사로 실질적인 뜻이 없이 문장의 끝에 둠

해설

희언자연(希言自然)에서 希는 '적다'는 것이다. 여기서 言은 구체적인 말이라기보다는 통상적인 것과는 다른 이례적인 사건이나 큰 변화를 말한다. 자연에서 이례적인 것으로 노자는 회오리바람이나 갑작스러운 소나기를 예로 든다.

노자는 하늘과 땅이 일으키는 회오리바람이나 소나기조차도 오래 못 가는데 하물며 인간이 억지로 만든 제도 같은 것이 어찌 오래가겠느냐고 묻는다. 폭풍우가 그치면 다시 언제 그랬냐는 듯이 모든 것이 평상시로 돌아가듯이, 위정자가 억지로 한 인위적인 규정이나 제도도 일정한 시간이 지나면 모두 효과가 없어져 원래대로 돌아가 버리고 마는 것이다.

무엇이든 오래 하고 오래 같이 있게 되면 서로 닮는다. 도나 덕 역시 마찬가지다. 오랜 기간 도를 따르는 사람은 도와 같아지고 덕을 따르는 사람은 덕과 같아지듯이, 도와 덕을 버리는 사람 또한 그 버린 상태와 같이 엉망진창으로 된다.

또한 세상만사 일방적인 것은 없듯이 사람이 도와 같아지려 하면 도 역시 기꺼이 같아지려 할 것이며, 덕과 같아지려는 사람은 덕 역시 기꺼이 같아지려 한다. 도와 덕을 다 버리고 엉망진창으로 사는 사람은 그 엉망진창의 상태 역시 그 사람과 기꺼이 같아지려 할 것이다.

믿음이 부족하다고 해서 즉시 불신이 생기지는 않는다. 그러나 어떤 사람을 신용하지 않게 되면 어쩌다 나쁜 일이 생겼을 때 일단 그 신용하지 않는 사람부터 의심을 하게 된다. 그것이 불신이다.

12세기 말 십자군은 종교를 빙자하여 잔혹하고도 무의미한 대규모 살상을 도처에서 자행하였다. 특히 십자군이 이슬람 측의 성을 함락시킬 때는 모든 이교도 남자들은 남김없이 죽이고 여자와 아이들은 노예로 팔든가 아니면 남녀노소 모두 죽이는 경우도 많았다.

그러나 이슬람 측의 술탄 살라딘이 기독교 측이 차지하고 있던 예루살렘을 포위하여 막 함락시키기 직전에, 기독교 측의 무장 이벨린이 예루살렘 성안의 모든 기독교도의 목숨을 돈으로 환산하여 바칠 테니 목숨을 살려 달라고 부탁하였다. 이에 살라딘은 전날에 십자군이 행했던 무자비한 만행을 문제 삼지 않고 그 부탁을 받아들여 수만 명의 기독교도가 목숨을 건질 수 있게 되었다.

이것이 후일 십자군 측과 이슬람 측이 예루살렘을 무슬림의 지배하에 두되 기독교 순례자들도 자유로이 왕래할 수 있게 하는 평화안을 마련하는 계기가 된 것이다. 도를 따른 것이다.

오늘날 IS를 비롯한 이슬람 근본주의자들이 서구 사회에 하는 무차별 테러를 그 자체로만 비난하고 서둘러 보복 공격을 하고 말 것이 아니라 그 근본 원인이 무엇인지 서구 사회도 눈여겨 살펴봐야 한다. 압제와 수탈, 만연한 경제난에 따른 생활고, 희망을 걸 아무런 미래가 없이 절망 상태에 빠진 사람들이 자기들을 봐달라는 마지막 알림 수단으로 자살폭탄 공격을 하고 있는 것은 아닌지?

누구라도 사람답게 살 수 있는 수단과 가능성을 모두 없애 버리고 그냥 있는 자리에서 죽어 버려라 한다면 누군들 곱게 '예' 하고 말겠는가? 그들에게도 살길을 틔워 주어야 할 것이 아닌가? 내가 도와 같아져야 상대방 역시 도와 같아지고, 내가 덕과 같아져야 상대방 역시 덕과 같아지려 할 것 아닌가? 그런데 내가 도와 덕을 다 버리고 엉망진창으로 상대방을 대하니 상대방 역시 나를 엉망진창으로 대하고 있는 것이 아닌가?

노자는 그렇게 말하고 있는 것이다.

제24장. 기자 (企者)

발돋움하며 선 사람은 오래 서 있을 수가 없고
가랑이를 벌려서는 제대로 걸을 수가 없다.

스스로 나타내는 자는 현명하지 못하며
스스로 옳다고 하면 사리에 밝아지지 못하며
스스로 공훈을 말하는 사람은 공을 잃어버리게 되며
스스로 자랑하는 사람은 오래가지 못한다.

그런 것은 도의 관점에서 보면
먹다 남은 밥이나 쓸데없는 행동에 불과하므로
모든 사람이 싫어한다.
그러므로 도를 가진 사람은 그렇게 하지 않는다.

企者不立 跨者不行 (기자불립 과자불행)
自見[1]者不明, 自是者不彰 (자현자불명, 자시자불창)

---

1 여기서 見은 '나타날 현'으로 읽는다.

自伐者無功, 自矜者不長 (자벌자무공, 자긍자부장)

其在道也, 曰餘食贅行 (기재도야, 왈여사췌행)

物或惡之, 故有道者不處 (물혹오지, 고유도자불처)

企(기) 꾀하다, 발돋움하다 | 跨(과) 사타구니, 타고넘다 | 彰(창) 밝다 | 伐(벌) 베다, 공적 | 矜(긍) 자랑하다, 불쌍히 여기다 | 餘食(여사) 여분의 밥, 남은 밥 | 贅(췌) 군더더기 | 不處(불처) 처하지 않는다, 하지 않는다

해설

발돋움을 한 상태로는 오래 서 있을 수 없고, 가랑이를 벌린 상태로는 제대로 걸을 수가 없듯이 무슨 일이든 부자연스러운 것은 오래 지속되기 어렵고, 설혹 지속된다고 해도 제대로 역할을 할 수가 없다.

현명하다거나 옳다는 것은 남들이 인정하는 것이지 자기 스스로 입 밖에 내서는 안 된다. 남들이 인정하지 않는다면 웃음거리만 되고 오히려 어리석다(不明)는 소리를 듣게 될 것이다. 같은 이치로 내 공을 스스로 자랑하는 것도 오히려 자기 공적을 삭감하는 것이다.

명나라를 창건한 주원장이 원나라 말기 천하가 어지러운 난세에서 유력한 실력자의 하나로 두각을 나타낼 무렵, 안후이(安徽省)의 숨은 현자인 주승(朱升)을 찾아가 앞으로의 전략을 물었다. 주승은 '성을 높게 쌓고, 식량을 많이 모으고, 왕은 나중에 칭하라(高築墻, 廣積糧, 緩稱王, 고축장, 광적량, 완칭왕)'고 조언했다. 성을 쌓고 양식을 비축하는 등 실력을 쌓는 것이 중요하지 다른 군벌들처럼 스스로 왕을 칭하여 뽐내는 일 따위는 나

중에 하라는 것이었다.

　주원장은 주승의 조언을 깊게 받아들여 착실히 실력을 쌓아 마침내 다른 군벌들을 압도하여 명나라를 건국하게 되고 주승을 한림학사에 임명하여 건국 초기의 각종 제도를 정비하게 한다. 남들에게 객관적으로 인정받을 만한 공적이 있을 경우에도 남에게 자신의 공적이나 잘한 일을 자랑하는 것은 도의 관점에서 본다면 자신이 먹다 남은 밥을 남에게 권하거나 자신의 몸에 생긴 쓸데없는 혹 같은 것으로 사람들이 다 싫어한다. 그러므로 도를 닦는 사람들은 그런 짓을 하지 않는다.

　오늘날에도 많은 정치인이 연말이나 선거철만 되면 자신이 걸어온 길이라든지 정책, 소신에 대해서 책을 펴내고 출판기념회란 명목으로 각종 기관이나 단체 등에 알려 참석하게 하고 책값 명목으로 돈을 걷는다. 그러나 그런 책들이 억지로 팔린다 해도 진지하게 읽히는 경우는 거의 없다. 그런 책 대부분이 별로 대단치도 않은 자기의 업적이나 정책을 자랑하고 생색내는 내용뿐인데 누가 그런 재미없는 책을 읽으며 시간을 허비하겠는가?

　이 역시 도를 따르는 자가 해서는 안 되는 행위이다.

제25장. 유물 (有物)

천지가 생기기 전부터 혼재되어 이루어진 것이 있었다.

고요하며 텅 비어 있으나 스스로 존재하고 변하지 않는다.

어느 곳이라도 두루 가는 것을 멈추지 않아

가히 하늘의 어머니라 할 만하다.

나는 그 이름은 모르지만 자(字)[1]를 도라 한다.

억지로 이름 붙인다면 '크다(大)'라고 하겠다.

큰 것은 떠나가고 떠나가면 멀리 가고 멀리 간 것은 되돌아오니,

도도 위대하고 하늘도 위대하고 땅도 위대하고 사람도 위대하다.

세상의 네 가지 큰 것 중에 사람도 그중 하나다.

사람은 땅을 본받고 땅은 하늘을 본받고 하늘은 도를 본받고

도는 스스로 그러함을 본받는다.

有物混成, 先天地生 (유물혼성, 선천지생)

寂兮廖兮, 獨立不改 (적혜료혜, 독립불개)

---

[1] 자(字) : 중국에서 남자가 성인이 되었을 때 붙이는 이름.

周行而不殆, 可以爲天上母 (주행이불태, 가이위천상모)

吾不知其名, 字[1]之曰道 (오부지기명, 자지왈도)

强爲之名曰大, 大曰逝 (강위지명왈대, 대왈서)

逝曰遠, 遠曰反 (서왈원, 원왈반)

故道大, 天大, 地大, 人[2]亦大 (고도대, 천대, 지대, 인역대)

域中有四大, 而人居其一焉 (역중유사대, 이인거기일언)

人法地, 地法天, 天法道, 道法自然 (인법지, 지법천, 천법도, 도법자연)

混(혼) 섞다 | 寂(적) 고요하다 | 廖(료) 공허하다, 텅 비다 | 周(주) 두루, 골고루 | 殆(태) 거의, 위태롭다. 여기서는 게으를 怠와 같은 음을 빌려 써서 '멈추다'라는 뜻으로 쓰임. | 强(강) 세다, 억지로 시키다 | 逝(서) 가다, 떠나다 | 域(역) 땅의 경계, 나라, 여기서는 세상이나 우주를 뜻함 | 法(법) 법, 모범으로 삼아 좇다. 여기서는 후자의 뜻

해설

이 장은 곽점 죽간본에도 전체가 그대로 있어 도에 관한 노자 사상의 가장 근본적인 원전이라고 할 수 있다. 하늘과 땅이 생기기 전 즉, 태초부터 존재하고 있었던 것이 유대교나 기독교에서처럼 전지전능하면서도 인간같이 복잡미묘한 감정을 가진 신(神)이 아니라 극히 중립적인 존재인 도를 상정한 것은 노자의 업적이자 대단히 유용한 아이디어이다.

---

1 자(字) : 중국에서 남자가 성인이 되었을 때 붙이는 이름.

2 人亦大(인역대) : 왕필본에는 王亦大(왕역대)로 되어있으나 傅奕本이나 范應元本에는 人亦大(인역대)로 되어있고(장기수, 새로운 노자사상 2006.2/홍대출판부), 뒤따라 오는 人法地, 地法天과의 문맥상 일관성 유지를 위해 본서에서는 人亦大(인역대)로 함.

하늘과 땅보다도 먼저 있고 어느 곳이나 두루 있어 가히 하늘의 어머니라 할 수 있는 도는 사실상 창조신에 가까운 존재이지만 사람을 지배하여 복종을 강요하는 인격신은 아니다. 그러니 인간에 대하여 자신을 믿으라는 주문도 하지 않고, 자신을 믿는 민족만을 특별히 아끼고 사랑하여 일방적으로 돕는 경우도 더더욱 없다.

도가 특별히 자기편인 민족을 따로 두지 않으니 상대편, 적 편의 민족도 따로 없다. 중국을 비롯한 동아시아의 긴 역사 속에서 수많은 전쟁이 있었지만 서구처럼 종교로 인한 전쟁과 그로인한 인명 살상이 거의 없었던 것은 천지를 창조하여 인간을 일방적으로 지배하는 인격신을 상정하여 숭배하지 않았기 때문이다.

노자는 도는 고요하고 텅 비어 있어 확실한 실체감은 없으나 스스로 존재하며 변하지 않는 모습을 가진다고 한다. 이 말 역시 도가 형이상학적인 존재라는 의미이다. 그러므로 그 이름은 알 수 없으나 자를 도라고 하고 억지로 이름 짓는다면 크다(大)고 한다.

즉 도라는 이름은 우리가 편의상 부르는 명칭이지 본래 이름을 붙일 수도, 붙여서도 안 되는 존재임을 뜻한다. 이는 제1장 도가도(道可道)에서 '도라고 부를 수 있는 도는 참된 도가 아니고 이름 지어 부를 수 있는 이름은 참된 이름이 아니다(道可道, 非常道, 名可名, 非常名 도가도, 비상도, 명가명, 비상명).'라고 한 것과 맥을 같이한다.

대(大)는 도의 광대하고 끝없이 큰 모습을 뜻하며 서(逝)는 도가 끊임없이 움직이는 모습을 뜻한다. 끝없이 커져서 끊임없이 운행을 해서 멀리 가지만, 멀리 가면 되돌아온다(反). 이렇게 커다란 원형을 이루어 돌아가는 것이 도의 근본적인 운행 모습이다.

도가 '멀리 가면 되돌아온다는 遠曰反(원왈반)'은 어디로 되돌아온다는 말일까? 대부분의 견해는 근본이나 뿌리로 되돌아온다고 하나 도 자체가 근본이며 뿌리인데 또다시 어떤 뿌리가 있다는 것인지 분명하지가 않다. 이에 왕필은 반(反)을 '되돌아온다'라고 하지 않고, '독립하여 우뚝 선다'라고 하였다. 그러나 그렇게 본다면 그 앞에 '멀리 간다는 逝曰遠(서왈원)'이란 말과 논리상 어울리지 않는 문제점이 발생한다.

생각건대, 초목이 봄에 싹이 나고 꽃이 피며 여름에 열매를 맺으면 가을에 열매가 익고 겨울이면 모든 잎과 열매가 다 떨어진다. 그러다가도 다시 봄이 되면 싹이 나는 것을 반복함을 볼 때 遠曰反(원왈반)의 반(反)은 '반복하여 돈다'라는 의미로 보는 것이 자연스럽다.

즉, 태양계에서는 지구를 비롯한 행성들이 모두 태양의 주변을 돌면서 스스로도 돈다. 지구가 스스로 돎으로 인해 밤낮이 나누어지고 그 자전을 유지하면서 태양을 크게 돎으로 인해 사계절이 나누어지듯이 도도 잠시도 쉬지 않고 끊임없이 돈다. 이처럼 도의 운동은 우리가 오감으로 직접 확인할 수는 없지만 밤낮이 바뀌고 계절이 바뀌며 개인이나 사회, 나라의 흥망성쇠 역시 끊임없이 바뀌는 것을 본다면 도가 우리 주변에 실재하면서 세상의 모든 것을 움직이고 있음을 알 수 있게 된다.

　노자는 천지간에 큰 것은 하늘과 땅, 그리고 사람과 도라고 한다. 동서양을 막론하고 노자 말고는 사람(=왕)이 하늘과 땅에 나란히 비견되는 귀하고 소중한 존재라고 말한 사람은 일찍이 없었다. 노자의 인간 중심 주의가 극명하게 나타나는 순간이다. 누가 사람에 대해 이렇게 말한 적이 있는가?

　사람은 하늘과 땅과 함께 나란히 큰 존재이고 귀하디귀한 존재이다. 그렇지만 사람이 그런 존재가 되려면 마땅히 모든 것을 차별않고 다 받아들이는 땅의 이치를 본받아야 하고, 그다음에 그 땅은 하늘을 본받고, 하늘은 도를 본받는데 도는 '스스로 그러함(自然, 자연)'을 본받게 된다. 여기서 말하는 '스스로 그러함(自然, 자연)'은 영어의 Nature와는 다르게 '스스로 그러한 원칙'으로 도와 유사한 의미를 지닌다.

제26장. 중위경근 (重爲輕根)

무거운 것은 가벼운 것의 뿌리가 되고,

고요함은 조급함을 누르는 근원이 된다.

그러므로 성인은 종일 가더라도 그 짐을 실은 수레와 떨어지지 않으며,

비록 좋은 경치가 있더라도 편안히 있어 초연하다.

어찌 만승의 큰 나라의 주인이

천하에서 그 몸을 가벼이 처신할 수 있겠는가

가벼우면 근본을 잃고 조급하면 임금의 지위를 잃는다.

重爲輕根, 靜爲躁君 (중위경근, 정위조군)

是以聖人終日行, 不離輜重 (시이성인종일행, 불리치중)

雖有榮觀, 燕處超然 (수유영관, 연처초연)

奈何萬乘之主, 而以身輕天下 (내하만승지주, 이이신경천하)

輕則失本, 躁則失君 (경즉실신, 조즉실군)

躁(조) 조급하다 | 君(군) 임금, '靜爲躁君'에서는 중심, 근본의 뜻으로 쓰임 | 輜重(치중) 식량 등 군사용 짐을 실은 수레, 수레가 무거우므로 輜重(치중)이라 한다 | 雖(수) 비록, ~하더라도 | 榮觀(영관) 꽃이 핀 것 같은 좋은 경치 | 燕(연) 제비, 편안하다 | 奈何(내하) 어찌

해설

가벼운 것이 위에 있고 무거운 것이 아래에 있어야 사물은 안정된다. 무게 중심이 아래에 있기 때문이다. 나라에 있어 무게 중심은 왕이다. 그러므로 왕은 항상 신하들의 무게 중심이 되어야 하고 모든 판단과 결정의 중심이 되어야 한다.

또한 왕은 조급하지 않아야 한다. 조급하면 판단이 성급해지고 판단이 성급하면 결정이 잘못되기 쉽다. 전장에서 잘못된 결정은 죽음과 같은 말이다. 그러므로 왕은 항상 조용하고 차분하게 상황을 지켜보고 옳은 판단을 내려야 한다. 전장에서도 왕은 하루 종일 치중 수레의 곁을 벗어나지 않는다. 치중 수레는 무겁고 느리지만 군대에서 가장 중요한 식량을 운반하고 있기 때문이다.

식량이 없는 군대는 오래 싸울 수도 없어 조만간 붕괴될 수밖에 없다. 그러므로 왕이 된 자는 아무리 좋은 구경거리가 있어도 동요되지 않고 의연히 치중 수레 곁을 지킨다. 그리하여 노자는 '어찌 만승의 큰 나라의 주인이 천하에서 그 몸을 가벼이 처신할 수 있겠는가? 가벼우면 근본을 잃고 조급하면 임금의 지위를 잃는다.'라고 한다.

그런데 이 장의 만승지주(萬乘之主)란 누구인가? 문자 그대로 본다면 만승지주(萬乘之主)란 만 대의 수레를 이끌 수 있는 실력을 가진 군주를 말한다. 천하에서 그런 실력을 가진 군주는 한 사람밖에 없다. 즉 천자이다. 하늘을 대신하여 천하를 다스리는 오직 한 사람의 임금이라는 의미이다.

춘추 시대의 천자는 주나라의 왕 하나뿐이며 제후가 비록 각기 부국강병을 꾀하기는 하지만 어디까지나 주 왕실을 옹위하는 제후의 자격을 망각하지 않았던 시기였으므로 주나라 왕을 대신한다는 의미가 있는 만승지주라든가, 천하라는 용어가 일상적으로 쓰이지는 않았다.

BC 453년 강력했던 진(晉)나라가 내부의 권신들에 의해 한(韓), 위(魏), 조(趙) 세 나라로 분리되면서 전국 시대가 시작된다. 전국 시대에는 주(周)나라 왕도 낙양 부근을 영유하는 군소 제후의 한 사람에 불과했고, 그것도 BC 256년에 주(周)의 마지막 왕인 난왕(赧王)이 진(秦)에 항복하여 멸망하자 천하는 명실공히 힘과 힘으로 대결하여 누구든 실력 있는 자가 천자가 된다는 실력 제일의 약육강식의 세상이 펼쳐지게 되었다.

『도덕경』 등에서 천하라는 용어가 상용화되는 것도 결국, 전국 시대 이후 특히 천하를 누구든지 실력 있는 자가 차지할 수 있다는 의식이 구체적으로 나타나는 전국 시대 중기 이후부터라고 생각된다. 노자는 만승의 천자라도 어떤 결정을 내릴 때는 그 결정이 장차 나라나 백성들에게 어떤 효과가 있을지에 대해 신중에 신중을 거듭하여 결정해야 한다고 경고한다.

섣부른 욕심이나 일부 사람들의 주장에 따라 가벼이 결정을 내렸을 때 백성들에게 크나큰 고통을 가져다주는 것은 물론 자신의 지위마저 잃어버릴 수가 있는 것이다. 일본이 1930년대에 군부 강경파의 오판으로 만주사변과 제2차 세계 대전을 일으켜 일본은 물론 우리나라와 중국을 비롯, 멀리 동남아에 이르기까지 수많은 사람에게 엄청난 고통을 가져다주었고,

마침내는 일본 국민에게도 인류 최초의 원자폭탄 세례를 맞게 해 수십만 명이 한꺼번에 죽는 유사 이래의 비극과 고통을 초래하였다.

일본의 이차세계대전 항복 이후 많은 전문가는 조사 결과 일본이 전쟁의 시작 시기부터 적국에 비해 형편없이 적은 보급 물자와 군비, 인원 그리고 낙후된 후방의 보충 시스템을 갖고 있었음에도 아시아 태평양 전역에서 미국, 영국, 프랑스 그리고 중국, 만주 등지에서 중국, 러시아 등 대국들과 엄청난 무리를 안고 싸운 것을 알게 되어 하나같이 어이없어했다. 현실을 무시하고 가볍게 한 결정이 나라의 근본을 뒤흔든 사례이다.

제27장. 선행 (善行)

잘 간 것은 간 흔적을 남기지 않고, 잘한 말은 뒤에 흠을 남기지 않고
계산을 잘하는 사람은 계산기를 쓰지 않는다.

잘 닫힌 것은 빗장을 안 해도 열리지 않고
잘 묶어진 것은 끈으로 다시 묶지 않아도 풀리지 않는다.

그러므로 성인은 사람을 잘 구제하기 때문에 사람을 버리지 않고
재물을 잘 활용하기 때문에 재물을 버리지 않는다.
이를 '밝음을 이어받는다(襲明)'라고 한다.

따라서 선한 사람은 선하지 않은 사람의 스승이 되고
선하지 않은 사람도 선한 사람의 자산이 된다.

스승을 귀하게 여기지 않고 자산을 아끼지 않으면
아무리 지혜로워도 나중에는 크게 혼미해지니
이를 '요약된 오묘함'이라고 한다.

善行無轍迹 善言無瑕謫 (선행무철적 선언무하적)

善數不用籌策 (선수불용주책)

善閉無關楗而不可開 (선폐무관건이불가개)

善結無繩約而不可解 (선결무승약이불가해)

是以聖人常善救人, 故無棄人 (시이성인상선구인, 고무기인)

常善救物, 故無棄物 (상선구물, 고무기물)

是謂襲明 (시위습명)

故善人者, 不善人之師 (고선인자, 불선인지사)

不善人者, 善人之資 (불선인자, 선인지자)

不貴其師, 不愛其資, 雖智大迷 (불귀기사, 불애기자, 수지대미)

是謂要妙 (시위요묘)

轍迹(철적) 수레바퀴의 자국, 어떤 것이 지나간 흔적 | 瑕(하) 허물, 흠 | 謫(적) 귀양 가다, 결점 | 籌策(주책) 산가지, 숫자 계산을 위한 막대 | 關楗(관건) 문빗장과 자물쇠, 어떤 일의 중요한 핵심 | 繩(승) 노끈, 줄 | 約(약) 묶다, 맺다 | 襲(습) 잇다, 물려받다, 익숙해지다 | 資(자) 재물, 밑천, 거울 | 迷(미) 미혹하다, 헤매다 | 要(요) 요점, 요지

해설

흔적 없이 가고, 흠 없이 말하고 계산기 없이 계산한다는 것은 결국 인위로 하지 않고 자연에 따라 행한다는 것이다. 자연에 따라 행한다는 것은 즉, 도에 따라 행한다는 것이다. 도에 따라 잠근 문은 빗장이나 자물통 같은 인위적인 조치를 하지 않아도 열리지 않고, 도로 묶은 묶음은 끈으로 따로 묶지 않아도 풀리지 않는 것처럼, 도로써 자연스레 행한 것이 가장 확실하고 단단한 것이다.

도의 눈으로 본다면 세상 만물 어느 하나도 필요 없이 생겨난 것은 없고 쓸모없이 태어난 사람도 없다. 그러므로 성인은 선인이든 악인이든 모든 사람을 버리지 않으며, 좋은 물건이든 나쁜 물건이든 버리지 않는다. 모두 그가 가진 고유한 재질과 본성에 따라 쓰면 다 쓰임이 있으니 버릴 필요가 없는 것이다. 그러한 이치를 보는 것을 밝다(明)고 하는 것이다.

착한 사람은 착하기 때문에 본받아야 할 스승이 되고 악한 사람도 다른 사람이 그렇게 되지 않도록 노력하게 하는 타산지석이 되기에 이 또한 자산이 된다. 자(資)를 거울이라고 보는 견해도 있으나 문자 그대로 자산이라고 보아도 뜻에는 이상이 없다.

본받아야 할 스승을 귀하게 여기지 않고 자산 역시 아끼지 않는다면 혼자 아무리 많은 지혜를 가지고 있다 해도 결국에는 스스로 혼란에 빠지게 된다. 즉, 아무리 훌륭한 지혜를 가지고 있다 해도 주변에 비교할 대상 즉, 따라야 할 것과 피해야 할 것을 가지지 못한다면 스스로 잘난 자아도취에 빠지게 되며 그런 도취는 지혜가 아니라 큰 해로움을 가져온다. 그것이 도의 요체 중 하나이다. 도는 그렇게 어려운 데 있지 않다.

제28장. 지기웅 (知其雄)

남성의 속성을 알고도 여성의 속성을 지키면

천하의 물이 모이는 개울이 될 수 있다.

천하의 개울이 되면 변치 않는 덕이 함께 있게 되어

아기 같은 순수함으로 돌아간다.

흰 것을 알고 검은 것을 지키면 천하의 모범이 된다.

천하의 모범이 되면 영원한 덕과 함께하게 되어

다함이 없는 세계로 돌아간다.

영화로움을 알고도 욕됨을 지키면 천하의 골짜기가 될 수 있다.

천하의 골짜기가 되면 영원한 덕이 이에 넉넉하게 되어

다시 통나무 같은 질박함으로 돌아간다.

통나무가 쪼개져야 개개의 그릇이 되는데,

성인은 쪼개지기 전 통나무와 같은 질박함을 가지고

백관을 통솔하는 우두머리가 된다.

그러므로 큰 정치는 나누어져서는 안 된다.

知其雄, 守其雌, 爲天下谿 (지기웅, 수기자, 위천하계)

爲天下谿, 常德不離, 復歸於嬰兒 (위천하계, 상덕불리, 복귀어영아)

知其白 守其黑, 爲天下式 (지기백 수기흑, 위천하식)

爲天下式, 常德不忒, 復歸於無極 (위천하식, 상덕불특, 복귀어무극)

知其榮, 守其辱, 爲天下谷 (지기영, 수기욕, 위천하곡.)

爲天下谷, 常德乃足, 復歸於樸 (위천하곡, 상덕내족, 복귀어박)

樸散則爲器, 聖人用之則爲官長, 故大制不割 (박산즉위기, 성인용지즉위관장, 고대제불할)

雄(웅) 수컷 | 雌(자) 암컷 | 谿(계) 시내 | 嬰兒(영아) 젖먹이 | 式(식) 법규, 믿고 따르다, 본받다 | 忒(특) 틀리다, 어긋나다 | 無極 (무극) 끝이 없음. 다함이 없음 | 乃(내) 이에, 곧 | 大制(대제) 큰 다스림, 큰 정치 | 割(할) 나누다, 쪼개다

해설

노자는 상반되는 성향으로 양쪽이 나누어질 경우, 한쪽만의 입장이 아니라 양쪽 모두의 입장을 알아야 사람들의 지지를 얻어 천하의 으뜸이 될 수 있다고 한다. 남자와 여자, 백과 흑, 영광과 굴욕같이 흔히 상반되는 성향을 가진 존재에 대해서 우리는 하나를 선택하면 하나를 버린다든가 혹은 하나가 옳으면 다른 하나는 그르다는 등 양자 중 하나를 택하고 다른 것은 버리기가 쉽다.

그러나 노자는 그것들은 동전의 양면처럼 원래 같은 것이어서 하나를 취하면 다른 하나를 버리는 것이 아니라 양쪽의 입장을 함께 가져야 한다고 말한다. 동전을 어찌 한쪽 면만 갖고 다른 한쪽 면은 버릴 수 있는가?

즉 양쪽의 입장을 모두 이해하고 융합할 수 있어야 아기 같은 순수함으로 돌아갈 수 있으며, 천하의 모범이 되고 다함이 없는 세계로 돌아갈 수 있으며 천하의 골짜기가 되어 통나무 같은 질박함을 가질 수 있다고 한다.

즉, 가난한 사람과 부유한 사람들 모두의 입장을 이해해야 현실에 기반을 둔 제대로 된 정치를 할 수 있는 것이다. 가난한 자들만을 위하여 부자들을 모두 부정적으로 생각하여 부를 나누려고만 들거나 반대로 부자들의 입장만을 생각하여 가난한 사람들이야 죽든 말든 내팽개쳐 두고 오직 성장 일변도의 정책을 추진하는 것 또한 올바른 정치가 아니어서 서로의 적대감의 증폭으로 나라는 큰 어려움에 빠져들 수도 있다.

노자는 상반되는 양쪽 모두의 입장을 알아야 영원히 변치 않는 덕을 몸에 지니게 되고 어린아이 같은 순수한 도로 돌아갈 수가 있다고 한다. 도로 돌아간다고 함은 한쪽만의 시각으로 세상을 바라보는 것이 아니라 양쪽 모두의 시각을 가지고 바라보게 된다는 것을 의미한다.

정치에서도 극단적인 좌파나 우파적인 시각에만 함몰되어 매사를 결정하게 된다면 대단히 위험하고 잘못된 결정을 할 가능성이 크다. 잘못된 결정의 연속은 대다수의 국민을 고통 속에 몰아넣고 결국 정권 자체도 존립할 수 없게 한다.

도를 가진 자는 아기처럼 순수하고 왕성한 생명력을 갖되 통나무처럼 질박하여 꾸밈이 없다. 통나무는 쪼개지지 않을 때 본연의 장점을 가지게 되지만 현실의 필요에 따라 나누고 쪼개어 버리면 본연의 장점이 훼손되는 것이다.

그러므로 현실의 필요에 따라 부하들을 일의 성격과 기능에 따라 조직으로 세분화하여 배치할지라도 위정자는 항상 통나무와 같은 질박한 도를 가지고 세분화된 조직 위에 통합된 하나의 우두머리로 남아 있지 않으면 안 된다.

제29장. 장욕 (將欲)

천하를 잡으려고 든다면, 나는 잡을 수 없다고 본다.

천하는 신비한 기물이어서 작위적 행위로는 잡을 수 없다.

작위로 하려는 자는 실패할 것이고 잡으려는 자는 놓칠 것이다.

세상일이란 본래 앞서기도 하고 뒤따르기도 하고

숨을 들이쉬기도 하고 가볍게 내쉬기도 하고

강하게 하기도 하고 약하게 할 때도 있고

꺾기도 하고 무너뜨리기도 한다.

그러므로 성인은 심한 것, 사치스러운 것과 지나친 것을 멀리한다.

將欲取天下而爲之, 吾見其不得已 (장욕취천하이위지, 오견기부득이)

天下神器, 不可爲也 (천하신기, 불가위야)

爲者敗之, 執者失之 (위자패지, 집자실지)

故物或行或隨, 或歔或吹 (고물혹행혹수, 혹허혹취)

或强或羸, 或挫或隳, (혹강혹리, 혹좌혹휴)

是以聖人去甚, 去奢, 去泰 (시이성인거심, 거사, 거태)

> 將(장) 장차, 막 하려고 하다 | 爲(위) 하다, 爲之는 작위적이고 인위적인 행위, 즉 有爲를 뜻한다 | 已(이) 어조사로 별다른 뜻이 없음 | 隨(수) 따르다 | 歔(허) 숨을 들이쉬다, 콧김을 내쉬다 | 吹(취) 입김을 불다 | 羸(리) 약하다, 여리다 | 挫(좌) 꺾다 | 隳(휴) 무너뜨리다 | 去(거) 가다, 떠나다, 여기서는 멀리한다는 뜻 | 甚(심) 심하다, 정도에 지나치다 | 奢(사) 사치하다 | 泰(태) 지나치다, 크다

해설

노자에게 작위나 유위는 위정자의 권력 강화나 부국강병을 위해 백성들에게 무거운 세금, 병역이나 노역 등의 부담을 지우다가 백성들이 이에 따르지 않으면 가혹한 처벌 등 폭력적으로 나라를 다스리는 것을 말한다. 이 같은 작위나 유위는 도에 위배되는 부자연스러운 것으로서 천하를 잡기는 커녕 현재의 집권 자체도 오래갈 수 없다는 것이다.

노자는 이 장에서도 '천하를 잡는다'라는 말을 하고 있다. 노자가 공자와 동시대에 주나라에 살고 있었다면 이미 주나라의 왕이 천자로서 천하에 군림하고 있는 마당에 다시 제3자가 천하를 잡는 문제에 대하여 말하는 것 자체가 대단히 불경스러우며 상식적으로도 있을 수 없는 일이기도 하다. 그러므로 노자는 공자와 같은 춘추 시대의 사람이 아니라 진(秦)이 두각을 나타내어 타 6국을 위협하면서 천하 통일의 움직임이 보이는 시대 상황을 알고 있었던 전국 시대의 사람으로 생각된다.

전국 시대에 들어 각국이 경쟁적으로 부국강병책을 추진하게 되고 이를 위하여 과중한 세금과 인력 동원으로 백성들의 고통이 심해지자 노자는 그러한 작위적인 부국강병책으로는 천하를 잡을 수가 없다고 하여 위정자

의 가혹한 착취에 무방비로 노출된 백성들을 보호하려 한다.

　노자에게 최선의 군주란 무위의 다스림을 실천하는 군주이다. 무위의 정치란 아무것도 하지 않는 것이 아니라, 위정자가 억지로 백성들을 독려하고 착취하여 고통스럽게 끌고 나가는 것이 아니라 백성들이 스스로 공동 사회의 유지에 필요하다고 생각하는 정도의 노력을 하게 하고 그 결과 백성들에게 이익이 나타난다면 그 이익을 백성들 자신이 노력한 결과로 생각하게 하는 정치이다.

　천하 백성들의 성격과 상황은 천차만별이다. 따라서 위정자는 그 성격과 상황의 개별성을 인정하고 감안해서 다스리려면, 때로는 앞서기도 하고 뒤따르기도 하고 숨을 들이마시거나 내쉬기도 하며 형편과 도에 따라서 때로는 강하게 하기도 하고 약하게 할 때도 있고 꺾기도 하고 무너뜨리기도 해야 한다.

　그러나 그런 것들은 모두 상식적인 범위 안에 있어야 하며 극단적이거나 지나친 조치를 피하여 가급적 백성들의 평안한 삶을 도모할 필요가 있다. 노자는 이것을 '성인은 심한 것이나 사치스러운 것과 지나친 것은 멀리한다.'라고 표현한다.

　위정자가 작위적으로 하면 할수록 오히려 그 뜻을 이루기 어렵다. 청나라 말기의 위안스카이는 실력과 명망을 갖춘 당대의 거물이었다. 리훙장의 후임으로 막강한 북양군의 총수가 되자 서태후에 의해 청의 직례 총독

겸 북양대신에 올라 권력의 핵심에 진입했다.

그러나 청나라의 허약함을 보고 이내 청을 배신하여 혁명파와 손잡고 청의 선통제를 퇴위시켜 청 제국을 멸망시켜 버렸다. 이어 쑨원의 양보를 받아 내 신생 중화민국의 대총통이 되자 위안스카이는 이참에 아예 공화정도 폐지하고 새로운 제국을 만들어 스스로 그 초대 황제가 되려 했다.

이렇게 역사의 수레바퀴를 거꾸로 돌리려는 위안스카이의 계획에 대해 여론은 격렬히 반대했지만 그럼에도 불구하고 위안스카이는 1916년 1월 스스로 황제라 칭하고, 연호를 홍헌(洪憲)으로 하였다. 그러나 윈난(雲南) 봉기를 계기로 전국 도처에서 반원(反袁) 운동이 거세게 일어나고 사태를 심각하게 본 영국·러시아·일본 등 주변국조차도 위안스카이에게 황제 노릇을 그만두라고 압박하였다.

이에 하는 수 없이 1916년 3월 위안스카이는 황제 자리에서 물러났고 물러난 지 두 달 만에 울화증과 요독증이 겹쳐 사망했다. 천하는 신비한 기물이어서 누구도 어설픈 욕심과 작위적 행태로는 잡을 수 없는 것이다.

제30장. 이도 (以道)

도로써 왕을 보좌하는 이는
군대로 천하를 강제로 압박하지 않아야 하는데
그런 일은 반드시 앙갚음을 받기 때문이다.

군대가 주둔하던 곳은 가시덤불이 자라고
대군이 지나간 곳은 반드시 흉년이 든다.

전쟁에 이겨 좋은 결과가 있으면 그뿐이지,
감히 강제로 빼앗으려 하면 안 된다.
전쟁에 이겼다고 자랑하지 말고,
공적으로 삼으려 하지 말고, 교만하지 마라.
이긴 것을 부득이한 것으로 여겨야 하며,
그것을 가지고 상대를 강압해서는 안 된다.

무력으로 갑자기 융성해지면 곧 노쇠해지니,
그것은 도가 아니기 때문이다.
도가 아닌 것은 빨리 끝난다.

以道佐人主者, 不以兵强天下, 其事好還[1] (이도좌인주자, 불이병강천하, 기사호환)

師之所處, 荊棘生焉 (사지소처, 형극생언)

大軍之後, 必有凶年 (대군지후, 필유흉년)

善有果而已[2], 不敢以取强 (선유과이이, 불감이취강)

果而勿矜, 果而勿伐, 果而勿驕 (과이물긍, 과이물벌, 과이물교)

果而不得已, 果而勿强 (과이부득이, 과이물강)

物壯則老, 是謂不道, 不道早已 (물장즉노, 시위부도, 부도조이)

佐(좌) 돕다, 보좌하다 | 人主(인주) 임금 | 强天下(강천하) 천하를 강압하다 | 好還(호환) 반드시 돌아오다 | 師(사) 군대 | 荊棘(형극) 가시덤불 | 焉(언) 여기서는 어조사로 뜻이 없음 | 果(과) 결과, 여기서는 전쟁의 결과 | 勿(물) 말다, 아니다 | 而已(이이) 그것으로 그치다 | 取强 (취강) 강제로 가지다 | 伐(벌) 베다, 공적, 자랑하다 | 不得已(부득이) 마지못해 하는 수 없이 | 壯(장) 성하다, 무력으로 갑자기 흥성한다는 뜻 | 早已(조이) 빨리 그치다

해설

진(秦)이 6국을 멸해 천하를 통일하면서 각 나라의 왕족과 귀족 12만 호를 수도 함양으로 강제 이주시켜 6국의 후예들이 옛 지역에서 부흥 운

---

1 好還(호환) : 두 가지 해석이 있다. 첫째는 좋은 보답을 받는다는 뜻으로 보기도 하고, 둘째는 반드시 돌아온다는 뜻으로 해석하기도 한다. 其事가 무엇을 지칭하느냐의 문제와 관련되는데, 첫째 해석은 '군대로 천하를 강압하지 않는 것'이 '좋은 보답을 받는다'라는 것이고 둘째 해석은 '군대로 천하를 강압하는 것'이 '반드시 자신에게도 돌아온다'라는 것이다. 첫째 해석의 경우 '군대로 천하를 강압하지 않는 것'은 너무 애매하고 포괄적이어서 예를 들어, '군대로 강압하지 않을 뿐 다른 나쁜 수단으로 강압'을 해도 '좋은 보답을 받는다'라는 것도 가능하므로 이치에 맞지 않다고 본다. 따라서 본서는 후자의 해석을 택한다.

2 而已(이이) : 전쟁에 이겼으면(有果) 그것으로 그친다(而已)는 의미

동에 나서지 못하도록 하였다. 그리고 지역 할거의 근원이 됐던 봉건 제도를 폐지하여 전국을 군과 현으로 나누고 그 장을 중앙에서 직접 파견하였으므로 종전처럼 지역의 호족들이 세력을 키워 자립하던 단서를 없앴다.

'도로써 왕을 보좌하는 이는 군대로 천하를 강제로 압박하지 않아야 하는데 그런 일은 반드시 앙갚음을 받기 때문이다(不以兵强天下, 其事好還, 불이병강천하, 기사호환).' 부분에서 '그런 일은 반드시 앙갚음을 받기 때문이다(其事好還 기사호환).'라는 것은, 특히 진의 통일 정책의 후환으로 진승·오광의 난으로 인한 6국의 부활 운동, 이사(李斯)의 처형, 진(秦) 이세 황제의 자살, 항우나 유방의 쟁패로 인한 진(秦) 제국의 멸망 등을 가리키는 것이 아닌가 한다.

왜냐하면 이 기사호환(其事好還)이라는 말은 전국 중기에 축조된 것으로 추정되는 곽점초묘 죽간에는 없다가 마왕퇴 한묘(漢墓) 백서에서 새로이 추가되어 나타나기 때문이다.

어쨌든, 진의 이사(李斯)가 제정한 진의 법령은 엄격하고 세밀하기 그지없어 진의 발전에는 큰 공헌을 하였으나 법령 위반자에 대한 고문 방법이 너무나 혹독하여 무고한 사람도 그 고문을 당하면 어쩔 수 없이 없는 죄도 자백하고 죽어갔다.

이사(李斯)도 말년에 환관 조고의 모함에 걸려 엉뚱하게 모반으로 고발당했는데, 자신이 만든 혹독한 고문 방법에 따라 고문을 당하자 이에 못 견며 스스로 모반을 자백하고 저잣거리에 끌려가 처형당했으니 역사의 엄정함에 그저 숙연해질 따름이다.

근대의 전쟁도 국가 총력전이라 하여 전쟁 물자를 민간에게서 무리하게 수탈하지만 특히 고대에는 대군이 주둔하거나 지나가면 부근의 촌락으로부터 양곡과 장정을 있는 대로 징발하므로 그러한 촌락은 다음 해 농사를 지을 씨앗도, 인력도 다 빼앗겨 버려 흉년을 맞을 수밖에 없다. 그러므로 노자는 군대가 주둔하던 곳은 가시덤불이 자라고 대군이 지나간 곳은 반드시 흉년이 든다고 했다.

노자는 '전쟁에 이겨 좋은 결과가 있으면 그뿐이지, 감히 강제로 빼앗으려 하면 안 된다. 전쟁에 이겼다고 자랑하지 말고, 공적으로 삼으려 하지 말고, 교만하지 마라. 이긴 것을 부득이한 것으로 여겨야 하며, 그 결과를 가지고 상대를 강압해서는 안 된다.'라고 했지만

진(秦) 제국은 통일 전쟁에서 이기자 패한 나라들을 다 없애 버리고 망국의 왕족과 귀족들을 이주시키고, 백성들을 동원하여 만리장성, 아방궁과 같은 미증유의 대공사를 하니 결국은 '도가 아닌 것은 빨리 끝난다.'라는 노자의 말대로 진은 제국 성립 15년 만에 멸망하였다.

역사를 돌이켜 보면, 무력으로 갑자기 커져서 수많은 살육과 파괴로 세상 사람들을 놀라게 했던 히틀러의 제3제국, 일본 제국을 비롯해서 크메르루주, 탈레반, IS 등도 노자의 말대로 융성해지자마자 곧 쇠퇴해서 멸망

해 버렸다. 하나같이 도가 아닌 사이비인 것이다. 도가 아닌 것은 오래가 지 못한다.

제31장. 부병자 (夫兵者)

무릇, 무기라는 것은 상서롭지 못한 도구이다.
사람들도 모두 싫어하며, 도를 가진 자는 더욱 그에 의존하지 않는다.
군자는 자리에 있어 왼쪽을 귀하게 여기지만
병사를 움직일 때는 오른쪽을 중히 여긴다.

군대란 상서롭지 못한 조직으로 군자의 기물은 아니나
부득이 쓸 때는 조용하고 담백함을 으뜸으로 삼아야 할 것이다.
이기더라도 좋다고 하지 말아야 하는데,
좋다고 하는 자는 살인을 즐기는 자이다.
무릇, 살인을 즐기는 자는 천하에서 뜻을 얻을 수 없다.

좋은 일은 왼쪽을 높이고, 흉한 일은 오른쪽을 높여서
하급인 편장군은 왼쪽에 있고 상장군은 오른쪽에 있는데
말하자면 장례에 있어서의 배치인 것이다.

사람을 많이 죽이면, 슬픔과 비통함으로 울어야 하므로
전쟁에서의 승리는 장례와 같이 처리를 해야 하는 것이다.

夫兵者[1], 不祥之器也 (부병자, 불상지기야)

物[2]或惡之, 故有道者不處 (물혹오지, 고유도자불처)

君子居則貴左, 用兵則貴右 (군자거즉귀좌, 용병즉귀우)

兵者, 不祥之器, 非君子之器 (병자, 불상지기, 비군자지기)

不得已而用之, 恬淡爲上 (부득이이용지, 념담위상)

勝而不美, 而美之者, 是樂殺人 (승이불미, 이미지자, 시락살인)

夫樂殺人者, 則不可以得志於天下矣 (부락살인자, 즉불가이득지어천하의)

吉事尙左, 凶事尙右 (길사상좌, 흉사상우)

偏將軍居左, 上將軍居右, 言以喪禮處之 (편장군거좌, 상장군거우, 언이상례처지)

殺人之衆, 以哀悲泣之, 戰勝, 以喪禮處之 (살인지중, 이애비읍지, 전승, 이상례처지)

夫(부) 발어사로 무릇 | 兵(병) 군사, 무기 | 者(자) 여기서는 ~이라는 것이란 뜻 | 祥(상) 상서롭다 | 物(물) 여기서는 모든 사람이란 뜻 | 或(혹) 혹은, 여기서는 '항상 있다, 존재하다'라는 의미로 '늘 그렇다' | 惡(오) 싫어하다, 미워하다 할 때는 '오'로 읽음 | 恬淡(념담) 조용하고 담백함 | 爲上(위상) 서열상 위로 친다 | 矣(의) 어조사로 구(句)의 끝에서 글의 뜻을 강조 | 偏將軍(편장군) 상장군 통솔하에 각 부대를 지휘하는 장군 | 上將軍(상장군) 군대 전체를 지휘하는 장군 | 喪禮(상례) 장례 시 예식 | 衆(중) 무리, 많은 사람

---

1 夫兵者(부병자) : 왕필본에는 夫佳兵者(부가병자)으로 되어있고 이중 佳(가)는 唯(유)의 오자라 하니 복잡해진다. 마왕퇴 백서는 당초부터 夫兵者, 不祥之器也(부병자, 불상지기야)이라 표기되어 있어 간명하다. 본서에서는 백서에 따라 夫兵者(부병자)로 한다.

2 物(물) : 통상은 물건, 만물이라는 뜻으로 쓰나 『도덕경』에서는 '모든 사람'이라는 뜻으로 많이 쓰인다.

해설

아름다움과 추악함, 좌와 우, 높음과 낮음이 함께하듯이 전쟁과 평화도 함께한다. 노자는 무기라는 것은 상서롭지 못한 도구로서 사람들이 싫어하지만 전쟁을 하지 않으면 안 되는 부득이한 경우가 있음을 상정하고 있다. 그러므로 부득이이용지, 념담위상(不得已而用之, 恬淡爲上)처럼 부득이하게 전쟁을 할 때는 조용하고 담백함을 으뜸으로 삼아야 한다고 하여 전쟁에 대한 자신의 입장을 밝히고 있다.

중국의 춘추 시대 전쟁은 무기도 보잘것없고 쌍방이 소규모여서 길어야 3~4일 만에 진 편이 도망가거나 항복하면 끝이 났지만 전국 시대에 들어서는 전쟁 기간도 수개월로 길어지고 병사도 수십만 명이 회전을 하거나 공성전을 벌이는 경우가 많았다.

공성기 등 무기나 전쟁 기술도 많이 발전된 데다 쌍방이 필사적이어서 이제는 졌다고 도망가는 적도 쫓아가 죽이는 것은 물론, 전쟁 후에는 항복한 포로라도 죽여 버리는 일도 드물지 않았다. 전쟁은 수많은 인명의 손실뿐만 아니라 농지를 비롯하여 집과 마을 등 사람들의 생존 기반 자체를 파괴하게 되므로 무엇으로도 그 손실을 보전하기 어렵다.

그러므로 노자는 전쟁은 어쩔 수 없는 막다른 골목에서 부득이 하여야 하는 것이지 영토의 확보나 물자 확보 등 물질적인 생활 개선 등을 위해서 전쟁을 일으켜서는 안 된다고 하는 것이다. 설혹 전쟁에 이긴다고 하더라도 쌍방이 얻는 것에 비해 잃는 것이 너무 크므로 노자는 어떤 경우나 전쟁을 흉사로 생각해야지 경사로 생각해서는 안 된다고 경고한다.

이 장은 『도덕경』에서 원래 노자의 글과 후세에 누군가가 노자의 글을 주석한 것이 뒤섞여 구분이 되지 않는 장이라고 한다. 적어도 '편장군은 왼쪽에 있고 상장군은 오른쪽에 있다(偏將軍居左, 上將軍居右)' 운운 부분은 노자의 다른 글과 비교할 때 구체적이고 은유성이 없어 후세의 주석으로 생각된다.

대체로 임금은 항상 남쪽을 향하여 앉으므로(南面, 남면), 임금 앞에서 열을 지어 서는 신하들은 임금의 편에서 볼 때 왼쪽이 동쪽이고, 해 뜨는 쪽이며, 양(陽)이고 생명의 편이라 할 수 있고 오른쪽은 서쪽이고, 해 지는 쪽이며, 음(陰)이고 죽음의 편이 된다.

그러므로 통상은 왼쪽이 더 높은 쪽이지만 상례(喪禮)에 준하는 전쟁에서는 오른쪽이 더 높게 되어 군의 최고 지휘관인 상장군이 오른쪽에 있게 되고 그 부하 장군인 편장군이 왼쪽에 서게 된다는 의미이다. 어쨌든 이런 세세한 부분까지 노자가 기술했다고 보기는 어려우며 아마도 후세의 누군가가 독자의 이해 편의를 위하여 장군을 예를 들어 설명한 주석 부분이 문장을 옮겨 적는 과정에서 본문과 뒤섞여 전해졌다고 보는 것이 타당할 것이다.

태평양 전쟁을 치른 일본의 경우, 전쟁 초기 한때 중국이나 동남아 등지에서 일본군이 승전하였다는 소식을 듣고 국민들이 시가행진을 벌이는 등 다른 나라를 침략하는 전쟁을 경사로 생각하며 기뻐했고, 특히 중국의 남경을 점령할 때에는 일부 장교들이 중국인의 목을 많이 베는 경쟁을 할 때 언론에서 실황 보도까지 하는 등 전 국민이 축제를 즐기듯 전쟁과 살인을 즐기고 있었다.

노자는 사람을 서로 죽이는 전쟁은 비통한 일이므로 상례로써 임해야 한다고 하고 전쟁은 이기더라도 슬픔과 비통함으로 울어야 한다고 했지만 일본은 1941년 자국의 전투기들이 영국의 전함 프린스오브웨일스호를 남중국해에서 침몰시키자 전투기 조종사들을 영웅시하여 일본 전국의 여고생들이 그들의 사진을 학용품에 끼워 사용하는 등 전 국민이 기쁨과 환호로 흥청거렸다.

그러나 곧이어 일본과 식민지의 수많은 젊은이들이 전장에 끌려가 죽고, 전 국민이 물자 부족으로 고통받았으며, 도쿄가 적의 폭격으로 아수라장이 되었다. 오키나와, 사이판 등 외곽에서는 군인과 주민이 함께 죽고 생존한 나머지도 집단 자살해야 하는 비극적 결말을 맞았다. 이어서 히로시마, 나가사키에 원자폭탄이 투하되어 수십만 명이 순식간에 목숨을 잃는 미증유의 참상을 겪고 나서야 결국 연합국 측에 무조건 항복을 하게 되었다.

이처럼 태평양 전쟁으로 너무나 많은 피해를 본 일본은 다시는 같은 피해를 되풀이하지 않겠다는 각오로 타국과 전쟁 자체를 할 수 있는 권리의 포기를 명시한 소위 평화헌법을 제정하게 되었다. 그러나 전후 세대의 성장과 경제 부흥을 바탕으로 대외 관계에서 자신감을 회복한 일본은 어느새 지난 역사의 교훈을 잊고 전쟁을 할 수 있는 권리 회복을 위해 헌법 개정을 추진하고 있다.

일본이 대외 전쟁을 할 수 있는 권리를 되찾는다면, 그 권리의 실현 대상은 1차적으로 한반도나 중국 대륙이 될 것은 자명하다. 그러나 20세기 초반에 비해 현재의 한반도나 중국의 상황은 많이 달라졌다. 다시 일본이 전쟁을 수단으로 그들의 팽창 야욕을 실현하려면 예전에 비해 수배 내지는 수십 배의 대가를 지불해야 할 것이며, 그런 희생을 치른다 해도 그들 뜻대로 될지는 여전히 불투명하다.

임진왜란이든 태평양 전쟁이든 일본이 대외 침략을 시작할 때는 두 번 다 첫걸음은 산뜻하고 압도적이어서 일본 국민들을 환호하게 했다. 그러나 전쟁이 장기로 진행됨에 따라 피침략국이 전열을 가다듬고 저항을 시작하게 되면 오히려 전쟁 수행이 일본 국민들에게 격렬한 고통과 슬픔을 가져왔고 그것은 이전의 환호를 무색하게 하리 만치 가혹하기만 했다.

이제, 일본이 극우 세력의 득세로 평화헌법을 고쳐 소위 '전쟁을 할 수 있는 보통 국가'로서 다시 욱일승천기를 앞세우고 '세상의 모든 사람을 일본 왕 치하에서 한 집안처럼 살게 한다.'라는 황당한 명분으로 이웃 나라에 몰려가서 '역사도 반복되고 국민의 고통도 반복되는' 일이 되풀이되는 일이 없었으면 한다.

제32장. 도상무명 (道常無名)

도는 언제나 이름이 없고, 질박하고 작지만

천하의 누구도 신하로 삼지 못한다.

제후나 왕이 도를 지킬 수 있다면, 세상 모두가 스스로 찾아올 것이요

천지가 서로 화합하여 단 이슬을 내리듯

백성들은 명령 없이도 저절로 가지런해진다.

통제를 처음 시작할 때는 명분이 있어야 하고, 명분이 있다 해도

장차 그칠 것을 알아야 하고, 그칠 것을 안다면 위태롭지 않다.

도가 세상에 있는 모습을 비유하자면,

골짜기의 냇물이 강과 바다로 흘러드는 것과 같다.

道常無名, 樸雖小, 天下莫能臣也 (도상무명, 박수소, 천하막능신야)

候王若能守之, 萬物將自賓 (후왕약능수지, 만물장자빈)

天地相合, 以降甘露 (천지상합, 이항감로)

民莫之令而自均 (민막지령이자균)

始制有名, 名亦既有 (시제유명, 명역기유)

夫亦將知止, 知止可以不殆 (부역장지지, 지지가이불태)

譬道之在天下, 猶川谷之於江海 (비도지재천하, 유천곡지어강해)

樸(박) 통나무, 순박함 | 雖(수) 비록 | 莫(막) 없다, 늦다 | 賓(빈) 손님 | 降(항) 내리다, 항복하다 | 甘露(감로) 단 이슬 | 均(균) 고르다, 평평하다 | 譬(비) 비유하다 | 猶(유) ~와 같다, 오히려

해설

도는 형체 없이 어디에도 두루 있으므로 특정한 이름으로 불리는 일도 없다. 제1장 도가도(道可道)에서 '道可道 非常道(도가도 비상도)'라고 했듯이 어떤 이름으로 불리고 뜻도 확실히 정의되면 이미 도가 아니다.

그래서 제25장 유물(有物)에서도 노자는 '나는 그 이름은 모르지만 자(字)를 도라 한다. 억지로 이름 붙인다면 크다(大)고 하겠다(吾不知其名, 字之曰道, 强爲之名曰大(오부지기명, 자지왈도, 강위지명왈대)'라고 한다. 도는 스스로 현명하다고, 스스로 크다고 자랑하지 않는다. 그러므로 남이 보기에 도는 어디까지나 순박하고 작다(樸雖小, 박수소). 순박하고 작지만 아무도 도를 신하로 삼아 맘대로 부리지 못한다.

또한 도는 외관상 질박하고 작아서 어디에도 쓸모가 없어 보여서 굳이 신하로 삼고자 할 사람도 없다. 여기서 小(소)를 '잘 드러나지 않는다'라고 해석하는 견해도 있으나 뒤 문장 '천하에 누구도 신하로 삼지 못한다'를 볼 때 '작다'고 보는 것이 자연스럽다.

제후나 왕이 도를 지킬 수 있다면, 강과 바다가 자기를 낮춤으로써 세상의 모든 계곡물을 끌어오듯이 세상 사람 모두가 도를 지닌 제후나 왕을 스스로 찾아가게 될 것이다. 그렇게 찾아간 사람들은 천지가 아무런 명령이나 조치가 없이도 서로 화합하여 단 이슬을 내리듯이 백성들도 위정자의 아무런 인위적인 명령 없이도 저절로 가지런해지고 평화롭게 살게 될 것이다.

만약에 위정자가 통제를 할 수밖에 없는 상황 즉, 전쟁이나 천재지변의 경우가 되어 통제를 시작할 때는 반드시 그에 합당한 명분이 있어야 하고, 그러한 명분이 있다고 해도 상황이 명분상 만족될 정도가 되면 그쳐야 한다. 여기서 그친다고 함은 그 통제를 푼다는 것이다. 통제를 풀지 않고 계속해서 더 큰 성과를 이루고자 통제를 계속하면 결국 위태로운 지경에 빠지게 된다. 그것이 그칠 것을 안다면 위태롭지 않다는 뜻이다.

많은 위정자가 통제를 시작할 때는 나름대로 타당한 명분을 갖고 시작하지만 나중에 그 통제의 명분이 된 상황이 해제되었음에도 불구하고 욕심을 내어 통제를 계속하거나 심지어 억지로 상황을 조작하여 이전보다 더 심한 통제를 계속하다가 끝내는 파국적인 최후를 맞는 경우가 너무나 많다.

명분이 충족되었을 때 멈춘다면 위태로울 것이 없다. 강물도 큰 호수나 바다에 이르면 흐름을 멈추고 호흡을 가다듬는다. 멈출 줄 알면 위태롭지 않다. 그래서 노자는 골짜기의 냇물이 강과 바다로 흘러 들어가는 모습이 바로 도가 세상에 존재하는 모습이라고 한다. 간단하지만 큰 이치고 큰 설명이다.

제33장. 지인자 (知人者)

다른 사람을 아는 자는 지혜로우나, 자기를 아는 자는 밝은 것이다.

다른 사람에게 이기는 자는 힘이 있다고 하나,

자기를 이기는 자는 강하다고 한다.

족함을 아는 자는 부유하며 굳게 행하는 자는 뜻이 있다고 한다.

자신의 본분을 잊지 않는 자는 오래가고

죽어도 잊히지 않는 자라야 오래 산다고 한다.

知人者智, 自知者明[1] (지인자지, 자지자명)

勝人者有力, 自勝者强 (승인자유력, 자승자강)

知足者富, 强行者有志 (지족자부, 강행자유지)

不失其所者久, 死而不亡[2]者壽 (부실기소자구, 사이불망자수)

---

1 明(명) : 원래 갑골문에서는 보름달이 창에 비치는 모습(☉+目과 유사한 모양)을 명이라고 한다. 일부 문헌에서는 원래부터 해(日)와 달(月)이 합쳐진 모습을 명(明)이라 한다고 하나 이는 후세에 붙여진 이야기이며 잘못된 것이다.

2 亡(망) : 여기에 대해서는 해석이 다양하다. 죽어도 이름이 없어지지 않는다든가, 죽어도 도가 없어지지 않는다는 등 설이 있으나 옛날에는 亡이 忘(잊다)과 통용해서 쓰던 글자이므로 여기서도 亡=망(忘)으로 보면(고명) 간단하다.

人(인) 사람, 여기서는 다른 사람을 뜻함 | 强行(강행) 어려움을 무릅쓰고 행함 | 所(소) 장소, 자리, 여기에서는 사람이 응당 지켜야 할 자리, 즉, 본분을 의미 | 亡(망) 보통은 죽다 이나, 여기서는 忘(잊다)의 뜻

해설

사람들은 보통 주변의 사람들은 잘 알아 그 사람의 자질·성향에 대한 평가까지 하면서도 정작 자기 자신에 대해서는 잘 모르고 산다. 죽을 때까지 알려는 노력조차도 별로 하지 않고 살다 가는지도 모른다. 이 때문에 소크라테스도 '너 자신을 알라' 했고, 『손자병법』에도 '상대를 알고 나를 알면 백전백승'한다고 했을 정도로 자신을 제대로 아는 것은 어렵다. 노자 역시 다른 사람을 아는 자는 '지혜롭다'라는 정도이지만, 자신을 아는 자는 '밝다'라고 한다.

밝다(明)는 것은 무슨 뜻일까? 밝을 명(明)의 원래 뜻은 밤하늘에 휘영청 뜬 보름달처럼 밝다는 의미이다. 전기가 없던 시절, 밤에 겨우 주변 사물을 구분할 정도의 밝기였던 촛불이나 모닥불에 비해 보름달은 산과 들을 한꺼번에 훤히 밝혀 같은 밝음이라도 그 격과 범위가 달랐을 것이다. 노자는 자기를 아는 자를 보름달처럼 밤에 산과 들 모두를 환하게 밝히는 그런 의미에서 밝다(明)고 한 것이었을 것이다.

전국 시대 말기, 조나라의 명장 조사의 아들인 조괄은 어릴 적부터 병법을 배워 스스로 말하기를 군사에 관해 세상에서 자기를 당할 자가 없다고 했다. 그러나 조사는 아들에 대해 "전쟁이란 목숨을 거는 일이다. 그런데 괄의 병법은 입으로만 하는 병법이다. 조나라가 괄을 장군으로 삼는다면

군병이 궤멸당할 것이다."라는 말을 남겼다.

후에 조나라의 임금이 조괄을 진나라의 명장 백기의 침입을 막는 장군으로 임명하려 할 때 조괄의 어머니는 생전에 남편의 염려를 생각해서 조괄을 장군으로 임명하는 것을 극구 말렸지만, 조나라의 임금은 끝끝내 조괄을 조나라의 장군으로 임명했다.

조괄은 이어서 그 어머니가 걱정한 대로 진나라 백기와의 교전에서 진나라의 유인 작전에 속아 참패하여 전사하고 그 휘하의 군사 40만 명이 진에 항복했으나, 진나라는 군량 부족과 반란 가능성을 이유로 항복한 조나라 군사를 모두 땅에 묻어 죽여 버렸다. 이처럼 자기를 모르는 위에 교만함이나 탐욕까지 더해진다면 자신뿐만 아니라 주변 사람에게도 큰 재앙을 가져오게 된다.

남과 싸워 이기는 사람은 남보다 강한 힘을 가졌기 때문이긴 하지만, 자기 자신에 이기는 사람은 참으로 굳세고 강한 의지의 힘을 가진 사람이다. 어떠한 분야든 큰 성취를 이루어 낸 인물들은 거의 다 자신과 싸워 이긴 사람들이다.

자신의 내면에 쾌락과 두려움, 망상을 이기지 못하는 자가 지휘하는 군대는 아무리 숫자가 많아도 허약하다. 난민이나 도적 떼가 아무리 많아도 대체로 소수 정규군의 상대가 되지 못하는 것은 군사의 훈련 정도나 무기 부족 등의 이유도 있으나 결국 무리를 이끄는 장수의 정신 자세에 문제가 있기 때문이다.

 자기를 알고 자기 내면에 일어나는 욕심을 누르고 냉정하게 상황을 바라보는 자가 강한 자다. 그리고 재물에 대한 욕심을 버리고 스스로 가진 것에 만족하는 자는 부유하다. 더 가지려 하지 않기 때문이다. 도는 소박하게 만족할 줄 아는 삶 속에 있으며 진정한 부자란 자신이 현재 가진 것에 만족할 줄 아는 자이다. 아무리 많은 돈과 재물을 가지고 있더라도 늘 남보다 부족하다고 생각하고, 돈 모으기에 전전긍긍하며 주변에 대해서도 인색한 사람은 부자는커녕 가난하고 불쌍한 사람일 뿐이다.

 도는 우주 만물을 움직이는 근본 원리이기도 하지만 우리 삶 속에서 가장 근본적이고 핵심적인 요소를 뜻하기도 한다. 농부는 농사를 지어 많은 수확을 얻으려 하고, 상인은 물건을 팔아 이익을 남기려 하고, 성직자는 자신도 수행하면서 남들도 바른길로 인도하려 하고, 부부도 서로 화목한 가정을 지키기 위해 각자 역할을 하려 한다. 즉 모든 사람이 각자가 처해 있는 상황에서 해야 할 가장 근본적이고 핵심적인 요소, 그것이 도다.

 도를 아는 것은 그리 어려운 일이 아니다. 정작 문제는 도에 따라 사는 것이다. 이는 결코 쉽지 않다. 그러므로 노자는 도를 실제로 굳건히 행하는 자는 뜻이 있다고 한다. 도를 지켜 도의 본분에서 벗어나지 않는 자는 오래도록 간다. 도를 행하여 죽어도 잊히지 않는 자는 오래도록 사는 것과 같다. 금붕어처럼 내 욕심만 생각하면서 입만 빼끔거리며 한 평생을 산다면, 오래 산다는 것이 무어 그리 중한 일이며 장한 일인가?

제34장. 대도 (大道)

큰 도는 두루 퍼져서 좌우로 넘쳐난다.

만물이 도에 따라 생겨났지만 도는 굳이 말하지 않아

공을 세우고도 이름을 남기지 않는다.

만물을 덮어 주고 길러 내지만 주인이 되려 하지 않는다.

항상 욕심을 내지 않으니 이름을 '작다'라고 할 수도 있고,

만물이 그로 돌아와도 주인이 되지 않으니

이름을 '크다'라고 할 수도 있다

끝날 때까지 크다고 하지 않으니, 큰 것을 이룰 수 있다.

大道汎兮, 其可左右[1] (대도범혜, 기가좌우)

萬物恃之而生而不辭, 功成不名有 (만물시지이생이불사, 공성불명유)

衣養萬物而不爲主 (의양만물이불위주)

常無欲, 可名於小 (상무욕, 가명어소)

萬物歸焉而不爲主, 可名爲大 (만물귀언이불위주, 가명위대)

---

1 左右(좌우) : 도가 만물을 왼쪽이나 오른쪽으로 마음대로 지배한다는 뜻으로 해석하는 설도 있으나 도가 만물을 지배한다는 것은 도의 근본 개념과도 다르다.

以其終不爲大, 故能成其大 (이기종불위대, 고능성기대)

汎(범) 뜨다, 널리 | 恃(시) 믿다, 의지하다 | 辭(사) 말하다 | 衣(의) 옷, 덮다 | 養(양) 기르다 | 焉(언) 어찌, ~도다!

해설

도는 두루 퍼져서 좌우로 어디든 넘쳐난다. 만물이 도에 따라 생겨나지만 도는 만물을 '내 것이라고 하지 않고 내가 만들었다고도 하지 않는다'. 도는 이렇게 자신을 주장하지 않으므로 도를 믿는 자와 믿지 않는 자를 차별하지도 않고 더구나 믿는 자 간에 생각이 다르다고 해서 그 사람을 나무라게 하지도 않는다.

도는 만물을 길러 내도 주인이라 나서지 않으니 당연히 알아주는 사람이 없어 언뜻 보기에는 '작다'라고 할 수도 있으며, 만물이 귀의해 와도 주인으로 나서지 않으니 그 마음가짐이 참으로 대범하여 '크다'라고 할 수도 있다.

우리는 심각한 천재지변이나 대형 화재 등 재난이 생겼을 때 현장을 찾아온 고위 인사들이 주민이나 언론을 상대로 거창하게 발표하는 지원 계획이 실제로는 주민에게 별로 도움이 안 되는 경우를 많이 본다. 즉, 크다고 떠드는 일이 참으로 큰 것이 되는 경우는 그리 많지 않다. 오히려 자원봉사자들이 성심껏 차려 주는 따뜻한 밥 한 끼, 국민들의 작은 성원이 재난 주민에게 더 큰 도움이 되는 경우가 많다.

어려운 소상공인의 자활 의지를 키운다느니 차상위 계층을 돕는다느니 하는 취지의 소액 대출 제도를 만들어 정부에서는 큰 도움을 주는 것처럼 발표하지만 실제로 도움이 되는 경우는 적다. 필요한 사람이 막상 찾아가면 은행에서는 담보나 신용 조건을 까다롭게 따지고 들어 허탕을 치기 일쑤다. 애초부터 은행이 요구하는 담보나 신용 조건을 완비한 사람이라면 그런 소액 대출 창구를 찾아갈 이유도 없었을 것이다.

우리 주변에는 정말로 어려운 사람들이 자신의 처지를 허심탄회하게 이야기하고 도움을 청할 창구가 별로 없다. 지자체의 장들은 선거 때만 되면 말로는 주민에게 항상 열려 있는 시장실, 도지사실 운운하여 어려운 주민들이 언제라도 찾아가 의논할 수 있을 것처럼 선전하지만 당선이 되고 난 후 실제로 사정이 딱한 사람이 찾아갔다가는 지자체장과의 대화는커녕 사무실 구경도 못 하고 쫓겨날 것이다.

지정환 신부의 경우, 한국 전쟁이 끝나고 모든 상황이 어려웠던 1960년에 한국에 와서 오지인 전북 임실에서 주민들이 산양 젖을 팔 데가 없어 버리는 것을 보고 치즈를 개발하여 지역 주민을 돕기 시작했다. 오늘날 임실치즈는 한국의 대표적인 치즈 브랜드가 되었고 연 270억 원의 매출을 올리게 하는 산업으로 발전하였다. 지 신부야말로 묵묵히 도를 실행한 분이다.

도는 크게 이루어도 자신이 한 일이라고 자랑하지 않는다. 남들이 굳이 알아주기를 바라지도 않는다. 끝날 때까지 자신이 한 일을 크다고 하지 않으니, 참으로 큰 것을 이룰 수 있다.

제35장. 집대상 (執大象)

도를 잡고 천하로 나아가면

위협이 될 것이 없어, 평안하고 태평하다.

음악과 음식은 나그네를 멈추게 하지만

도를 말해 주면 담백하여 아무 맛도 없다고 한다.

도는 보아도 잘 보이지 않고

들어도 잘 들리지 않으나

쓰려면 다 쓸 수가 없다.

執大象[1], 天下往 (집대상, 천하왕)

往而不害, 安平泰 (왕이불해, 안평태)

樂與餌, 過客止 (낙여이, 과객지)

道之出口, 淡乎其無味 (도지출구, 담호기무미)

視之不足見, 聽之不足聞, 用之不足旣 (시지부족견, 청지부족문, 용지

---

1 대상(大象)은 도를 말한다고 보는 것이 일반적이다. 제14장. 시지불견(視之不見)에서 無象之象과 41장 상사문도(上士聞道)에서의 大象無形 역시 도를 형용하고 있다고 보아야 한다.

부족기)

> 象(상) 코끼리, 형상, 도리. 여기서는 대상(大象)을 도로 보는 것이 일반적임 | 往(왕) 가다, 향하다 | 與(여) 주다, ~과 | 餌(이) 먹이, 음식 | 之(지) ~가, ~의 | 淡(담) 묽다, 담백하다 | 乎(호) 어조사, ~로다 | 視(시) 보다, 자세히 살피다 | 聽(청) 듣다, 자세히 듣다 | 旣(기) 이미, 다하다, 다 없어지다

해설

대상은 도를 말한다. 사람이 도를 잡는다는 것은 도를 깨닫는다는 것이다. 도를 깨달으면 깨닫기 이전까지의 수동적인 자세에서 만물의 주동자와 하나가 되어 세상에 우뚝 선다. 천지와 함께 위대해진다. 이것이 25장 유물(有物)에서 말하는 '도도 위대하고 하늘도 위대하고 땅도 위대하고 사람도 위대하다. 세상의 네 가지 큰 것 중에 사람도 그중 하나다(故道大, 天大, 地大, 人亦大, 域中有四大, 而人居其一焉 : 고도대, 천대, 지대, 인역대, 역중유사대, 이인거기일언).'의 뜻이다.

도는 만물을 발생, 변화, 소멸시키는 주체이며 핵심적 요소이므로 도가 통하는 세상은 아무런 위험이나 해로움이 없어 모두가 평안하고 태평하다. 진리는 언제나 단순하고 소박하듯이 도 역시 담백하여 아무 맛이 없다. 그러므로 좋은 음악이나 맛있는 음식처럼 사람들의 관심을 끌어 모이게 하지 못한다.

한편 낙여이(樂與餌), 즉 음악과 음식을 유가의 인의예지로 해석하여, 좋은 음악과 맛있는 음식이 사람들의 귀와 혀를 자극하여 쉽게 사람들을

불러 모으듯이 '유가가 사람들의 주목을 끈다'는 점을 강조하는 설도 있으나 낙여이(樂與餌)는 문자 그대로 음악과 음식으로 읽어도 문맥상 무리가 없으므로 굳이 인의예지로 해석하여 유가와 각을 세울 필요는 없다고 본다.

앞서도 말했지만, 노자의 시대에는 형이상학이라는 개념이 보편화되지 않았다. 그러므로 도가 우주의 근본 원리인 동시에 모든 상황의 핵심 요소라고 할 때 이러한 추상적 개념을 제대로 표현하기가 어려웠다. 그러므로 『도덕경』에서는 자주 도를 '보아도 잘 보이지 않고 들어도 잘 들리지 않으나'라는 방식으로 나타낼 수밖에 없고, 도의 무한한 유용성에 대해서도 '쓰면 다 쓸 수가 없다.'라고 표현할 수밖에 없었을 것이다.

제36장. 장욕흡지 (將欲歙之)

장차 움츠러들게 하려면, 처음에는 반드시 벌리게 하고
장차 약하게 하려면, 처음에는 반드시 강하게 하고
장차 없애 버릴 것이면 처음에는 반드시 흥성하게 하고
장차 빼앗을 것이면 처음에는 반드시 주어야 한다.

이를 숨어 있는 밝음이라 하니
유약한 것은 단단하고 강한 것을 이긴다.
물고기가 연못을 벗어나서는 안 되듯이
나라의 이기(利器)를 사람들에게 함부로 보여서는 안 된다.

將欲歙之, 必固張之 (장욕흡지, 필고장지)
將欲弱之, 必固强之 (장욕약지, 필고강지)
將欲廢之, 必固興之 (장욕폐지, 필고흥지)
將欲奪之, 必固與之 (장욕탈지, 필고여지)
是謂微明, 柔弱勝剛强 (시위미명, 유약승강강)
魚不可脫於淵, 國之利器[1]不可以示人 (어불가탈어연, 국지이기불가이시인)

歙(흡) 움츠리다 | 固(고) 한결같이, 처음부터, 본디 | 微(미) 적다, 숨다, 은밀하다 | 剛(강) 굳세다 | 示(시) 보이다

해설

이 장에서 노자의 모습을 권모술수를 구사하는 책사의 모습이라고 비판하는 견해도 있다. 먼저 상대에게 줄 것을 주어 방심시킨 다음에 일거에 이를 공격하여 약화시키거나 상대를 파멸시키는 고도의 책략이라는 것이다.

그런 견해가 반드시 잘못된 것이라고는 할 수는 없겠지만, 처음에 벌려진 것은 장차 움츠러들게 되고, 처음에 강한 것은 나중에 약하게 되고, 처음에는 흥성하다가 나중에는 미미해지거나 심지어는 망해서 없어져 버리는 것은 하나의 진리이며 노자의 책략이라는 것도 이러한 진리에 그 바탕을 두고 있다고 말할 수 있는 것이다.

『도덕경』은 전국 시대라는 가혹한 시련의 시기를 배경으로 탄생한 저작이다. 힘없는 백성들에게 닥쳐온 엄하고 혹독한 현실에서 하루빨리 백성들에게 편히 사는 길을 열어 주려면 위정자가 가급적 전쟁을 피하되 불가피한 전쟁이라면 빨리 이겨서 백성들을 덜 고통스럽게 해야 한다. 그런 다음에 위정자가 영원한 도를 깨닫고 탐욕스러운 작위로 백성들을 함부로 동원하지 않고, 사치스러운 향락을 멀리하여 가급적 백성들의 삶이 조속

---

1 이기(利器)는 상벌(한비자), 권력(하상공) 등으로 보고 있으며, 왕필은 이기(利器)를 사람들에게 보이는 것은 국가 권력을 형벌에 맡기는 행위라고 함. 어떤 해석이든 부자연스럽다고 생각됨.

히 평안해지도록 노력하라는 것이 노자의 본의(本意)인 것이다.

그렇더라도 이런 책략들은 도의 큰길은 아니므로 노자는 이를 '숨어 있는 밝음(微明)'이라 하고 있다. 즉, 이러한 책략은 제33장 지인자(知人者)에서 말하듯이 자신을 알아 보름달같이 산과 들을 한꺼번에 환하게 밝히는 그러한 밝음(明)은 아닌 것이다.

노자는 비록 나라가 지금은 힘이 없더라도 위정자가 도를 깨달아 무리하고 지나친 일을 하지 않고 이웃 나라에 강함과 흥성함을 자랑치 않으며 유유히 내실을 다지는 무위자연 상태가 되었을 때 그 나라는 오래가는 힘을 가진다고 한다.

그러나 노자 이후의 역사를 통틀어 보면 유감스럽게도 약한 나라가 강한 나라를 이기는 경우는 많지 않았다. 다만, 긴 시간을 두고 보면 민족의 고유문화를 잘 지켜낸 나라가 무력만을 앞세운 나라에 비해 오래 존속하기는 했다.

'나라의 이로운 기물(國之利器, 국지이기)'은 대체로 국가의 형벌권을 말한다고 하는 것이 왕필 이래의 통설이다. 그러나 이기(利器)를 형벌권으로 보는 것은 좀 이상하다고 생각된다. 이 장의 어떤 부분에서도 국가 권력에 대해서는 말하지 않는데 여기서만 느닷없이 이기(利器)를 국가의 형벌권이라고 하는 것은 전체의 문맥으로 볼 때 부자연스럽다.

나는 이기(利器)란 노자가 이 장의 앞부분에서 말하는 '나라의 진정한 계획이나 의도'를 말한 게 아닌가 한다. 즉 상대편 국가를 '장차 움츠러들게 하고, 장차 약하게 하고, 장차 없애 버리려 하고, 장차 **빼앗**으려 하는' 의도 그 자체를 '이기(利器)'로 표현한 것이 아닐까? 말하자면 '나라가 장차 하려고 하는 진정한 의도' 그것을 바로 '나라의 이로운 기물(國之利器, 국지이기)'로 보고 싶다.

이렇게 볼 때 나라의 진정한 의도는 남에게 보여서는 안 된다는 말 자체도 자연스럽거니와 국가의 형벌권을 남에게 보여서는 안 된다는 다소 황당한 말이 문장 끝에 느닷없이 나타나는 무리함도 없앨 수 있다. 그리고 문장 전체와 바로 앞의 '물고기가 연못을 벗어나서는 안 되듯이'라는 문장과도 어울려 자연스럽다.

제37장. 도상무위 (道常無爲)

도는 항상 무위이지만, 하지 못하는 바가 없으니

제후와 왕이 이것을 지킨다면 만물은 스스로 변화할 것이다.

그러한 변화를 작위로 만들려 한다면,

내가 이름 없는 순박함으로 그것을 누를 것이다.

이름 없는 순박함으로 장차 욕심을 없앨 것이며

욕심 없는 고요함으로 천하가 스스로 평안해질 것이다.

道常無爲而無不爲 (도상무위이무불위)

候王若能守之, 萬物將自化 (후왕약능수지, 만물장자화)

化而欲作, 吾將鎭之以無名之樸 (화이욕작, 오장진지이무명지박)

無名之樸[1], 夫亦將無欲 (무명지박, 부역장무욕)

不欲以靜, 天下將自定 (부욕이정, 천하장자정)

---

1 무명지박(無名之樸) : 이름 없는 순박함. 하상공은 이를 도(道)라 한다. 제32장. 도상무명(道常無名)에도 '도상무명, 박수소(道常無名, 樸雖小)'라 하니 無名之樸은 도의 주요 특성의 한 면을 다른 말로 표현한 것으로 보인다.

自化(자화) 스스로 변하다 | 作(작) 일어나다, 일으키다 | 夫(부) 지아비, 발어사로 무릇~ | 將(장) 장차, 장래에 | 定(정) 정하다, 정해지다

해설

정치는 모름지기 무리하지 말고 자연스럽게 되도록 해야 한다. 그렇게 해도 지나 보면 이루었으면 하는 결과는 다 이루어진다. 위정자가 도를 지키고 다스린다면 백성들은 스스로 순화될 것이다. 오히려 위정자가 제 맘대로 목표를 정하고 그에 맞춰 인력과 자원을 총동원하는 한편, 반대하는 사람들을 혹독하게 탄압한 결과가 더 시원찮은 경우가 많다.

북한은 나라와 백성을 부강하게 한답시고 천리마 운동이니 새벽 별 보기 운동, 자력갱생이니 하면서 주민들을 괴롭히고 몰아세웠지만 오늘날 북한은 아직도 여전히 식량 자급자족도 하지 못하는 국가 기아 상태에 처해 있다. 국민 소득도 아프리카 등지의 세계 최빈국들과 어깨를 나란히 하고 도로, 철도, 항만, 전력 등 국가 기간 시설의 낙후도 세계 최하위 수준에 머물러 있다.

대체로 쿠데타나 폭력으로 권력을 잡은 위정자는 속성(速成)의 열망에 사로잡혀 뭔가에 쫓기듯이 급하게 경제 성장을 도모하거나 국민들을 가혹하게 탄압하는 상식 이하의 폭정을 일삼다가 이도 저도 안 되면 이웃 나라를 침략하는 대외 전쟁도 일으켜 본다. 그러나 그 결과는 대부분 실패로 끝나서 그러잖아도 정당성이 없어 취약한 권력 기반은 더욱 취약해지고 심지어는 경제 상황이 무능하고 부패했던 이전의 위정자보다도 못해 나라와

백성을 점점 더 궁지로 몰아넣는 경우도 드물지 않다.

실제로 2019년 현재 북한 일반민중의 생활 여건은 일제 강점기보다도 못하다는 것이 대체적인 평가다. 북한의 위정자들은 이러한 평가에 대해 분개하거나 아니라고 변명할 것이 아니라 오히려 부끄럽게 생각하고 지금이라도 지난 정치 행정 방식을 진지하게 반성해서 원인이 뭔가를 확실히 알아보고 고칠 것은 고쳐 나가야 할 것이다.

위정자가 도를 지키면 만사가 도에 따라 자연스럽게 이루어지고 당연히 백성들도 저절로 도에 따라 순화된다. 만약에 그러한 변화를 조급하게 작위로 하려는 마음이 들더라도 '이름 없는 소박함' 즉 도로써 그 마음을 눌러야 한다.

무위 사상의 핵심은 무위이치(無爲而治)이다. 즉 무위로써 다스린다는 것이다. 무위이치는 다스리지 않는 것이 아니라 자연의 본성에 어긋나지 않게 욕심 없이 다스리는 것이요, 우주 만물을 비롯한 모든 사물의 고유한 법칙에 맞게 다스리는 것이다. 그렇게 되면 천하는 스스로 평안해질 것이다.

따라서 국가가 백성들의 일상생활에 간섭하지 않고 백성들이 자유롭게 그들 자신의 삶을 발전시키도록 함으로써 백성들이 더욱 안정되고 풍요로운 생활을 누리게 하는 것이 무위 정치의 이상이다. 이러한 노자의 무위 정치 사상은 사실상 오늘날 자본주의에 기반한 자유 민주주의 사상과 흡사하다.

제38장. 상덕 (上德)

높은 덕은 덕이라 하지 않으니 덕이 있고

낮은 덕은 덕을 잃지 않으려 하니 덕이 없어진다.

높은 덕은 하고자 함이 없이 무위로 임하지만

낮은 덕은 하고자 함을 갖고 그에 따른 행위를 한다.

높은 인(仁)은 하고자 함이 없이 행위를 하지만

높은 의(義)는 하고자 함을 갖고 그에 따른 행위를 하는 것이다.

높은 예(禮)는 하고자 하여 듣지 않을 때는

팔을 붙잡고 끌어당기는 것이다.

따라서 도가 사라지면 덕이, 덕이 사라지면 인이,

인이 사라지면 의가, 의가 사라지면 예가 생겨난다.

무릇 이 예라는 것은 진실함과 믿음이 희박한 것으로서

혼란의 원인이 되며

예를 잘 안다는 것은 도를 겉치레로 알 뿐으로 어리석음의 시작이 된다.

그래서 대장부는 두터움을 취하지 얕음을 취하지 않으며

실질을 취하되 겉치레를 취하지 않는다.

그러므로 뒤의 것을 버리고 앞의 것을 취한다.

上德不德, 是以有德 (상덕하덕, 시이유덕)

下德不失德, 是以無德 (하덕부실덕, 시이무덕)

上德, 無爲而無以爲 (상덕, 무위이무이위)

下德, 爲之而有以爲 (하덕, 위지이유이위)

上仁, 爲之而無以爲 (상인, 위지이무이위)

上義, 爲之而有以爲 (상의, 위지이유이위)

上禮, 爲之而莫之應, 則攘臂而扔之 (상례, 위지이막지응, 즉양비이잉지)

故失道而後德, 失德而後仁 (고실도이후덕, 실덕이후인)

失仁而後義, 失義而後禮 (실인이후의, 실의이후례)

夫禮者, 忠信之薄, 而亂之首 (부례자, 충신지박, 이란지수)

前識者, 道之華 而愚之始 (전식자, 도지화 이우지시)

是以 大丈夫處其厚, 不居其薄 (시이 대장부처기후, 부거기박)

處其實, 不居其華, 故去彼取此 (처기실, 부거기화, 고거피취차)

無以爲(무이위) 위함이 없다. 즉, 의도가 없다. | 有以爲(유이위) 위함이 있다. 즉, 의도가 있다. 의도적인 | 莫(막) 없다, 불가하다 | 攘(양) 물리치다, 가로채다 | 臂(비) 팔 | 扔(잉) 끌어당기다 | 夫(부) 무릇, 발어사로 뜻이 없음 | 識(식) 알다 | 前識者(전식자) 선견지명을 가진 사람, 본서에서는 '미리 안다'(前識)는 것은 잘 안다는 뜻으로 본다. 자(者)도 꼭 사람으로 볼 필요는 없고 ~라는 것으로 해석 | 華(화) 화려하다, 꽃. 여기서는 실질이 없는 겉치레라는 뜻 | 去彼取此(거피취차) 저것을 버리고 이것을 취한다.

해설

『도덕경』은 편의상 제1장부터 37장까지를 도경(道經)이라 하고 제38장부터 제81장까지를 덕경(德經)이라 한다. 도경과 덕경을 개괄적으로 보면 도경은 주로 도와 도의 원리를 강조하고 덕경은 도의 실천적 측면 즉, 덕을 강조한다고 하지만 장에 따라서는 이러한 구분이 어려울 때도 많다.

어쨌든 덕경이 시작되는 이 장은 덕경이라는 이름에 걸맞게 덕을 상덕과 하덕을 나누고 하덕 밑으로 인, 의, 예를 순차적으로 설명하고 있다. 특히 유가가 주요한 미덕으로 숭상하는 인, 의, 예를 비판적으로 기술하고 있어 이 장은 아마도 유가가 공자 이후 맹자, 순자 등의 걸출한 인물의 배출로 사상계에 세력을 얻은 후인 전국 시대 후기의 저작물로 추정된다. 따라서 곽점초묘 죽간본에는 이 장이 없다.

덕은 도의 작용이며 그 발현이다. 도는 원래 지고지순(至高至純)의 상태이나 사람을 통하여 밖으로 구현되는 덕은 상하의 구분이 생길 수 있다. 상덕은 하고자 함이 없더라도 도가 이미 내면화되어 있으므로 덕이 도에 따라 자연스럽게 발현되는 상태이다. 하덕은 덕이 내면화되지 않은 상태에서 덕스럽고자 하거나 덕을 잃지 않으려고 노력하므로 덕스럽지 못한 상태가 된다. 유가의 인, 의, 예는 대체로 이러한 하덕에서 생긴다고 한다.

상등의 인(仁)은 비록 행위는 있지만 고의로 하지 않는 것이고 상등의 의(義)는 고의를 갖고 그에 따른 행위를 하는 것이고, 예는 비록 상등의 예라 하더라도 강제적이어서 사람들이 그 말을 듣지 않을 때는 강제로 팔을 끌어당겨 자신의 의도대로 행하게 하는 것이다.

그러므로 예는 사람에 대한 믿음이 부족하면 나타나는 병리적인 현상으로서 이 예마저 효력이 없어지면 물리적인 강제 행위인 형벌로써 사람을 구금하거나 신체를 훼손하기도 하고 심지어 생명마저 빼앗는 데까지 이르게 된다. 그러므로 노자는 이 예를 행한다는 것은 이미 사람 사이에 진실됨과 믿음이 희박해졌다는 반증이 되고 예를 잘 안다는 것은 도와는 무관한 도의 껍데기를 아는 것으로 폄하한다.

이 장에서 특히 예를 심하게 평가절하하는 것은 아마도 예의를 통해 사회 질서를 확립하고 예로써 통치되는 예치국가(禮治國家)를 이상적이라고 주장하던 순자(荀子) 계열의 유가를 특히 염두에 두고 공격하고 있는 것이 아닌가 한다.

어쨌든 노자는 도가 일상적으로 보편화되어 구현되는 세상이라면 도가 언제 어디서나 작용하여 발현될 것이므로 도의 작용인 덕을 굳이 이야기할 필요가 없을 것이다. 그러므로 성인은 통나무같이 두터운 도를 가지려 하지 의나 예 같은 얕은 겉치레의 미덕을 가지려 하지 않는다. 겉치레냐 실질이냐를 구분하는 기준은 결국 사람을 얼마나 배려하느냐에 달려 있다. 실제로 사람을 위하지 않는 미덕은 아무리 보기에 그럴듯해도 겉치레이며 가짜다.

사람 사는 세상에서 사람만큼 중요하고 더 우선시되어야 할 가치는 없다. 역사적으로 사람을 무시한 어떠한 정책도 계획도 궁극적으로 성공한 예가 없었고 앞으로도 없을 것이다. 사람이 꽃보다 아름답다.

제39장. 석지득 (昔之得)

옛날에 하나를 얻은 것들이 있다.

하늘은 하나를 얻어 맑게 되었고, 땅은 하나를 얻어 안정되었다.

신은 하나를 얻어 신령스럽게 되었고, 골짜기는 하나를 얻어 채워졌다.

만물은 하나를 얻어 생명을 갖고 왕은 하나를 얻어 세상의 중심이 되었다.

그들이 그 위치에 이르게 한 것은 하나이다.

하늘에 맑음이 없다면 쪼개져 버릴 것이다.

땅에 안정됨이 없다면 무너져 버릴 것이다.

신이 영험함이 없다면 신은 없어질 것이다.

골짜기에 물이 채워지지 않으면 말라 버릴 것이다.

만물에 생명이 없다면 사라져 버릴 것이다.

왕이 올바르고 곧지 않다면 쫓겨날 것이다.

그러므로 천함은 귀함의 근본이 되고,

낮음은 높음의 밑바탕이 되어야 한다.

왕이 스스로를 외로운 이, 모자라는 이, 좋지 않은 이로 부르는데 이것은 왕이 천함을 그 밑바탕으로 하고자 함이 아닌가? 그렇지 않은가?

그러므로 지나치게 지극한 명예는 명예가 아니니,

귀하디귀한 옥이 되기보다는

흔하디흔한 조약돌이 되기를 바라라.

昔之得一者 (석지득일자)

天得一以淸, 地得一以寧 (천득일이청, 지득일이녕)

神得一以靈, 谷得一以盈 (신득일이령, 곡득일이영)

萬物得一以生, 候王得一以爲天下正 (만물득일이생, 후왕득일이위천하정)

其致之一也, (기치지일야)

天無以淸 將恐裂 (천무이청 장공렬)

地無以寧 將恐廢 (지무이녕 장공폐)

神無以靈 將恐歇 (신무이령 장공헐)

谷無以盈 將恐竭 (곡무이영 장공갈)

萬物無以生 將恐滅 (만물무이생 장공멸)

候王無以貞 將恐蹶 (후왕무이정 장공궐)

故貴以賤爲本, 高以下爲基 (고귀이천위본, 고이하위기)

是以候王自謂 孤寡不穀 (시이후왕자위 고과불곡)

此其以賤爲本耶? 非乎?[1] (차기이천위본야? 비호?)

故至譽無譽[2] 不欲琭琭如玉, 珞珞如石 (고지예무예 불욕녹록여옥, 역력여석)

> 昔(석) 옛날 | 寧(녕) 편안하다 | 靈(령) 신령하다 | 正(정) 바르다. 여기서는 으뜸의 자리 | 將(장) 장차, 막 ~하려 하다 恐(공) 두려워하다. 아마도 | 裂(열) 찢어지다 | 歇(헐) 없다, 다하다 | 竭(갈) 물이 마르다 | 貞(정) 곧다, 충실하고 올바르다 | 蹶(궐) 엎어지다, 없어지다 | 孤(고) 외롭다 | 寡(과) 적다 | 不穀(불곡) 곡(穀)은 착하다, 좋다는 뜻 따라서, 불곡(不穀)은 좋지 않다는 뜻 | 譽(예) 기리다, 칭찬하다 | 琭琭(녹록) 옥이 구르는 모양 | 珞珞(역력) 조약돌이 구르는 모양. 구슬 락(珞)이 아니라 조약돌 역(珞)으로 해야됨.

해설

이 장에서 '하나'는 사물이나 현상을 주도하는 핵심적인 요소를 뜻한다. 하늘과 땅의 '하나'는 가벼운 것은 올라가고 무거운 것은 가라앉는다는 이치이며 신령의 '하나'는 영험함과 공정함이어야 할 것이며 골짜기는 비어 있어 장차 뭔가 채울 공간을 가지는 것이 '하나'가 될 것이다. 그리고, 후왕의 '하나'는 백성들이 원하는 바를 이루게 할 수 있는 무위지치(無爲之治)의 덕목 등이 될 것이다.

중국에서 '하나(一)'라는 용어가 중요한 개념으로 부상한 것은 전국 시대에 들어서부터이다. 주(周) 왕실이 그나마 권위를 가지고 있었던 춘추 시대에는 천하가 '하나(一)'로 통일된다는 따위의 개념이 나올 수가 없었

---

1 차기이천위본야? 비호?(此其以賤爲本耶? 非乎?) : 왕필본은 차비이천위본야?(此非以賤爲本邪? 非乎?)로 비(非)가 두 번 들어가서 뜻이 모호해질 우려가 있다. 이 부분은 하상공본을 따른다.

2 지예무예(至譽無譽) : 이 부분은 백서에는 '致數譽無譽', 왕필본은 '致數輿無輿', 하상공본은 '致數車無車'로 각기 다르다. 대체로 수레 輿나 車는 譽를 잘못 옮긴 글자라 하니, 본서에서는 당초 이 부분이 장자 외편, 18. 至樂에서 '지극한 즐거움은 즐거움이 아니며 지극한 명예도 명예가 아니다(至樂無樂, 至譽無譽)'에서와 같이 '지예무예(至譽無譽)가 옳다'는 고연제(高延第)의 설에 따라 지예무예(至譽無譽)로 한다.

다. 주 왕실의 권위가 무너지고 실력이 모든 것을 결정하는 전국 시대에 들면서 전국 7웅 등 주요 국이 천하를 어떻게 통일할 것인가가 관심사가 되면서부터 '하나(一)'라는 개념이 부상하게 된다.

이 장에서 노자는 하나(一)를 얻어서 자신의 지위를 차지하고 그 하나(一)를 잃어서 그 지위를 잃게 되는 대상으로 하늘, 땅, 골짜기, 신령과 만물을 든 후에 후왕을 열거하고 있다. 생각건대 하늘, 땅 등 앞에 나열된 것들은 사실상 의지를 가지는 존재가 아니므로 하나를 얻고자 하는 의지를 가질 수 있는 대상은 후왕 하나뿐이며 노자가 이 장에서 하나 즉, 도를 가져야 한다고 말하고 싶은 대상 역시 후왕이라고 봐야 한다.

노자는 다시 이 후왕에게 "천함은 귀함의 근본이 되고, 낮음은 높음의 밑바탕이 되어야 한다."라고 경고하고 "왕이 스스로를 외로운 이, 모자라는 이, 좋지 않은 이로 부르는데 이것은 왕이 천함을 그 밑바탕으로 삼고자 함이 아닌가? 그렇지 않은가?"라고 묻는다.

도대체 노자는 왜 이러한 질문을 후왕에게 던지는가? 이 질문은 전국 시대라는 시대 상황을 도외시하고는 풀기 어려운 의문일 것이다. 굶주리고 언제 닥칠지 모르는 죽음의 공포에 지친 군대가 들판 한가운데에 있던 평화로운 마을에 들이닥친다.

저항하는 남정네들은 모두 죽여 버리고 젊은 아낙네는 눈에 띄는 대로 범하고 먹을 수 있는 곡식이나 소, 돼지, 닭 등 가축이란 가축은 모조리 수레에 담아 싣고 떠나면서 보이는 집마다 불화살을 쏘아 불을 지른다. 살아남은 자들은 서로 부둥켜안고 불타는 마을을 보면서 하늘과 땅을 원망하며 울부짖었으리라.

노자는 아마도 권력을 쥔 자들의 헛욕심에 무고하게 희생되던 백성들의 고통과 한숨을 생각하면서 이 글을 썼을 것이라고 나는 생각한다. 노자는 후왕들에게 '백성들이 없다면 너희들은 어디 가서 존귀함을 뽐낼 것이며, 백성들이 없다면 너희들이 어디에서 먹고 마실 것을 구할 것이냐?'라고 경고한다.

그러고는 다시 후왕에게 '지극한 명예는 오히려 명예가 아니니, 귀하디귀한 옥이 되기보다는 흔하디흔한 조약돌이 되기를 바라라.'라고 가르친다. 이 장에서 노자는 천하 통일이 목전에 와 있음을 직시하고 장차 천하를 통일할 후왕에게 천자를 뒷받침하는 뿌리인 백성들을 존중할 것이며 스스로 옥이 아니라 돌처럼 겸허하게 다스림에 임하라고 주문하고 있는 것이다.

『도덕경』을 흔히들 제왕학이라고 한다. 그러나 필자는 제왕이 될 사람이 읽어야 할 덕목, 방법 등을 기술한 책이라는 의미로『도덕경』을 그렇게 부른다면 그것은 독자들에게 노자의 의도를 약간 잘못 이해시킬 우려가 있다고 본다.『도덕경』은 오히려 백성들을 위해서 제왕의 무분별한 권력이나 힘을 일정 수준 이하로 억제하고자 하는 '백성들의 권익 보장을 위한 제왕학'인 것이다.

그것도 제왕학이라 부를 수 있다면, 그런 의미의 제왕학은 맞다.

제40장. 반자 (反者)

근본으로 돌아가는 것이 도의 움직임이고

약한 것이 도의 쓰임이다.

천하의 모든 것은 유에 의해 생겨났고 유는 무로부터 생겨났다.

反者, 道之動 (반자, 도지동)

弱者, 道之用 (약자, 도지용)

天下萬物生於有, 有生於無 (천하만물생어유, 유생어무)

反(반) 되돌리다 | 者(자) 것. 보통은 사람을 뜻하나 여기서는 ~것을 뜻함

해설

극에 달하면 처음으로 되돌아가는 것이 도의 움직임이다. 나무가 봄에 싹이 움터서 여름에는 그 극에 이르러 잎이 무성하다가 가을이 되면 하나 하나 떨어지고, 겨울에는 원래의 잎이 없었던 모양으로 되돌아간다. 달도 보름달이 지나면 반달이 되고 그믐달을 거쳐 마침내는 없어졌다가 다시 초승달, 반달, 보름달로 돌아가는데 이 역시 도의 움직임을 닮아 있다.

그리고 봄날의 새싹이나 달이 초승달 모양으로 있을 때는 존재감도 없

이 약해 보이나 그 내면은 생명력과 가능성으로 넘쳐난다. 그렇게 유약한 모습을 갖지만 어떤 강한 것도 이겨 내는 것이 도의 쓰임이라고 노자는 강조한다. 권력자가 힘이 있다고 그 힘을 과신하여 약한 사람들을 함부로 괴롭혀서는 안 된다. 중국 역사상 강대한 통일 정권이 무너지는 대란은 대부분 약해 빠진 백성들의 어설픈 항의가 그 시작이었다.

노자는 '천하의 모든 것은 유에 의해 생겨났고(有), 유는 무에서 생겨났다.'라고 한다. 만물은 제1장 도가도(道可道)에서 '이름이 있을 때 만물이 생겨났다(有名, 萬物之母, 유명, 만물지모)'에서 보듯이 이름이 생겼을 때 생겨났지만 이 장에서 '그 유(有)는 무(無)에서 생겨났다(有生於無, 유생어무)'에서 무(無)가 무엇인가에 대해서는 설이 나누어진다.

무(無)란 유와 무가 통합된 상태 혹은 유무를 초월한 상태라는 설도 있지만 노자의 당초 의도는 어찌 됐든 여기서의 무는 도와 같은 의미로 사용되었다고 본다. 만물이 유로부터 생겨나고 그 유 자체가 생겨난 것이 도가 아니라면 과연 무엇일까? 적어도 『도덕경』에서는 '도'라고밖에 말할 수 없을 것이다.

제41장. 상사문도 (上士聞道)

수준이 높은 사람이 도를 들으면 성실히 행하고,
중간 정도의 사람이 도를 들으면 긴가민가하며,
수준이 낮은 사람이 도를 들으면 큰 소리로 웃는데
이런 사람이 웃지 않으면 도라고 하기에는 부족하다.

건언이란 옛글에 이르기를
참으로 밝은 길은 흐려 보이고, 나아가는 것은 물러서는 것처럼 보이며,
참으로 평평한 길은 울퉁불퉁해 보이고,
높은 덕은 골짜기처럼 낮아 보인다.

크게 흰 것은 검게 물들어 보이며, 큰 덕은 부족한 것처럼 보이고,
건실한 덕은 오히려 구차해 보이고, 진실한 것은 변질된 것처럼 보인다.
큰 각은 모서리가 없고, 큰 그릇은 늦게 만들어지며,
큰 소리는 듣기 어렵고, 큰 모양은 아무런 형태가 없다.

도는 이름을 드러내지는 않지만, 오직 도만이 잘 베풀고 또 잘 이룬다.

上士聞道, 勤而行之 (상사문도, 근이행지)

中士聞道 若存若亡 (중사문도 약존약망)

下士聞道, 大笑之 不笑不足以爲道 (하사문도, 대소지, 불소부족이위도)

故建言有之, 明道若昧, 進道若退 (고건언유지, 명도약매, 진도약퇴)

夷道若纇, 上德若谷, 大白若辱 (이도약뢰, 상덕약곡, 대백약욕)

廣德若不足, 建德若偸, 質眞若渝 (광덕약부족, 건덕약투, 질진약유)

大方無隅, 大器晚成, 大音希聲, 大象無形 (대방무우, 대기만성, 대음희성, 대상무형)

道隱無名, 夫唯道善貸且成 (도은무명, 부유도선대차성)

若(약) 같다 | 昧(매) 어두컴컴하다 | 退(퇴) 물러나다 | 夷(이) 평평하다, 오랑캐 | 纇(뢰) 실마디, 여기서는 울퉁불퉁하다는 뜻 | 偸(투) 훔치다, 구차하다 | 渝(유) 달라지다 | 辱(욕) 치욕, 검게 물들다 | 方(방) 각, 사방 | 隅(우) 모퉁이, 모서리 | 希(희) 드물다 | 象(상) 모양 | 貸(대) 빌리다, 베풀다 | 且(차) 또

해설

　노자는 지성과 감성이 잘 조화된 수준 높은 사람이 도를 들으면 이를 '성실히 행하려' 하고, 보통 사람은 '긴가민가' 의심하며, 감성적인 하류의 사람은 '크게 비웃는데 이런 사람이 비웃지 않으면 도라고 하기에 부족하다.' 하여 도를 모든 사람이 다 이해할 수는 없다고 한다.

　도는 형이상학적인 존재이므로 우리의 오감으로는 확인할 수 없는 존재이다. 도뿐만 아니라 사람의 시야를 벗어날 정도로 큰 사각형이나 그릇, 형상 등에 대하여도 눈으로 보기 어려워 확인할 수 없고 또한, 우리의 청각의 범위를 벗어나는 큰 데시벨이나 작은 데시벨의 소리도 우리 귀로는

들을 수 없다.

눈으로 볼 수 없을 만치 밝은 것은 오히려 어둡게 보이고 앞으로 나아가는 것은 뒤로 물러나는 듯하고 아주 평탄한 것은 오히려 울퉁불퉁하게 보일 수도 있다는 것이다. 공자도 도를 이야기하지만 공자의 도는 대체로 사람 자체나 사람 간의 관계, 나아가서는 사람을 중심으로 한 문물 제도의 정립을 주제로 하지만 노자의 도는 사람을 넘어서서 천지 만물을 대상으로 하므로 보다 범위가 크다.

그러나 천지 만물도 도의 대상으로 한다고 하여 마치 노자가 실생활과 동떨어진 허황된 얘기를 한다고 할 수는 없다. 전국 시대라는 난세에 직면하여 노자는 힘없는 백성들의 편에 서서 천지 만물이 스스로 움직이는 원리인 도를 가지고 위정자를 직접 설득하여 백성들의 기본적인 재산, 생명권을 보호하려 했다는 점에 있어서는 오히려 노자 쪽이 보다 직설적이다.

그러한 도가가 후세에 나비의 꿈이나 구만리를 나르는 붕새 이야기나 하면서 출사를 거절하고 숲속에서 세상을 비웃으며 은둔하는 지식인의 모습으로 비친 것은 후세의 장자류의 영향이 크다. 흔히 도가를 노장이라 하여 노자와 장자를 병칭하지만 공자에 대한 맹자처럼 장자가 노자 사상을 발전시켰다고 보기는 어렵다. 장자가 시대적으로 노자보다 앞섰다는 주장도 있지만 어쨌든 노자는 당대 정치를 보는 문제의식에서 장자와는 확연히 다른 생각을 가지고 있었다.

'도를 가지고 위정자를 설득하여 백성들의 재산, 생명을 보호'하려 했던 노자와는 달리, 장자는 무(無)의 사상을 가능한 모든 영역에 확대 적용하려 하였다. 그 결과 아무런 기대함이 없이 멋대로 행동한다(無待), 아무런 욕심이나 욕정이 없다(無情), 쓸모없는 나무가 천수를 누리듯이 오직 쓸모없음을 최선의 쓸모로 한다(無用), 알아도 말하지 않고 몰라도 묻지 않는다(無言) 등 극도의 소극적, 은둔적 처세론을 주장하게 된다.

또한, 장자는 '혼돈에게 일곱 구멍을 뚫자 혼돈이 죽었다'(장자 내편 7. 응제왕)라든가 세월은 소년(小年)과 대년(大年)으로 구분되는데 소년은 통상 우리가 접하는 1년이 365일이 되는 세상이고 대년은 하루가 보통의 천 년보다 길고 1년이 수억 년이 된다는데 공자는 그러한 대년의 세계에 대해서는 무지한 소인이라고 하는 등 무의미하고도 사실상 언어유희에 가까운 말들을 하고 있었다. 요컨대 장자는 지식층에게 백성들을 돌보는 일 따위는 부질없는 일이니 얼른 그만두고 하루속히 속세를 떠나서 일신의 안위만을 도모하라는 권유를 일관되게 하고 있었던 것이다.

이러한 장자의 사상은 위진남북조라는 불안한 시대를 맞아 신변의 위험을 느낀 지식층에 크게 어필하여 노장 사상이 위진남북조의 초기에 압도적으로 유행하여 죽림칠현 등 당대 일류의 유명 인사들이 허무주의를 고창하거나 세상사에 대해 냉소주의로 일관하여 지식층이 마땅히 행해야 할 사회적 역할을 외면하였다는 비판을 받았다.

노자도 이 장에서처럼 '큰 각은 모서리가 없고, 큰 그릇은 늦게 만들어지며, 큰 소리는 듣기 어렵고, 큰 모양은 형태가 없다.' 같이 일견 기발하거나 사실과 반대된다고 생각되는 말을 하지만 이것들은 어디까지나 우리에게 우리가 통상 생각하는 진실에는 정반대되는 다른 시각도 있음을 깨우쳐 주려는 의도가 있어 장자의 야유에 가까운 비현실적이고 무의미한 언어유희와는 격도 다르고 의미도 다르다.

제42장. 도생일 (道生一)

도는 일을 낳고 이는 삼을 낳고 삼은 만물을 낳는다.

만물은 음(陰)을 등에 지고 양(陽)을 끌어안으며

그 융합된 기운으로 조화를 이룬다.

사람들이 되기 싫어하는

외로운 이, 부족한 이, 좋지 않은 이 같은 명칭으로

왕은 자신을 지칭한다.

그러므로 어떤 것은 손해를 보는 것 같아도 이익이 되고

또 어떤 것은 이익이 되는 것 같아도 손해가 되는 수도 있다.

사람들이 그렇게 가르치는 것을 나 역시 그렇다고 가르친다.

강포한 사람은 제명에 죽지 못하니, 나는 이를 가르침의 근간으로 하리라.

道生一, 一生二, 二生三, 三生萬物 (도생일, 일생이, 이생삼, 삼생만물)

萬物負陰而抱陽, 沖氣以爲和 (만물부음이포양, 충기이위화)

人之所惡, 唯孤寡不穀, 而王公以爲稱 (인지소오, 유고과불곡, 이왕공이위칭)

故物或損之而益, 或益之而損 (고물혹손지이익, 혹익지이손)

人之所敎, 我亦敎之 (인지소교, 아역교지)

強梁者不得其死[1], 吾將以爲敎父[2] (강량자부득기사, 오장이위교부)

> 負(부) 등에 짐을 지다 | 抱(포) 품에 안다 | 沖(충) 텅 비다, 가운데, 여기서는 음양의 융합과 조화를 의미 | 惡(오) 싫어하다, 악하다는 '악'으로 읽음 | 孤寡不穀(고과불곡) 고독한 이, 부족한 이, 좋지 않은 이 등으로 왕이 자신을 비하하여 칭함 | 不穀(불곡) 좋지 않다 | 稱(칭) 일컫다 | 損(손) 줄다, 손해를 보다 | 梁(양) 다리, 대들보 | 强梁者(강양자) 강폭한 사람, 억센 사람 | 將(장) 장차 ~하려고 한다 | 敎父(교부) 가르침의 근본

해설

도는 우주 자연과 만물에 실재하는 근본 원리이자 근원적인 핵심 요소다. 도가 구분되지 않는 처음 모습을 一이라 한다. 一은 만물의 근본이며 끊임없이 움직이면서, 플러스(+)적인 양(陽) 작용과 마이너스(-)적인 음(陰) 작용을 반복하는데 이것이 二이다. 음양은 우주 자연과 인간 사회 속에서 서로 대립되는 세력들이라고 생각할 수 있다. 즉 낮과 밤, 남과 여, 달과 해, 불과 물 같은 것들이다.

이러한 二, 즉 음과 양이 조화를 이루어 새로운 조화(和)의 상태인 三을 만들어 낸다. 三의 조화 상태에서 비로소 우주 만물이 생성된다. 결국, 도가 하나(一)에서 음양(二)의 조화(三)를 거쳐 자기 분화 과정을 통해 우주 만물이 생겨나지만, 우주 만물은 우주의 운행 속에서 잠시 흔적을 남기다가 다시 우주 자연으로 돌아간다. 이를 도의 작용인 반(反)이라 한다. 도는

---

1 不得其死 : 제때에 죽지 못한다. 즉 자기 수명대로 살지 못하고 비명횡사한다는 뜻.

2 교부(敎父) : 백서에는 학부(學父)로 되어 있다. 뜻은 차이가 없다.

그러한 우주 만물을 이루는 가장 근원적 실체인 기(氣)이자 우주 자연을 순환 운행하는 근본 원리라는 이중적 지위를 갖는다.

한 대(漢代)의 하상공(河上公)은 三에 대하여 음과 양이 화(和), 청(淸), 탁(濁)의 세 가지 기운을 생성하며 천·지·인(天·地·人)으로 나누어진 것이라 한다. 이 천·지·인 중 천(天)은 베풀고, 지(地)는 변화시키며 인(人)은 이를 기르니, 이로써 三이 만물을 생성한다고 설명한다. 그러나 천과 지는 몰라도 인(人)이 만물을 기른다는 것은 납득하기 어렵다.

만물 중에는 인간(人)과 무관한 것이 대부분이어서 하상공의 설은 三을 설명하기 위해 억지로 만든 가설이라고 생각된다. 생각건대, 노자가 말한 三은 화·청·탁이나 天·地·人같이 어떤 구체적인 세 개의 대상을 지적한 것이기보다는 우주 만물이 하나의 근원에서 출발하여, 음과 양의 상호 작용을 통한 화(和)로 끊임없는 자기 분화 과정을 거쳐 만물이 자생하여 번성하는 과정을 설명하기 위한 하나의 방편으로 이해하는 것이 옳을 것이다.

이렇게 숫자로 표현하는 세계관에 대해서는 지금의 우리가 굳이 긍정이라든가 부정으로 논쟁할 필요가 없다고 생각한다. 당시의 사람들이 그렇게 세상의 처음을 생각했다는 것일 뿐이며 그 생각들을 지금의 논리로 논쟁을 하는 것은 적절치 못하다.

沖氣以爲和(충기이위화)에서 충(沖)은 '비어 있음'이라고 보는 견해도 있지만 앞에는 음과 양이 있다고 하다가 갑자기 비어 있는 기운(沖氣)이라고 하는 것은 이치상 맞지 않는다. 그러므로 沖氣以爲和(충기이위화)는 음양이 서로 부딪쳐 융화가 된다고 해석하는 것이 타당하며 이 경우 충(沖)은 음과 양이라는 상반되는 기운이 서로 부딪쳐 융화하는 모양으로 보는 것이 자연스럽다.

그리고 노자는 다시 '사람들이 되기 싫어하는 외로운 이, 부족한 이, 좋지 않은 이 같은 명칭으로 왕은 자신을 지칭한다(人之所惡, 唯孤寡不穀, 而王公以爲稱, 인지소오, 유고과불곡, 이왕공이위칭).'라고 한다. 즉, 외롭고 부족하고 좋지 않은 이같이 세상에서 가장 어려움에 처한 사람을 부르는 말로 왕이 자신을 칭한다고 함으로써 최저와 최고의 지위, 다시 말해서 음과 양이 왕 자신에게서 융합하는 예를 보여 준다.

또한, '어떤 것은 손해를 보는 것 같아도 이익이 되고 또 어떤 것은 이익이 되는 것 같아도 손해가 되는 수도 있다(故物或損之而益, 或益之而損, 고물혹손지이익, 혹익지이손).'라고 함으로써 음과 양이 서로 교차하듯이 이익과 손해도 교차하니 너무 순간의 이익과 손해에 일희일비하지 말라고 함으로써 노자는 당시에 유행하던 이런 가르침들을 대체로 긍정하고 있다.

그리고 '강포한 사람은 제명에 죽지 못한다(强梁者不得其死, 강량자부득기사).'라는 말은 노자의 생각과 같은 말이므로 노자도 이를 가르침의 근간으로 하려 한다고 한다. 원래 이 말은 주나라의 금인명(金人銘)에 있었던 말이며 금인(金人)이란 주(周)나라를 처음 만든 후직(后稷)을 기리는 사당 오른쪽 계단 앞에 있었다는 쇠로 만든 사람이다. 금인명은 이 금인의 등에 새겨져 있다는 격언이다. 원문은 아래와 같다.

金人銘 – 周廟

戒之哉 無多言 無多事 多言多敗 多事多害 安樂必誡 無行所悔 勿謂何傷 其禍將長 勿謂何害 其禍將大 勿謂不聞 神將伺人 焰焰弗滅 炎炎若何 涓涓不壅 終爲江河 綿綿不絶 或成網羅 毫末不扎 將尋斧柯 誠能愼之福之根也 口是何 傷禍之門也 强梁者 不得其死 好勝者 必遇其敵 盜憎主人 民怨其上 君子 知天下之不可上也 故下之 知衆人之不可先也 故後之 江海 雖左長於百川 以其卑也 天道無親 常與善人 戒之哉 戒之哉

제43장. 천하지지 (天下之至)

세상에서 가장 부드러운 것이 가장 견고한 것을 뚫는다.

틈이 없는 곳에도 못 들어감이 없으니

나는 이로써 무위의 유익함을 알 수 있다.

말 없는 가르침과 무위의 유익함과 같은 것은 세상에서 드물다.

天下之至柔, 馳騁[1]天下之至堅 (천하지지유, 치빙천하지지견)

無有入無間, 吾是以[2]知無爲之有益 (무유입무간, 오시이지무위지유익)

不言之敎, 無爲之益, 天下希及之 (불언지교, 무위지익, 천하희급지)

> 至柔(지유) 가장 부드러운 것 | 至堅(지견) 가장 단단한 것 | 馳騁(치빙) 말달리다, 질주하다 | 希(희) 드물다 | 及(급) 미치다, 영향을 끼치다, 함께 하다. 여기서는 '같다'라는 뜻

1　馳騁(치빙) : 원뜻은 말달리다, 질주하다이지만 여기서는 '말달리는 기세로 뚫다'라는 뜻으로 볼 수도 있고 '마음대로 지배하다'라고 보는 견해도 있다. 그러나 뒤에 있는 無有入無間과의 문장의 일관성으로 보아서는 '말달리는 기세로 뚫다'로 보는 것이 보다 자연스럽다고 생각한다.

2　是以(시이) : 以是(이시)의 도치 형태.

해설

견고하고 강한 바위를 쪼개는 것은 바위 틈새로 스며드는 물이다. 빗물이 바위의 미세한 틈으로 들어가서 겨울이 되어 얼면 부피가 커져서 바위 틈을 조금 벌리고, 다음 해에는 좀 더 많은 빗물이 들어가서 조금 더 큰 틈을 만드는 과정을 반복하여 오랜 세월 뒤에는 마침내 큰 바위를 쪼개어 버리는 것이다. 이것이 '세상에서 가장 부드러운 것이 가장 견고한 것을 뚫는다.'는 것이다.

제78장 천하막유(天下莫柔)에서 '천하에 물보다 더 부드럽고 약한 것은 없으나 견고하고 강한 것을 공격하여 이기는 데 이보다 나은 것이 없다(天下莫柔弱於水, 而攻堅强者莫之能勝, 천하막유약어수, 이공견강자막지능승)'라는 것처럼 부드러움이 강한 것을 이긴다는 것은 노자의 일관된 생각이다.

물처럼 고정된 형체가 없는 액체는 틈이 없어도(無間) 어디든 뚫지 않는 것이 없기에(無有), 그것처럼 노자는 억지로 행하지 않는 것(無爲)이 부드럽기 때문에 유익하다는 것을 알 수 있다. '吾是以知無爲之有益(오시이지무위지유익)'에서 '이로써'의 뜻인 是以(시이)는 以是(이시)의 도치된 형태이다. 고전 한문에서는 이처럼 도치된 글이 많다.

말로 하는 가르침이 아니라 행동과 마음으로 보여 주는 가르침이 가장 알기 쉽고 따르기 쉬우며, 무위를 행함으로써 얻어지는 이익은 자연스럽고 오래 지속되므로 세상에서 이것보다 나은 것은 없다고 노자는 단언한다.

제44장. 명여신 (名與身)

명예와 몸 중 어느 것이 내게 더 가까운가?

몸과 재물은 어느 것이 소중한가?

얻는 것과 잃는 것은 어느 것이 더 아픈가?

따라서 지나치게 아낌은 반드시 크게 써 버리고

많이 가지면 반드시 많이 잃게 된다.

족함을 알면 욕스러움을 당하지 않고

그칠 줄 알면 위태롭지 않아 길고 오래 갈 수 있다.

名與身孰親? 身與貨孰多? (명여신숙친? 신여화숙다?)

得與亡孰病? (득여망숙병?)

是故甚愛[1]必大費 (시고심애필대비)

多藏必厚亡. (다장필후망)

知足不辱, 知止不殆, 可以長久 (지족불욕, 지지불태, 가이장구)

---

1 愛(애)는 보통 '사랑하다'라는 뜻이지만 『도덕경』에서는 주로 '아끼다, 절약하다'라는 뜻으로 사용된다.

> 與(여) 베풀다, 더불어, ~과 | 孰(숙) 누구, 어느 것 | 多(다) 많다는 뜻이지만 여기서는 중요하다는 의미 | 甚(심) 심하다, 지나치다 | 愛(애) 아낀다는 뜻. '사랑하다'라는 의미가 생긴 것은 중세 이후 | 殆(태) 위태롭다, 가깝다

해설

노자가 살던 시대는 권력이나 재물을 위해서는 사람의 목숨쯤은 아무렇지 않게 희생시키던 난세였다. 내가 남의 목숨을 아무렇지도 않게 여기니 남도 내 목숨을 아무것도 아닌 것으로 여기는 게 당연한 이치다. 그러므로 노자는 명예나 권력, 재물 따위가 하나뿐인 목숨과 맞바꾸어도 좋을 만큼 그렇게도 소중한 것이냐고 묻는다. 목숨이 없어진다면 권력이나 재물 따위가 무슨 소용이 있느냐는 것이다.

전국 시대 노나라 목공은 제나라가 침공하자 당시에 상당히 명망이 있던 오기(吳起)를 장군으로 기용하여 이를 막고자 했다. 그러나 오기의 아내가 제나라의 대부인 전거(田居)의 딸이기 때문에 목공이 기용을 주저하자 오기는 곧바로 아내를 죽여서 목공의 의심을 풀고 노나라의 장군에 임명되어 출세의 기반을 닦았다. 또, 제나라 임금의 요리사인 역아(易牙)는 당시의 임금인 제환공이 사람 고기를 먹어 본 적이 없다고 하자 자신의 아들을 요리해 바쳐 제환공으로부터 충성심을 인정받고 그야말로 고속 출세를 하게 되었다.

그러나, 오기나 역아가 출세를 위해서 자신의 가장 가까운 사람들을 서슴없이 죽이는 것을 본 주변 신하들은 그들이 또 다른 영달을 위해서는 언제든지 자신의 주군조차 죽일 수 있는 사람으로 보인다고 수군거렸다. 이

에 오기는 오래지 않아 위나라로 쫓겨 가고 다시, 위나라에서 초나라로 쫓겨나서 거기서 죽었다. 역아는 병든 제환공을 굶겨 죽이고 잠시 정권을 잡았으나 제나라의 태자에게 쫓겨났다.

노자는 '아무리 난세라지만 목숨이 없어진다면 남은 명예나 재물이 무슨 소용이 있는가? 명예나 재물을 얻는 것과 네 목숨을 잃는 것은 어느 것이 더 큰일인가?'라고 묻는다. 그리고 목숨을 걸고 얻은 명예나 재물이라도 언젠가는 잃는다. 더구나 재물을 너무 아껴 인색하면 오히려 더 크게 잃는 수가 있다.

얻을 때 잃을 것을 생각하지 않고 지나치게 권력과 재물에 집착하다가는 결국 권력이나 재물 유지는커녕 목숨까지 잃게 된다. 우환은 멈춤을 모르는 데서 비롯되며 멈춤이야말로 오래감의 필요조건인 것이다. 멈춤이 없는 무리한 벼락출세나 권력은 도가 아니다. 도가 아니면 오래가지 못한다.

우리나라에도 자유당 정권의 2인자인 이기붕은 건강이 몹시 좋지 않았다. 그럼에도 불구하고 고령인 이승만 대통령이 서거할 경우에는 부통령이 대통령직을 승계할 수 있다는 점을 노려 1960년 부통령 선거에서 이기붕은 선거인 수의 40%를 사전 투표하고 이정재, 임화수 같은 정치 깡패를 활용하여 야당 참관인 축출, 투표함 바꿔치기, 자유당 찬성표 무더기 투입 등 기상천외한 방법으로 부정 선거를 자행하였다. 어떤 선거구에서는 선거인 수보다도 이기붕 찬성표가 더 많아 관계자와 국민들을 놀라게 했다.

이에 분노한 학생들의 데모를 시작으로 하여 전국 각계각층으로 확산된 4·19 혁명을 맞아 이기붕은 일가족과 함께 도망 다니다가 결국 경무대 관사 36호실에서 가족 전체의 집단 자살로 권력과 재물, 목숨을 한꺼번에 잃는 비극적인 종말을 맞았다. 자기 스스로 멈출 줄 모르면 비극이 멈춤을 강요한다.

무릇, 재물이나 권력에 집착하다가 모두를 잃어버리는 것과 공을 이루고 몸은 물러나 유유자적하게 여생을 보내는 것 중 어느 것이 더 나은가? 재물이나 권력을 잃었을 때 도를 생각하는 것은 이미 늦으므로 재물이나 권력을 얻었을 때 그 얻음이 도에 맞는 것인가를 마땅히 생각해야 한다.

또한 도에 어긋나게 재물을 아끼면 그 아낀 것이 소용이 없을 만큼 크게 재물을 허비할 일이 반드시 생기고, 도에 어긋나게 재물을 가지면 반드시 그것을 잃을 일도 생긴다. 도에 어긋나게 얻은 것은 잃는 것이 도에 맞기 때문이다.

그러므로 도에 맞게 만족함을 알면 욕스러움을 당하지 않고, 도에 맞추어 그만둘 줄 알면 편안하게 오랫동안 유지할 수가 있다. 도가 아닌 것은 빨리 버려라. 그것이 참으로 오래 가지는 길이다.

제45장. 대성 (大成)

크게 이루어진 것은 흠이 있는 듯하나

아무리 써도 닳아서 없어지는 일이 없다.

크게 가득 찬 것은 비어 있는 것 같지만 아무리 써도 끝이 없다

크게 곧음은 구부러진 것 같고 큰 기교는 서툰 것 같으며

큰 달변은 말을 더듬는 것 같아 보인다

분주하게 움직이면 추위를 면할 수는 있지만 차분함은 더위를 이기니

맑고 고요함이 천하의 표준이 된다.

大成若缺, 其用不弊 (대성약결, 기용불폐)

大盈若沖, 其用不窮 (대영약충, 기용불궁)

大直若屈, 大巧若拙, 大辯若訥 (대직약굴, 대교약졸, 대변약눌)

躁勝寒, 靜勝熱, 淸靜爲天下正 (조승한, 정승열, 청정위천하정)

> 缺(결) 흠, 결점 | 弊(폐) 해지다, 닳아서 없어지다 | 盈(영) 그릇에 가득 차다 | 沖(충) 비다, 깊다 | 窮(궁) 떨어지다. 끝나다 | 巧(교) 기교, 아름답다 | 拙(졸) 서투르다, 쓸모가 없다 | 訥(눌) 말을 더듬다 | 躁(조) 성급하다, 조급하다 | 正(정) 표준, 주(主)가 되다

해설

모든 사람의 다양한 평가 기준을 모두 만족시키는 그런 큰 성공(大成)은 없다. 만약에 모든 사람을 모두 만족시키는 성공이 있다면 그것은 대수롭지 않은 작은 성공일 것이다. 그러므로 크게 이루어진 성공은 다른 시각을 가진 사람이 보기에는 어딘가 결함이 있는 것으로 보일 수 있다.

신라의 삼국 통일은 만주를 포함한 더 넓은 고구려의 고토(故土)를 상실한, 결함 있는 통일이라지만 한편으로는 한민족이 한반도를 영역으로 지금까지 면면히 이어 오는 첫 기반을 마련했다는 데 의미가 있다. 생각건대, 역사상 중국의 동북방을 호령했던 수많은 민족 중에서 현재까지 이어져 국가를 이룬 민족은 한민족 외에는 몽고족밖에 없다. 한때 중국의 절반이나 심지어는 전 중국을 지배했던 갈(羯)·저(氐)·강(羌)족이나 선비, 거란, 그리고 여진족 등은 지금은 모두 어디 있는가?

우리나라에 두 번씩이나 모진 고통과 수모를 주었던 여진족은 지금은 언어도 문자도 사실상 절멸되어 민족으로서의 존재감마저 희미해졌지만, 한민족은 갖은 고통과 시련 끝에 비록 국토는 분단되었지만 한국은 OECD의 한 멤버로 인구 5천만, 국민 소득 3만 불을 달성한 나라로 짧은 기간 동안 경제 발전과 민주화를 동시에 이룬 나라로 자리매김하고 있다.

여진족의 입장과 비교할 바가 아니다. 이러한 성취는 무엇보다도 신라의 삼국 통일이라는 기반이 있었기 때문이 아니겠는가? 이런 예가 크게 이루어진 것은 흠이 있는 듯하나 아무리 써도 닳아서 없어지는 일이 없다는 것이 아닌가 한다.

노자는 부족하고 어딘가 흠이 있어 보이는 것들이 보다 완벽하고 강한 것들을 이긴다고 한다. 즉, 현재는 불완전하여 어딘가 더 보완이 필요해 보이는 것들이 더 큰 힘을 갖는다는 것이다.

노자는 여기서 한발 더 나아가 크게 가득 찬 것은 비어 있는 것 같고, 크게 곧음은 구부러진 것 같고 큰 기교는 서툰 것 같으며 큰 달변은 말을 더듬는 것 같아 보인다고 함으로써 사람들이 눈에 보이는 불완전성을 가진 것이야말로 참으로 큰 것이며, 완전한 것이며 곧고 능숙한 것이라고 한다.

전국 난세의 위정자들은 경쟁적으로 무조건 크고 가지런하고 완벽한 부국강병을 추구하여 백성들을 인정사정없이 가혹하게 수탈·학대하고 있었다. 이에 대하여 노자는 다음과 같이 점잖게 타이른다.

"너무 가득 채우려 하지 마라! 참으로 가득 찬 것은 조금은 비어 있는 것이다. 너무 곧게 하려 하지 마라! 참으로 곧은 것은 조금 구부러진 것이다. 그리고 너무 세련되게 말하려 하지 마라! 큰 달변은 오히려 말을 더듬는 것처럼 보이는 것이다."

모든 일을 완벽하게 처리하며, 무엇이든 박식한 데다 아나운서처럼 말을 잘한다고 해서 정치가로서 꼭 대성하는 것은 아니다. 오히려 물이 너무 맑으면 고기가 없듯이 사람도 무슨 일을 하든지 너무 완벽하면 다른 사람들이 잘한다고 인정은 하면서도 정작으로 그 사람을 따르며 지지하지는 않는 법이다. 오히려 약간 부족하고, 약간 어리숙한 면들이 사람의 매력을 더 증폭시켜 사람들을 모이게 하는 법이다.

하나의 이념과 하나의 시스템 안에 모든 사람을 가두는 것은 쉽지 않을뿐더러 해서도 안 된다. 민주주의는 많은 결함을 갖고 있지만 그 결함을 끊임없이 보완하는 제도적 시스템을 두고 있기에 어떠한 완벽한 독재 시스템보다도 우수하다는 것을 역사가 증명하고 있다.

노자는 이미 2천여 년 전에 자기가 완벽하다고 떠드는 사람들의 허점을 간파하고 있었다. 오늘날에도 해괴한 명칭과 논리를 앞세워 체제의 완벽함을 자랑하는 독재 국가의 민생이 대부분 어려운 것은 그 체제가 참으로 백성들을 위한 완벽한 체제가 아니라 위정자를 위한, 위정자에 의한, 위정자의 알맹이 없는 가짜 체제라는 것을 증명하고 있다고 본다.

노자는 그러한 가짜들이 곧은 것은 참으로 곧은 것이 아니며 그런 기교는 좋은 기교도 아니며 그런 달변은 참된 달변이 아니라고 한다.

끝으로 노자는 법률과 제도를 강화하여 분주하게 백성들을 몰아세우는 것도 결국은 백성들이 추위를 면하는 정도의 일시적인 평안을 가져다줄

뿐이라고 한다. 위정자가 맑고 고요한 무위의 마음가짐을 가지는 것이야 말로 천하의 백성을 편안케 하는 다스림의 근본이라고 말한다.

제46장. 천하유도 (天下有道)

천하에 도가 있으면 전장을 달리던 말이 시골 밭에서 거름을 주고

천하에 도가 없으면 군마가 성 밖에서 새끼를 낳는다.

화는 만족을 모르는 것보다 큰 것이 없고

허물은 가지려는 욕심보다 큰 것이 없으니

족함을 아는 만족은 항상 만족스러운 것이 된다.

天下有道, 卻走馬以糞 (천하유도, 각주마이분)

天下無道, 戎馬生於郊 (천하무도, 융마생어교)

禍莫大於不知足 (화막대어부지족)

咎莫大於欲得 (구막대어욕득)

故知足之足, 常足矣 (고지족지족, 상족의)

卻(각) 물러나다, 쉬다 | 糞(분) 똥, 거름을 주다 | 戎馬(융마) 군마 | 郊(교) 성밖, 국경 | 禍(화) 재난, 불행 | 咎(구) 허물, 재앙

해설

천하에서 도가 제대로 행해지는 시대는 전쟁이 없으므로 군마가 필요가 없어 말들은 모두 시골에서 밭을 갈고 거름을 주는 데 쓰인다. 그러나 천하

에서 도가 사라진 시대에는 농사짓던 말까지 전장에 끌려 나와서 말이 성 밖에서 망아지를 낳는 일이 생기는 것이다.

근세 들어 실질적인 민주주의 국가 간에 전쟁이 벌어진 적은 없다. 민주 국가 간에도 분쟁은 생기지만 국제법이나 양자 간 협상에 의해 분쟁을 해결하는 것이 원칙이다. 그러므로 전쟁은 독재 국가 간이나 아니면 독재국이 민주 국가를 침범할 때 방어나 지원 차원에서 벌어지는 것이다. 즉, 근대 국가의 기본적인 정치의 도는 민주주의이며 민주주의가 행해지지 않는 나라는 도가 없으므로 전쟁에 의존하는 것이다.

개인이든 국가이든 도가 행해지지 않는 것은 사람들이 욕망 추구에만 몰두하기 때문이다. 그래서 노자는 인간의 재앙은 만족을 모르고 계속해서 욕심을 내기 때문에 생기고, 인간의 허물도 뭔가 더 가지려는 욕망을 갖기 때문에 생긴다고 한다.

이라크의 사담 후세인은 국내의 반체제 세력을 무자비하게 탄압하여 개인 독재 체제를 확립하였으나 이란 혁명 후에 국내의 반정부 세력이 이란 혁명 정부와 연계되고 이란의 군사력이 혁명으로 약화되었다고 보고 1980년 이란-이라크전쟁을 일으켰다. 그러나 전쟁은 수많은 인명 피해와 쌍방 간 산업 시설의 파괴만을 가져왔을 뿐 아무런 성과도 없이 1988년 평화협정으로 끝이 났다.

이란-이라크의 전쟁 이후 피폐해진 이라크 경제의 돌파구 마련을 위해 1990년 이라크군이 쿠웨이트를 기습 점령하자 유엔 안보이사회의 결의에 따라 미국을 비롯한 34개 다국적군이 이라크군에 대응하는 소위 걸프 전쟁이 일어났다. 첨단 무기와 압도적 화력을 앞세운 다국적군의 공세로 걸프 전쟁은 다국적군이 지상전을 개시한 지 100시간 만인 1991년 2월 28일에 끝났다.

세계 전쟁사에 유례가 드문 일방적인 패배 끝에 사담 후세인은 바그다드 교외로 도주하였지만 미군에 의해 체포되고 재판에 회부되어 2006년 11월에 사형이 선고되었고 그해 12월 30일에 전격 사형이 집행되었다. 만족을 모르고 계속해서 더 많은 것을 얻으려다가 오히려 가진 것도 다 잃고 만 것이다.

그러므로 참된 부자는 이미 가진 것에 만족하는 사람이다. 이만하면 만족하다고 생각하는 것이야말로 참된 만족이며 오래도록 지속되는 만족인 것이다. 인생, 그리 많은 것이 필요한 것은 아니다.

제47장. 불출호 (不出戶)

문밖을 나가지 않아도 천하를 알고

창문으로 엿보지 않아도 하늘의 도를 본다.

멀리 나아갈수록 아는 것이 더욱 적어지니

그래서 성인은 나가지 않아도 알 수 있고

보지 않아도 밝게 알며, 하지 않고서도 일을 이룬다.

不出戶知天下 (불출호지천하)

不闚牖見天道 (불규유견천도)

其出彌遠, 其知彌少 (기출미원, 기지미소)

是以聖人不行而知 (시이성인불행이지)

不見而名, 不爲而成 (불견이명, 불위이성)

戶(호) 출입문 | 闚(규) 엿보다, 훔쳐보다 | 牖(유) 창, 남쪽으로 난 창 | 彌(미) 두루, 더욱 | 명(名) 통상 이름. 그러나 여기서는 밝을 명(明)으로 본다.

해설

노자는 세상의 이치는 모두 같은 것이어서 나와 내 주변의 형편을 알면 다른 사람의 형편도 알게 되고 그것을 확대하면 다른 나라, 나아가 천하가 돌아가는 형편도 알 수 있다고 한다. 그러므로 선입관이나 쓸데없는 마음의 장애를 버리고 맑고 깨끗한 마음으로 세상을 바라보면 일일이 확인하지 않고서도 천하의 형편을 알 수 있다는 것이다. 즉, 문밖에 나가지 않고도 천하의 일을 모두 알 수 있게 되는 것이다.

그러나 자신의 마음에 선입관이나 편견을 갖고서는 아무리 많은 사람을 만나고 많은 견문을 해 본들 잘못된 지식만 더욱 쌓여 가서 진실과는 멀어지게 된다. 그것이 멀리 나아갈수록 아는 것이 더욱 적어진다는 말의 의미이다.

칸트는 평생 그의 고향인 쾨니히스베르크를 벗어나지 않았음에도『순수이성비판』,『실천이성비판』,『판단력비판』 등 3대 비판서를 저술하여 합리론과 경험론을 비판하고 종합하여 이성의 완성을 이루어 후에 철학은 칸트 이전과 칸트 이후로 나누어진다고 할 정도로 서양 철학사의 한 획을 그은 철학자가 되었다.

『국화와 칼』을 쓴 미국의 문화인류학자 루스 베네딕트도 한 번도 일본을 방문하지 않았지만 그의 저서는 일본 문화의 특징을 가장 객관적으로 잘 분석한 책으로 평가받았는데, 이는 그 대상을 직접 목격하지 않고도 그 대상을 더 잘 알 수도 있다는 가능성을 입증함으로써 노자의 말을 뒷받침하는 사례가 된다.

그러나 오늘날에도 모든 지식 정보가 다 그렇다고는 볼 수 없다. 오히려 대부분의 현대적 지식은 온라인이든 오프라인이든 다양한 장소에서 다양한 사람들과 교류하면서 다양한 문헌과 의견, 정보 등을 교류함으로써 지식의 깊이와 범위가 더 풍부해지고 사실에 보다 가까워질 수 있는 것이 보통이다.

현재에도 유럽과 북아메리카 등의 OECD 선진국들과 중동의 아랍 제국, 아시아, 아프리카 등의 개발도상국들과는 생활 여건과 문화적·종교적 환경이 전혀 다르다. 노자가 살던 시대에는 문화나 생활 수준이 고만고만하여 어느 한쪽 편만 알아도 모두를 안다는 방식이 통용되었을지는 몰라도 오늘날처럼 생활 여건이나 방식이 다변화, 다양화된 시대에는 노자의 말을 그대로 받아들이기는 어렵다.

고전은 대체로 시공을 초월하는 불변의 진리나 위대한 통찰을 내포하는 경우가 많다. 그러나 2천여 년 전에 쓰인 글들을 그 위대성에 너무 심취한 나머지, 오늘날까지 고전의 자귀 하나도 틀리는 것 없이 모두 진리라고 강변하는 것은 좀 곤란하다고 생각된다.

고전 중에도 당연히 오늘날의 시대 상황으로 볼 때 맞지 않는 부분이 있을 수 있고 그런 부분들은 오늘날의 기준으로 수정하여 이해하는 것이 고전을 대하는 올바른 자세라고 본다. 생각건대, 고전의 당초 저자들을 현재로 모셔 와서 여쭙는다고 해도 그분들도 그 점에 대해서는 흔쾌히 동의하실 것이라 나는 믿는다.

오히려 고전의 글자 하나하나에 집착하여 오늘날까지 정당화시키려 하는 것은 무리이며 그러한 주장은 그분들의 참뜻도 아닐 것이라고 본다. 어떤 시대에는 불변의 진리라고 믿어진 것들도 시대가 바뀌면 변할 수도 있다.

노자가 이 장의 끝부분에서 '나가지 않고도 안다함'은 세속적인 지식이 아니라 우주 자연과 사람의 삶을 함께 꿰뚫는 영원한 진리 즉, 도를 안다는 의미일 것이다. 도를 알고 도에 따라 행하니 나가지 않아도 알고, 보지 않아도 밝게 알며 자신이 행하지 않고서도 일을 이루는 것이다.

제48장. 위학 (爲學)

학문을 하는 것은 날마다 더하는 것이요
도를 행하는 것은 날마다 덜어 내는 것이다.
덜어 내고 또 덜어 내면 무위(無爲)에 이른다.

무위에 이르면 하지 못하는 일이 없다.
천하를 얻는 데도 항상 일이 없음으로 해야 하며
일이 생기는 데까지 이르면 천하를 얻는 데는 부족하다.

爲學日益, 爲道日損 (위학일익, 위도일손)
損之又損, 以至於無爲 (손지우손, 이지어무위)
無爲而無不爲 (무위이무불위)
取天下常以無事 (취천하상이무사)
及其有事, 不足以取天下 (급기유사, 부족이취천하)

해설

학문은 날마다 새로운 지식이나 정보를 얻으려고 하는 것이지만 도를 닦는 사람은 날마다 세속의 지식 정보나 편견, 아집, 탐욕 같은 잡동사니를 버리려 한다. 마음속의 모든 잡동사니를 버리고 버려서 더 이상 버릴 것이 없는 상태가 무위이다. 그러한 무위의 상태에서는 어떠한 편견이나 집착도 없으므로 모든 것을 온전하게 판단할 수 있어 무위에서는 이루어지지 않는 일이 없다는 것이다.

노자가 말하는 무위는 억지나 지나침이 없어 순수하게 천지자연의 이치 즉, 도에 따르는 행위를 말한다. 즉, 자연의 이치에 따라 농사를 짓는다든지 백성들의 생업을 방해하지 않는 범위 내에서 노역을 동원하여 치수 사업을 하는 것 등으로 백성들이 자기들 스스로 그 일을 하고 그에 따라 성과를 낸다고 생각할 정도로 자연스러운 것을 무위라 하는 것이며 이것은 백성들이 죽든 말든 아무것도 하지 않고 내버려 두는 방치와는 다르다.

노자는 천하를 다스림에는 이 같은 무위로 임해야 하며 억지로 일을 만드는 것은 천하를 취하려 하는 사람이 행할 바가 아니라고 잘라 말한다.

이에 반해 장자는 일체의 세속적인 규범을 인공적인 강제로 생각하고 상식적인 도덕 가치를 출세를 위한 타협적인 허식으로 여기며, 모든 기예와 기교를 자기를 세상에 파는 수단으로 생각하여 꺼린다. 장자가 생각하는 이상적 인간으로서의 진인(眞人)은 죽고 삶이나 좋고 나쁜 것을 초월해서 일체 만물의 차별이나 대립의 모양을 잊고 실재와 하나가 되는 사람이라고 한다.

즉, '하늘에 올라가 안개 속에 노닐고 무극에 뛰놀면서 삶을 잊고 끝남이 없는 경지에 들어간다(장자내편, 대종사).'라는 경지의 사람이다. 노자의 현실 인식과는 동떨어진 세계관이며 이러한 진인에게는 백성들이야 고통에 허덕이든 말든 혼자 속세를 떠나 혼자 즐기며 살다 죽으면 그뿐이라는 극단적인 이기주의가 엿보인다.

생각건대 장자는 노자의 무위를 현실과 유리시켜 괴이한 은둔의 개념으로 변질시켜 버린 것이다. 장자는 다시 '대인(大人)은 울림이 없는 곳에 살면서, 방향도 없이 나다니고 왕복이 어지럽게 만물을 끌고 가 흔들면서 끝없는 세계에 논다. 걸림이 없는 곳을 출입하면서 태양과 더불어 시작과 끝이 없다(장자외편, 재유).'라고 했다. 무슨 말인지 이해가 되는가? 마치 오늘날 마약에 취해 몽롱해진 사람들의 생각을 들여다보는 것처럼 보이지 않는가?

장자가 유행하던 중국의 위진남북조시대에서 장자류의 이른바 현학(玄學)은 무능함의 표상이었다. 세속을 벗어나 형이상학적 주제에 관한 공리공담만을 논의하는 현학은 지식인이 민생을 외면하고 스스로 백성들의 삶과는 담을 쌓는 결과를 낳았다.

이 과정에서 현학은 현실에 대한 쾌락적이며 방관자적인 태도를 만연시키고 허무와 은둔의 이기주의적인 경향을 심화시켜 노자가 생각하던 백성 중심적 민본주의는 상당 부분 희석되어 버렸다. 장자는 노자 사상을 심화·발전시켰다기보다는 오히려 노자의 '백성을 위한다'라는 정신을 해친 점이 더 많다고 본다.

제49장. 성인 (聖人)

성인은 자신의 고정된 마음을 갖지 않으니,

백성들의 마음을 자신의 마음으로 삼는다.

착한 이는 나도 착하다 하고 착하지 않은 이도 역시 착하다 하니,

착함을 얻게 된다.

믿음직한 사람도 믿고 믿지 못할 사람도 나는 역시 믿으니,

믿음을 얻게 된다.

성인은 세상에 있으면서 같이 호흡하고

세상 사람들과 그 마음을 함께한다.

성인에 대하여 백성은 귀와 눈을 모으고

성인은 백성들을 아이같이 대한다.

聖人無常心, 以百姓心爲心 (성인무상심, 이백성심위심)

善者吾善之, 不善者吾亦善之, 德善 (선자오선지, 불선자오역선지, 덕선)

信者吾信之, 不信者吾亦信之, 德信 (신자오신지, 불신자오역신지, 덕신)

聖人在天下歙歙, 爲天下渾其心 (성인재천하흡흡, 위천하혼기심)

百姓皆注其耳目, 聖人皆孩之 (백성개주기이목, 성인개해지)

德(덕) 어질다. 여기서는 '얼을 得'의 뜻으로 쓴다 | 歙歙(흡흡) 숨을 들이쉬다 | 渾(혼) 뒤섞이다 | 注(주) 모으다 | 孩(해) 어린아이

해설

이상적인 통치자인 성인은 언제라도 자신의 마음을 갖지 않고, 백성들의 마음을 자신의 마음으로 삼는다. 당 태종이 신하인 위징에게 현명한 군주와 폭군의 차이를 묻자 위징은 '널리 신하의 의견을 물으면 현명한 군주이고 일부 사람들의 의견만 들으면 폭군이 된다'라고 하였다. 즉, 진정한 성인이란 평범한 백성들의 여망에 부응하는 사람인 것이다.

노자는 흔히 성인이라면 보통 사람이 아닌, 특별한 사람이라는 통상의 관념을 부정하고 백성들의 마음을 자기의 마음으로 삼는 사람이 곧 성인이라 함으로써 성인을 백성들과 동떨어진 특정한 사람이라고 백성들을 기만하는 것을 경계한다. 즉, 백성들이 힘들다고 할 때 같이 힘들어하고 어렵다고 할 때 함께 어려움을 느끼는 위정자, 그 사람이 바로 성인이다.

한편, 노자는 사람을 선입관을 가지고 대해서는 안 된다고 한다. 우리가 어떤 사람에 대해 착하다는 것과 믿음직하다는 등의 긍정적 평가는 몰라도 착하지 않다든가 믿을 수 없다 등의 부정적 평가를 하는 것은 얼마만큼 신뢰성 있고 객관적일 수 있는가? 그런 평가가 주관적이거나 잘못되었을

---

1 百姓皆注其耳目(백성개주기이목) : 마왕퇴 백서에는 이 부분을 百姓皆屬耳目焉(백성개속이목언)로 되어있고, 왕필본에는 이 부분이 본문에는 없고 주석 부분에 표기되어 있다. 이 부분은 하상공본을 따른다.

때 그 사람이 받는 손실은 얼마만큼인지 상상할 수 있는가?

따라서, 노자는 사람들 중에 선한 사람은 선한 사람으로 대우하고 선하지 않은 사람이라도 선한 사람으로 대우함으로써 결국에는 선함을 얻게 된다고 한다. 모든 면에서 선하지 않은 사람은 없다. 대체로 선하지 않다고 평가받는 사람이라도 어떤 부분에서는 선한 면이 있으며 그러한 선함은 자기가 선하게 대우받을 때 비로소 나타날 수 있는 것이다.

또한, 사람들 중에 성실한 사람은 성실한 사람으로 대우하고 성실하지 않은 사람이라도 성실한 사람으로 대우함으로써 성실함을 얻게 되는 것이다. 즉, 모든 면에서 성실하지 않은 사람은 없다. 대체로 성실하지 않다고 평가받는 사람이라도 어떤 부분에서는 성실한 면이 있으며 그러한 성실함은 자기가 성실하다고 대우받을 때 비로소 나타날 수 있는 것이다.

성인이 통치자로 천하에 있는 모습은 사람들과 함께 호흡하며 희로애락도 함께하는 모습이다. 여기서 歙歙(흡흡)의 뜻에 대해서는 설이 나누어진다. '겁에 질려 두려운 모양'이라고 하기도 하고 '두루뭉실하다'든가 '아무것도 모르는 모양'이라고 해석하기도 한다. 그러나 이 책에서는 歙(흡)의 가장 기본적인 뜻인 '숨을 들이쉰다'는 의미를 살려 성인이 천하에서 백성들과 함께 호흡한다고 보기로 한다.

이렇게 하면 뒤에 나오는 '천하를 위하여 백성들과 마음을 함께한다(爲天下渾其心, 위천하혼기심)'와도 무난히 어울릴 수 있다고 본다. 이런 성인에 대하여 백성들은 그 손짓 하나, 발걸음 하나라도 잘 관찰하려고 일제히 눈을 향하고 귀를 기울이고 있다. 성인은 그러한 백성들의 마음을 너무나 잘 알고 있기에 아이들을 대하듯이 항상 자애롭게 대해 백성들의 마음을 편안하게 하는 것이다.

제50장. 출생 (出生)

태어나고 죽음에 있어 제명대로 사는 사람이 10명 중 3명,
빨리 죽는 사람도 10명 중 3명이다.
또, 사람들 중에 스스로 죽음 쪽으로 움직여 가는 사람
역시 10명 중 3명이다.
왜냐하면, 너무 부유하게 잘살려고 하기 때문이다.

대체로 몸을 잘 관리하는 사람은
여행길에서는 코뿔소나 호랑이를 만나지 않고
군대에 들어가도 병장기에 해를 입지 않는다.
그에게 코뿔소는 그 뿔로 받을 곳이 없고
호랑이도 발톱으로 할퀼 곳이 없으며
적병 역시 칼로 찌를 곳이 없다.
왜냐하면 그에게는 죽음의 여지가 없기 때문이다.

出生入死, 生之徒十有三 (출생입사, 생지도십유삼)
死之徒十有三 (사지도십유삼)
人之生, 動之死地亦十有三 (인지생, 동지사지역십유삼)
夫何故? 以其生生之厚 (부하고? 이기생생지후)

蓋聞善攝生者, 陸行不遇兕虎 (개문선섭생자, 육행불우시호)

入軍不被甲兵, 兕無所投其角 (입군불피갑병, 시무소투기각)

虎無所措其爪 (호무소척기조)

兵無所容其刃, 夫何故? 以其無死地 (병무소용기인, 부하고? 이기무사지)

生之徒(생지도) 삶의 무리, 여기에서는 제명대로 사는 사람이라는 뜻 | 死之徒(사지도) 죽는 무리, 여기서는 제명대로 못 살고 단명하는 사람들이라는 뜻 | 蓋聞(개문) 대체로 들으니, 대개 | 攝生(섭생) 몸을 굳건히 관리하다 | 兕(시) 외뿔소, 코뿔소 | 措(조) 조치하다, 여기서는 찌른다는 뜻으로 '찌를 척' | 爪(조) 발톱 | 刃(인) 칼날

해설

모든 인간은 세상에 태어나서 이윽고 죽는다. 그러나 그중에서 오래 사는 것이 가능한 타입이 10분의 3이고, 요절하도록 태어난 타입이 10분의 3이다. 그런데 오래 살 수 있음에도 더 나은 삶을 구하다가 오히려 죽음으로 가는 타입의 사람도 역시 10분의 3이다. 왜냐하면 그들은 너무 지나치게 잘사는 데 집착하여 부유하게 잘살려고만 하기 때문이다. 너무 잘사는 데에 집착하면 오히려 명을 단축한다.

그리고 이 장에서 10분의 3이라고 함은 대개 3분의 1 정도라는 얘기이며 수학적으로 정확하게 30%를 의미하지는 않는다. 이를 정확히 구분하여 나머지로 남은 10분의 1은 도를 닦아 영생의 삶을 사는 사람이라고 하는 견해도 있지만, 그 10분의 1의 사람에 대한 이야기가 이 장은 물론 『도

덕경』 전체에서도 보이지 않으며 이 장의 내용의 흐름을 생각할 때도 그렇게 해석하는 것은 지나치다고 본다.

한비자는 '성인이 세상을 느긋하게 사는 것은 타인을 해치려는 마음이 없어서다. 타인을 해치려는 마음이 없으면 그 타인도 그를 해치려는 마음을 갖지 않는다. 해치려는 사람이 없으면 타인을 방비할 필요가 없다(聖人之遊世也, 無害人之心, 無害人之心, 則必無人害, 無人害, 則不備人, 성인지유세야, 무해인지심, 무해인지심, 즉필무인해, 무인해, 즉불비인 : 한비자 '해로').'라고 하고 있다.

즉, 내가 남을 해치려는 마음이 없으니 남도 나를 해치려 하지 않을 것이다. 그러므로 아무리 위험한 곳에 있어도 다치거나 위험에 빠질 염려가 없다는 뜻이다.

노자가 이를 '대체로 몸을 잘 관리하는 사람은 여행길에서 코뿔소나 호랑이를 만나지 않고 군대에 들어가도 병장기에 해를 입지 않는다. 그에게는 코뿔소는 그 뿔로 받을 곳이 없고 호랑이도 발톱으로 할퀼 곳이 없으며 적병도 칼로 찌를 곳이 없다.'라고 하는 것은 노자 당시의 위험한 곳이나 상황에 대한 예시이며 '그런 처지에 있어도 위험에 빠질 염려가 없다.'라고 말하고 있을 뿐이다.

몸을 잘 관리하는 사람이란 영원히 죽지 않음을 꾀하는 사람이 아니라 삶에 대한 지나친 집착을 버린 사람이라는 의미이다. 삶에 대한 지나친 집착을 버릴 때 오히려 주어진 천수를 잘 누릴 수가 있다.

즉, 이 장은 몸을 잘 관리하는 사람은 평소에 위험한 곳을 피하고 그런 지경에 빠지는 것도 조심하기 때문에 위험에 빠질 확률도 적고 위험에 빠져도 남보다 이를 잘 피할 수가 있다는 정도로 봐야 한다. 이 부분을 '도를 얻으면 불사의 몸이 된다.'라든가 '영원불멸이 된다.' 등으로 해석하는 것은 『도덕경』의 전체 의의와도 어울리지 않으며 도를 비현실화시켜 오히려 노자의 본뜻을 왜곡하게 된다고 본다.

제51장. 도생지 (道生之)

도는 낳고 덕은 기르니 이에 만물은 형태를 갖추고 여건에 따라 완성된다.

그러므로 만물 중에는 도를 존중하고 덕을 귀하게 여기지 않음이 없다.

도를 높이 받들고 덕을 귀하게 여기는 것은

누가 시켜서가 아니라 언제나 저절로 그렇게 되는 것이다.

그러므로 도가 낳고 덕이 품으며,

기르고 성숙시키고 보살피고 덮어 주며

낳되 소유하지 않고 위하되 자랑하지 않으며

기르되 내 맘대로 하지 않으니, 이를 깊고 오묘한 덕이라 한다.

道生之 德蓄之, 物形之, 勢成之 (도생지 덕축지, 물형지, 세성지)

是以萬物莫不尊道而貴德 (시이만물막부존도이귀덕)

道之尊, 德之貴, 夫莫之命而常自然 (도지존, 덕지귀, 부막지명이상자연)

故道生之, 德蓄之, 長之育之 (고도생지, 덕축지, 장지육지)

亭之毒之, 養之覆[1]之 (정지독지, 양지부지)

---

1 覆(부)는 覆(복)으로 많이 사용되며 이때에는 '뒤집히다'라는 뜻이지만 여기서는 '부'로 읽으며 '덮다'라는 뜻으로 사용된다.

生而不有, 爲而不恃 (생이불유, 위이불시)

長而不宰, 是謂玄德 (장이부재, 시위현덕)

蓄(축) 모으다, 기르다, 품다 | 勢(세) 세력. 여기서는 환경이나 여건을 뜻함 | 亭(정) 보통은 정자, 여기서는 기르다, 양육하다 | 毒(독) 보통은 독, 여기서는 기르다, 키우다 | 覆(부) 덮다 | 恃(시) 자부하다 | 宰(재) 주관하다, 맡아 다스리다

해설

이 장은 도와 덕의 역할과 위치를 다시 한번 정리하는 느낌이다. 즉, 도가 만물을 낳고 덕이 이를 길러 이에 만물이 형태가 갖추어지고 환경의 여건에 따라 완성된다. 勢成之(세성지)에서 勢(세)는 마왕퇴 백서에서는 器(기)로 나타나 있다. 勢成之(세성지) 대신에 器成之(기성지)로 하여 그릇 즉, '원래의 그릇 모양으로 완성된다.' 하여도 뜻은 통한다.

만물이 존재하는 것은 모두 도와 덕이 있기 때문이며 만물이 도를 높이 받들고 덕을 귀하게 여기는 것은 누구의 명령에 따르는 것이 아니라 저절로 그렇게 되는 것이다. 노자는 도와 덕이 만물을 낳고 보살피고 기르는 큰 역할을 하지만 만물 중에서 이를 인식하여 도와 덕을 존중하고 귀하게 여길 수 있는 것은 사실상 사람뿐이니, 사람은 응당 도와 덕을 존중하고 도와 덕의 길로 나아가야 한다는 뜻을 은연중에 나타낸다.

또한 도가 만물을 낳고 덕이 품으며, 기르고 보살피고 덮어 주며 낳되 소유하지 않고 위하되 자랑하지 않으며 기르되 내 맘대로 하지 않는 것처럼 위정자도 비록 백성에게 은혜를 베풀고 보살피더라도 그것을 빌미로

백성들을 내 맘대로 함부로 해서는 안 된다는 것을 도와 덕에 빗대어 다시 한번 강조한다. 도와 덕의 이러한 역할을 현덕(玄德), 즉 깊고 오묘한 덕이라 한다.

제52장. 천하유시 (天下有始)

천하는 시작이 있으니 이를 천하의 어미라 한다.

그 어미를 가지고 그 자식을 알며

그 자식을 알고 다시 그 어미를 지키면 죽을 때까지 위태로움이 없다.

입을 닫고 귀를 닫으면 종신토록 수고로움이 없다.

입을 열어 일을 처리하려 들면 종신토록 구제되기 어렵다.

작은 것을 보는 것을 밝다 하고 부드러움을 지키는 것을 강하다 한다.

도의 빛으로 그 밝음으로 돌아가면

몸에 재앙을 남기지 않으니 이를 영원한 도를 지킨다고 한다.

天下有始, 以爲天下母 (천하유시, 이위천하모)

旣得其母, 以知其子 (기득기모, 이지기자)

旣知其子, 復守其母, 沒身不殆 (기지기자, 복수기모, 몰신불태)

塞其穴, 閉其門, 終身不勤 (색기혈, 폐기문, 종신불근)

開其穴 濟其事, 終身不救 (개기혈 제기사, 종신불구)

見小曰明, 守柔曰强 (견소왈명, 수유왈강)

用其光, 復歸其明 (용기광, 복귀기명)

無遺身殃, 是謂襲常 (무유신앙, 시위습상)

塞其穴(색기혈) 입을 닫다 | 閉其門(폐기문) 귀를 막다 | 殆(태) 위태롭다 | 勤(근) 피로하다, 근심하다 | 光(광) 빛, 여기서는 도의 지혜로움 | 殃(앙) 재앙 | 襲(습) 습격하다, 익숙하다, 여기서는 지키고 따르다. 왕필본에는 습(習)으로 되어있으나 백서본에 따라 襲(습)으로 한다

해설

천하 만물은 시작이 있다. 도는 만물을 낳는다 했으니(제51장 道生之) 도가 천하 만물의 어머니이자 곧 천하 만물의 시작이다. 어머니인 도를 보면 그 자식인 만물을 알 수가 있고 또한 도가 낳은 만물을 보고 다시 만물의 근원인 도를 지켜 나간다면 죽을 때까지 위태로움이 없을 것이다.

노자는 이 장에서 혈(穴)이나 문(門)을 사람의 입이나 귀로 비유하고 있다. 입을 닫고 귀를 닫아 언어와 관계로 나타나는 세상에서 한걸음 벗어나면 죽을 때까지 말과 관계에 엮여 생기는 수고로움이 없다고 한다. 그러나 입과 귀를 열어 언어와 관계의 세계에서 일을 처리하려(開其穴 濟其事) 들면 일도 번잡해지고 어려워져 죽을 때까지 수고로움이 그치지 않게 된다(終身不救)고 한다.

그리고 이 장에서 '입을 열어 일을 처리하려 들면 종신토록 구제되기 어렵다(開其穴 濟其事, 終身不救).'는 것은 말로 하는, 즉 유위로 일을 처리하려 든다는 의미이다. 노자의 무위란 아무것도 하지 않는 것이 아니라 모든 일을 자연이 그렇게 하듯이 저절로 이루어지는 것처럼 되게 하는 것이다. 그런데 이 장을 '말로써 일을 처리하는 것은 모두 잘못된 것이다'로 해석한다면 그것은 좀 곤란하다.

인간은 언어로 의사소통을 하는 존재인 만큼, 말로 하는 일 처리가 모두 잘못된 것이라 하는 것은 지나치며 현실과 유리된 이야기가 아닌가 싶다. 이 장은 단지 일을 행함에 있어 번잡한 지시나 법령으로 신하들과 백성들을 수고롭게 하지 말라는 뜻 정도로 이해해야지 문자 그대로 말로 하는 모든 것을 잘못된 것으로 해석한다면 그것은 노자의 본의가 아니라고 본다.

노자는 작은 것을 보는 것을 명철하다고 했다(見小曰明). 이 경우 작은 것이란 현상 세계의 거창하고 큰 흐름 속에 숨어 있는 작은 변화의 싹을 말한다. 비록 지금은 작지만 그것을 보고 그 뒤에 숨어 있는 거대한 변화의 대세를 알고 대비하는 것이 명철하다는 것이다. 같은 이치로 현재는 약해 보이는 도를 굳건히 지켜 나가는 것이 강한 것이다. 지금은 약하지만 실제로는 강한 싹이므로 그것이 잘 클 수 있도록 보살펴야 한다.

작고 약한 도의 싹을 알아보고 키우는 것이 지혜의 빛이며 그 빛으로 참다운 밝음으로 돌아간다면 몸에 어떠한 재앙도, 그 가능성조차도 남기지 않을 것이다. 이를 일러 '영원한 도를 지킨다.'라고 한다.

제53장. 사아 (使我)

내가 조금이라도 지혜가 있다면

큰길로 가되, 단지 샛길로 빠지는 것만을 두려워할 것이다.

큰길은 아주 평평하나 사람들은 샛길을 좋아하고

조정은 아주 깨끗하나 백성들의 전답은 풀이 무성하다.

창고는 텅 비어 있으나 가진 자들의 옷은 오색찬란하다.

예리한 칼을 차고 음식은 질리도록 먹으며 재물 또한 여유롭다.

이런 것을 일러 도둑의 사치라 하니, 도가 아니라 할 것이다.

使我介然有知 (사아개연유지)

行於大道, 唯施是畏 (행어대도, 유이시외)

大道甚夷, 而人好徑 (대도심이, 이인호경)

朝甚除, 田甚蕪 (조심제, 전심무)

倉甚虛, 服文綵 (창심허, 복문채)

帶利劍, 厭飮食, 財貨有餘 (대리검, 염음식, 재화유여)

是謂盜夸, 非道也哉! (시위도과, 비도야재)

使(사) 보통은 '시킨다'라는 뜻이지만 여기서는 '만약에'라는 뜻 | 介然(개연) 적다, 잠시 동안 | 施(이) 통상 施(시)는 시로 읽으며 '베풀다'라는 뜻임. 여기서는 잘못되다, 샛길이라는 뜻으로 '이'로 읽음. | 甚(심) 아주 | 夷(이) 평평하다, 오랑캐 | 徑(경) 샛길 | 蕪(무) 잡초가 우거지다 | 文綵(문채) 무늬와 색채 | 利(이) 날카롭다 | 厭(염) 싫다 | 盜(도) 도둑 | 夸(과) 자랑하다, 사치하다

해설

도는 큰길로 가는 것처럼 쉬운 것이다. 큰길이란 정당하게 노력하고 노력한 만큼 대가가 주어지는 세상이다. 노력 없이 많은 대가를 차지하려 하고 심지어는 남의 것도 빼앗아 자기 것으로 만들고자 하는 것이 샛길인 것이다. 사람들은 너도나도 속성(速成)의 욕망에 빠져 그런 샛길을 가고자 한다. 노자는 그것을 경계한다.

위정자가 먼저 큰길로 가면서 정정당당히 행동한다면 나라의 기강은 바로 서고 신하와 백성들도 그 뒤를 따르게 될 것이다. 위정자들이 입만 열면 나라와 백성을 위한다고 떠들지만 뒤에서는 오로지 자신이나 자기 주변의 부귀영화나 재물을 축적하느라 정신이 없다면 나라의 도가 무너지는 것이다.

백성들이 농사철에는 각자의 농사일을 할 수 있도록 하고 농한기에만 백성들을 공공적인 작업에 동원해야 하나 위정자의 맘대로 시도 때도 없이 백성들을 동원하니 결국 대궐이나 조정은 깔끔히 잘 정리되어 있으나 돌볼 손이 없는 백성들의 논밭은 풀만 무성해진다.

권력자들이 부정부패를 일삼으니 나라의 곳간은 텅 비어도 관리들은 화려한 옷을 걸치고 예리한 칼을 차고 으스대면서 좋은 음식을 물리도록 먹고 재물을 모아 여유롭게 산다. 이것을 노자는 도둑의 사치라고 부른다.

필리핀의 마르코스 일가족은 국가나 국민 생활의 개선·발전은 나 몰라라 하고 나라를 등쳐먹는 일에만 전념한 나머지 나랏돈으로 무려 800조 원의 비자금을 조성하고 14억짜리 보석 세트, 3천 켤레의 신발, 황금으로 만든 변기 등 사치의 극을 달리다 결국 국민들에 의해 미국으로 쫓겨났다. 덕분에 마르코스 치하 20여 년 동안 필리핀의 경제는 아시아 정상급에서 바닥으로 떨어져서 지금까지도 재기가 어려운 상태에 있다.

도가 아닌 것은 오래가지 못한다. 좋은 일을 한 사람은 충분한 보상을 받되, 도둑들은 죗값을 제대로 치르는 것. 그것도 도다. 3천 켤레 신발의 주인으로 유명한 마르코스의 부인 이멜다는 최근 필리핀 법원으로부터 과거의 부정부패 등 7개 혐의로 징역 77년의 선고를 받았다.

제54장. 선건자 (善建者)

잘 세운 것은 뽑히지 않고 잘 붙잡은 것은 벗어나지 않으니
(그런 공적을 이룬 사람에게는) 자손들의 제사가 끊이지 않는다.

도를 자신이 닦으면 그 공덕은 참되고
집안 전체가 닦으면 공덕이 넉넉해지고
마을 전체가 닦으면 공덕이 오래간다.
나라 전체가 닦으면 공덕이 풍성해지고
천하가 닦으면 공덕이 천하에 두루 미친다.

그렇게 되면 나를 통해 남을 알 수 있고
내 집을 통해 남의 집을 알 수 있고
내 마을을 통해 다른 마을을 알 수 있으며
내 나라를 통해 다른 나라를 알 수 있으며
천하로써 천하를 알 수 있게 된다.
내가 어찌 천하가 그러한 줄 알겠는가? 바로 이런 이치이다.

善建者不拔, 善拘者不脫 (선건자불발, 선구자불탈)
子孫以祭祀不輟, (자손이제사불철)

修之於身, 其德乃眞 (수지어신, 기덕내진)

修之於家, 其德乃餘 (수지어가, 기덕내여)

修之於鄉, 其德乃長 (수지어향, 기덕내장)

修之於國 其德乃豊 (수지어국 기덕내풍)

修之於天下 其德乃普 (수지어천하 기덕내보)

故以身觀身, 以家觀家, 以鄉觀鄉 (고이신관신, 이가관가, 이향관향)

以國觀國, 以天下觀天下 (이국관국, 이천하관천하)

吾何以知天下之然哉? 以此 (오하이지천하지연재? 이차)

拔(발) 빼다 | 拘(구) 잡다 | 輟(철) 그치다, 멈추다 | 乃(내) 이에, 곧 | 普(보) 두루, 널리 | 何以(하이) 어떻게 | 此(차) 이, 이것

해설

튼튼하게 잘 세우고 잘 붙잡아진 도는 단단해서 뽑히거나 무너지지 않는다. 그런 도를 닦은 사람은 두고두고 자손들로부터 추앙을 받아 그에 대한 제사가 끊기는 일도 없을 것이다.

도는 모든 일의 근본이 되니 개인이 도를 닦으면 자신이 진실하게 되고 집안 전체가 닦으면 집안이 여유롭고 윤택해지며 마을 전체가 닦으면 그 풍요로움이 오래간다. 나라 전체가 닦으면 나라가 풍성해지고 천하가 닦으면 공덕이 천하에 두루 미쳐 풍요롭고 평화로운 세상이 될 것이다.

노자는 이렇게 개인으로부터 천하의 모든 사람에 이르기까지 도를 닦을

것을 권하고 있다. 도를 어떤 특정 그룹의 사람들만이 닦아 그러한 도로 천하를 다스리는 폐쇄적인 방식은 노자의 도가 아니다. 너와 나, 우리 모두, 나아가서는 세상 사람들 모두가 도를 알고 도를 실천하는 열린 세상이 노자가 꿈꾸는 도의 세상이다.

그런 세상이 되면 나를 보고 남을 이해하게 되며, 내 가족으로 남의 가족도 알게 되고 내 마을로써 남의 마을도 알게 된다. 나를 떠나 집이 있고 마을과 국가가 있는 것이 아니라 내가 있고 더불어 내 가족과 마을, 나라, 천하가 있는 것이다.

노자에게는 나라를 위해 개인을 희생하는 따위의 전체주의가 없다. 국가나 천하도 나와 내 가족, 내 마을에서 충분히 도가 구현되고 그러한 도의 세상이어야 나라나 천하도 의미를 가진다는 것이다. 지금으로부터 2천여 년 전에 개인과 전체에 대하여 이 정도로 조화된 생각을 할 수 있었던 노자에게 진심으로 경의를 표하고 싶다.

제55장. 함덕 (含德)

덕을 후하게 품은 이는 갓난아기와 같다.
독충이 쏘지 않고 맹수나 맹금이 붙잡지도 않는다.

뼈와 근육은 약하고 부드러우나 단단히 쥘 수 있고
남녀의 교합을 알지 못하나 성기가 크게 되어 정기가 극에 이르며
종일 울어도 목이 쉬지 않는 조화의 극에 달한다.

조화를 아는 것을 항상 있다(常) 하고
항상 있음을 아는 것을 밝다(明) 한다.
삶을 연장하는 것을 요망하다(祥) 하고
마음대로 기를 사용하는 것을 강포하다 한다.
강성해져도 곧 노쇠해 버리는 것은 도가 아니며
도가 아닌 것은 오래가지 못한다.

含德之厚 比於赤子 (함덕지후 비어적자)
毒蟲不螫, 猛獸不據, 攫鳥不搏 (독충불석, 맹수불거, 확조불박)
骨弱筋柔而握固 (골약근유이악고)
未知牝牡之合而朘作, 精之至也 (미지빈모지합이최작, 정지지야)

終日號而不嗄, 和之至也 (종일호이불사, 화지지야)

知和曰常, 知常曰明 (지화왈상, 지상왈명)

益生曰祥, 心使氣曰强 (익생왈상, 심사기왈강)

物壯則老謂之不道, 不道早已 (물장즉노위지부도, 부도조이)

含(함) 머금다, 품다 | 赤子(적자) 갓난아기 | 蟲(충) 벌레 | 螫(석) 벌레가 쏘다 | 據(거) 붙잡다 | 攫(확) 움켜쥐다 | 攫鳥(확조) 사나운 새, 맹금류 | 搏(박) 쥐다, 잡다 | 牝牡(빈모) 암컷과 수컷 | 朘(최) 성기 | 朘作(최작) 성기가 자라다 | 嗄(사) 목이 메다, 울어서 목이 쉬다 | 益生(익생) 삶을 더하다, 연장하다 | 祥(상) 보통은 상서롭다. 여기서는 좋지 못하다, 요망하다는 의미로 쓰임 | 强(강) 강포함

해설

노자는 덕을 많이 가진 사람은 갓난아기와 같이 기가 부드러워진다고 한다. 아기는 욕심도 없고 달리 얻으려는 것도 없으므로 독충들도 쏘지 않고 맹수들도 해치려 하지 않는다. 남녀의 교합을 알지 못해도 성기는 크게 되고 종일 울어도 목이 쉬지 않는 것은 아기의 모든 기가 조화롭기 때문이다.

신체의 조화는 몸의 모든 기가 자연스레 균형을 이룬 상태이다. 억지로 하고자 하는 마음을 버리고 조화로움을 아는 것을 '항상 있다(常)' 하고 이 항상 있음을 아는 것은 '밝다(明)'라고 하는 것이다.

그러나 이러한 조화로움으로 생명을 연장하려 하면(益生) 이는 어리석고 요망한 짓(祥)이며 또한, 마음대로 기를 사용하는 것 역시 강포한 짓이

라고 경계한다. 노자의 시대에도 도를 닦아 오래 살거나 심지어는 영생불사(永生不死)를 꿈꾸는 무리들이 있었음 직하다. 이들이 도술을 부리거나 기를 마음대로 사용해 사람들의 이목을 끄는 것을 노자는 못마땅해 했을 것으로 생각된다.

노자가 말하는 도나 덕은 그런 형이하학적인 것이 아니며 더구나 주변 사람은 다 늙어 죽더라도 나 혼자만 오래오래 산다는 따위의 독선적인 장생 기술(長生技術)은 더더욱 노자의 것이 아니다.

무엇이든 융성하다가 갑자기 쇠퇴하는 것들은 도가 아닌 것들이다. 도가 아니면 오래가지 못한다.

제56장. 지자 (知者)

도를 아는 자는 말하지 않고 말하는 자는 알지 못하고 있는 것이다.

입을 닫고 귀를 막고

예리함을 무디게 하고 엉킨 것을 풀면서 번쩍임을 누그러뜨리고

세속에 동화되는 것을 '깊고 오묘한 동화(同化)'라 한다.

도는 가까이할 수 없으니 멀리할 수도 없고

이익을 줄 수 없으니 손해를 줄 수도 없으며

귀하게 할 수 없으니 천하게 할 수도 없어

마침내 천하의 귀한 것이 된다.

知者不言 言者不知 (지자불언 언자부지)

塞其穴, 閉其門[1] (색기혈, 폐기문)

挫其銳, 解其紛 (좌기예, 해기분)

和其光, 同其塵[2], 是謂玄同 (화기광, 동기진, 시위현동)

不可得而親, 不可得而疎 (불가득이친, 불가득이소)

---

1 塞其穴, 閉其門 : '52장 천하유시'에서 이미 나온 말이다. 입을 닫고 귀를 닫는다.

2 挫其銳, 解其紛, 和其光, 同其塵 : '4장 도충'에서 이미 나온 말이다.

不可得而利, 不可得而害 (불가득이리, 불가득이해)

不可得而貴, 不可得而賤 (불가득이귀, 불가득이천)

故爲天下貴 (고위천하귀)

而(이) 여기서는 조사로 말을 강조하는 의미로 쓰임 | 疎(소) 멀다, 친하지 않다

해설

도를 아는 자라도 말로 도를 다 나타낼 수는 없다. 깊은 진리는 말이나 글로써 전하기 어렵다. 즉, 도의 경지를 말로 설명하면 원래의 의미를 왜곡시킬 수밖에 없기 때문에 말이나 글자를 매개로 해서는 온전히 그 경지를 나타낼 수 없다는 뜻이다.

도를 말로 설명하려는 사람은 도의 깊은 경지를 모르고 말한다는 것이다. 그래서 도를 아는 자는 말하지 않는다. 이 부분은 불교에서 '깨달음은 말이나 글로 나타낼 수 없다'라고 하는 것과 매우 유사하다. 인간 정신의 극치에서 깨달은 진리의 상태를 말로 표현하기는 어렵다. 그러므로 진정한 스승은 그 경지를 설명하는 사람이 아니라 그 경지에 먼저 도달하여 후진들에게 그 길을 안내할 수 있는 사람이다.

그 길을 직접 가서 열매를 맛보는 사람은 어디까지나 자기 자신인 것이다. 누구도 그것을 대신해 줄 수는 없다. 진정한 도는 사람이 귀, 눈, 코, 입이라는 감각의 문을 막고 지각을 폐쇄하여 자기 지식의 빛을 누그러뜨리고 저 먼지로 뒤덮인 혼잡스러운 세상과 하나가 되어 섞여 버릴 때 나타

나는 것이다.

이것을 노자는 현동(玄同)이라고 한다. 즉, 깊고 오묘한 동화이며 합일이다. 이처럼 세상과 동화된 도에 대해서는 어느 누구도 그를 친애할 수도 없고 또한 소외시킬 수도 없다. 이익을 구하지 않으니 이익을 줄 수도 없고 이익이 없으니 손해 또한 줄 수 없다. 세상과 하나가 되어 있으니 고귀하지도 않고 비천하지도 않다. 그러므로 세상에서 가장 귀한 것이 되는 것이다.

흔히 소란스러운 속세를 떠나 인적 없는 깊은 산속에서 혼자 있을 때 도가 닦인다고 한다. 그러나 노자는 '도는 먼지로 뒤덮인 세상과 하나가 될 때 나타난다.'라고 한다. 도는 멀리 있는 것이 아니다. 숨을 들이쉬고 내쉬는 작은 것에서부터 가정과 사회, 나라를 편안케 하는 데까지, 그리고 나아가서는 대우주 자연을 움직이는 원리에 이르기까지 도가 이르지 않는 곳이 없다.

어찌 깊은 산속에 촛불을 켜고 혼자 앉아 있어야만 도가 찾아오는 것일까? 그렇게 해야만 찾아오는 도라면 그것은 아마 노자의 도가 아닐 것이다.

제57장. 이정치국 (以正治國)

올바름으로 나라를 다스리고 기발함으로 군사를 움직이며
일을 벌이지 않는 것으로 천하를 얻는다.

내가 어찌 그런 줄 알겠는가, 다음과 같은 이치다.
천하에 금하는 것이 많아지면 백성들은 더욱 가난해지며
백성들이 이기(利器)를 많이 가질수록 국가는 더욱 혼란스럽다.

사람들의 기술이 교묘해질수록 이상한 물건들이 생겨나고
법령이 많아질수록 도둑들은 더 많아진다.

그래서 성인이 말씀하시기를,
나는 무위로써 백성들이 스스로 변하게 했으며
내가 고요함을 좋아하니 백성들이 스스로 올바르게 되었으며
내가 아무런 일도 벌이지 않으니 백성들의 재물이 늘어났으며
내가 욕심을 버리니 백성들이 스스로 순박해졌다.

以正治國, 以奇用兵 (이정치국, 이기용병)
以無事取天下 (이무사취천하)

吾何以知其然哉, 以此 (오하이지기연재, 이차)

天下多忌諱, 而民彌貧 (천하다기휘, 이민미빈)

民多利器, 國家滋昏 (민다이기, 국가자혼)

人多伎巧, 奇物滋起 (인다기교, 기물자기)

法令滋彰, 盜賊多有 (법령자창, 도적다유)

故聖人云, 我無爲而民自化 (고성인운, 아무위이민자화)

我好靜而民自正 (아호정이민자정)

我無事而民自富 (아무사이민자부)

我無欲而民自樸 (아무욕이민자박)

奇(기) 기이하다, 기발하다 | 忌諱(기휘) 꺼리어 싫어함 | 彌(미) 두루, 더욱 | 滋(자) 더욱 | 昏(혼) 어둡다 | 伎巧(기교) 기교, 여기서 伎는 技와 같다 | 自化(자화) 自然化育(자연화육)의 준말, 스스로 성장하고 자람 | 樸(박) 통나무, 순박하다

해설

노자는 상황과 여건에 따라서 대처 방법과 마음가짐이 달라져야 한다고 말한다. 전쟁에서는 적을 속이는 속임수도 써야 하지만 나라를 다스리는 데는 정직함으로 해야 하고 나아가서 천하를 가지려면 정직함이나 속임수가 아니라 일 없음(無事)으로 해야 한다는 것이다.

이것저것 금지하여 백성들의 생활에 간섭을 하면 할수록 백성들은 생업에 창의성과 활기를 잃어 점점 더 가난해진다는 것이다. 그리하여 법령이 많아지면 그 법령을 교묘하게 위반하여 이득을 보려는 사기꾼과 도적들만 더 많아진다. 술을 금하면 밀주가 성행하고 관세를 강화하면 밀수가 성행

하여 법령을 어기는 도둑들만 부를 축적한다는 이치다.

그러나 '백성들에게 이기가 많아지면 국가는 더욱 혼란스럽고 사람들의 기술이 교묘해질수록 이상한 물건들이 생겨난다(民多利器, 國家滋昏, 人多伎巧, 奇物滋起, 민다이기, 국가자혼, 인다기교, 기물자기).'라고 문명의 이기나 기술에 대해 부정적인 견해를 나타낸 것은 노자가 살던 시대가 오늘날 우리가 보는 갖가지 문명의 이기를 접할 기회가 전혀 없던 고대 농업 사회였음을 고려할 때 어쩔 수 없는 시대적인 한계라고 생각된다.

아마도 노자는 수레나 풍차 같은 이기가 없이 직접 인력으로만 논밭을 갈고 물을 길어 나르는 것이 인심을 순박하게 하고 질서 유지가 손쉬워 위정자가 다스리기가 더 편하다고 생각한 것 같다. 오늘날 문명의 이기가 사람들의 삶에서 차지하는 절대적인 비중을 생각할 때『도덕경』의 이 부분은 현대에서는 문자 그대로 수용하기는 어렵다고 본다.

이 장에서 성인(聖人)은 도를 지닌 이상적인 위정자를 말한다. 이러한 성인은 그가 하는 대로 백성들은 따라 한다. 성인이 유위로 행하지 않는다면 백성들도 스스로 교화되고, 성인이 일을 벌이지 않고 조용하게 지내면 백성들도 삶에 여유가 생겨 서로 거짓말이나 도둑질 등 나쁜 일을 하지 않는다. 또한 성인이 무사하면 백성들은 부유해지고 성인이 무욕으로 일관한다면 백성들은 스스로 소박함으로 돌아간다.

1960년대나 70년대만 하더라도 우리나라에도 소매치기나 좀도둑들이 많았다. 길거리에서나 버스 등에서도 좀도둑들이 지갑이나 가방 속의 돈을 훔쳐 가는 것은 그리 드문 일이 아니었다. 이러한 도둑이나 소매치기 등 수상한 사람들을 잡는다고 길거리나 차도를 막고 요란하게 경찰 등이 검문·검색을 해 봤자 국민들만 불편했지 도둑이나 소매치기들은 여전히 도처에서 횡행했다.

그러나 요즘은 지갑이나 가방 속의 돈을 훔쳐 가는 것은 고사하고 가방이나 소지품을 길거리에 그냥 놔두어도 누구 하나 가져가는 사람이 없다. 경제가 아무리 어렵다 해도 적어도 남의 지갑이나 가방을 훔칠 만큼 절박하지는 않기 때문이다.

위정자나 백성들이 여유를 가지면 가질수록 나쁜 일은 줄어든다.

제58장. 기정민민 (其政悶悶)

다스림이 어리숙하면 백성들이 순박해지고
다스림이 깐깐하면 백성들의 삶이 어려워진다.

재앙에는 복이 그 속에 기대어 있고
복에는 재앙이 그 속에 엎드려 있는 것이다.
누가 그 끝을 알겠는가?

언제나 올바른 것은 없다.
올바른 것도 때로는 이상한 것이 되고
선한 것도 요망한 것이 되어
사람들이 헷갈려 하는 것이 오래되었다.

그래서 성인은 반듯하되 남을 나처럼 반듯하게 자르려 않고
청렴하되 남을 해치지 않으며, 곧되 방자하지 않고
빛나되 남을 눈부시게 하지 않는다.

其政悶悶[1], 其民淳淳 (기정민민, 기민순순)
其政察察, 其民缺缺 (기정찰찰, 기민결결)

禍兮福之所倚, (화혜복지소의)

福兮禍之所伏, 孰知其極? (복혜화지소복, 숙지기극)

其無正, 正復爲奇, 善復爲妖 (기무정, 정복위기, 선복위요)

人之迷, 其日固久 (인지미, 기일고구)

是以聖人方而不割 (시이성인방이불할)

廉而不劌, 直而不肆, 光而不耀 (염이불귀, 직이불사, 광이불요)

悶悶(민민) 어둡다, 어리숙하다. 여기서는 온정을 베풀면서 정치를 하는 모양 | 淳淳(순순) 순박하다 | 察察(찰찰) 살펴서 잘 알다, 깐깐하다 | 缺缺(결결) 모자라다, 어렵다 | 兮(혜) 어조사, ~여! | 倚(의) 의지하다 | 邪(사) 어조사 야(耶)와 같이 '~인가?'의 의미 | 割(할) 자르다 | 廉(렴) 청렴하다 | 劌(귀) 상처 입히다 | 肆(사) 방자하다 | 耀(요) 빛나다. 여기서는 '남을 눈부시게 하여 현혹시키다' 혹은 '번쩍이다'라는 뜻

해설

정치가 민민(悶悶)하다는 것은 다스림에 온정을 두어 그다지 엄하지 않게 한다는 의미이다. 제20장 절학무우(絕學無憂)에서도 '사람들은 영리해서 잘들 아는데 나만 답답하게 있는 것 같다(俗人察察, 我獨悶悶, 속인찰찰, 아독민민)' 하여 '민민(悶悶)'이 쓰이고 있는데 이것은 이해타산에 밝지 못하고 어리숙하다는 의미이다.

나라를 다스림에 있어 법령이 지나치게 꼼꼼하고 세밀하면(其政察察,

---

1 悶悶, 淳淳과 察察, 缺缺에는 '~하면 할수록 ~해진다'라는 뜻을 강조하기 위해 같은 글자를 반복해서 사용함.

기정찰찰) 두 가지 병폐가 나타난다.

첫째는, 백성들은 법령을 피해 가는 것만을 생각하게 되고 실제로 요령 좋은 사람들은 어떤 형태로든지 법령을 피해 가므로 다시 더 세밀한 법령이 필요하게 되어 법령 제정의 악순환이 반복된다.

둘째는, 나라가 보호하고 장려해야 할 선량하고 정직한 사람들이 법망에 걸려들어 고통을 겪고 그들의 생업에 지장을 주어 즉, 선량한 사람들의 생활만 더 어려워지는 것이다(其民缺缺, 기민결결).

오늘날 행정 법령은 너무도 복잡하고 양이 많아 그 분야에 종사하는 사람들조차도 제대로 모를 정도로 방대하지만 여전히 매일같이 법령 제·개정안은 쏟아지고 있다. 기업 활성화를 위해 규제 개혁을 부르짖지만 날이 갈수록 오히려 더 많은 규제 법령이 만들어져 기업 환경을 악화시키는 것이다.

재앙도 잘 대응하면 피해가 있더라도 그 경험으로 다음에 올 더 큰 재앙에서 피해를 줄이는 효과가 있어 지나간 재앙은 도리어 복이 될 수도 있다. 즉 재앙 속에 복이 기대어 있는 것이다.(禍兮福之所倚, 화혜복지소의) 그러나 큰 재앙을 겪고도 다음에 닥쳐올 재앙에 대해 아무런 인적, 물적 대비가 없다면 그 무대비(無對備)가 다시 더 큰 재앙과 피해를 불러오게 되는 계기가 될 수도 있다.

조선 시대 인조는 신흥국인 청의 실력을 오판하여 청이 1636년 2월 용골대 등을 보내어 조선의 복속을 강요할 때, 인조는 청 사신의 접견마저 거절하고 결연히 전국에 선전문(宣戰文)을 내리고 청과 결전할 의사를 표명했다.

그러나 병자호란 당시의 조선의 군비 상황은 문자 그대로 형편없어 동원 병력은 중앙군 1만 3천, 전라도 근왕군 8천 명 등으로 청의 대군을 맞기에는 병력, 무기, 군수 물자, 실전경험 등 모든 면에서 턱없이 부족한 상태였다. 이런 상태로 전쟁을 하려했다는 것이 의아스러워 일부에서는 청과 명에 대하여 등거리 외교를 하려고도 했다지만 청 사신의 접견을 거절하고 전국에 선전문(宣戰文)을 내린 것을 봐서는 그 설은 찬동하기 어렵다.

어쨌든 조선군은 전쟁 초기부터 아예 청의 상대가 되지 않았다. 한 번도 제대로 싸워 보지도 못하고 인조가 서울을 버리고 남한산성으로 피신하자 국토의 태반은 문자 그대로 무방비 상태로 청군의 놀이터가 되었다.

수십만 명의 백성들이 죽고 강간당하고 인질과 노비로 끌려갔다. 심지어는 아이들을 가진 부녀자들도 청군이 강제로 끌고 가서 청군의 진영 앞에 버려진 수많은 아이들이 어머니들의 눈앞에서 굶주림과 추위로 죽어갔다. 그 어머니들과 아이들의 울부짖음을 생각해 보면 병자호란은 임진왜란과 더불어 위정자의 어처구니없는 판단 착오로 무고한 백성들을 생지옥으로 떨어지게 한 사상최악의 사례로 손꼽아야 할 것이다.

인조는 마침내 삼전도에서 맨땅에 엎드려 세 번 절하고 아홉 번 머리를 조아리는 이른바 삼배구고두(三拜九叩頭)의 치욕을 겪으며 청군에게 항복을 청했다. 백성들이 당한 그간의 고통을 생각하면 인조의 그런 수모는 수모라 할 것도 아니다.

왕이란 왕으로서의 책임을 다했을 때 왕으로 존중을 받을 수 있지만 책임 이행을 못 했을 때는 존중은커녕 당연히 그 결과에 책임을 져야 한다. 인조는 백성들 앞에 그 머리를 아홉 번이 아니라 닳아 없어질 때까지 땅에 찍고 용서를 빌더라도 그 죄와 책임이 다 면해지지는 않는다고 생각한다.

임진왜란과 병자호란이라는 사상 최악의 외환을 초래하고 백성들을 지옥과 같은 도탄에 빠뜨린 대죄에도 불구하고 양란 당시의 조선 임금들에 대해서 한마디도 제대로 된 질책도 없이 오히려 그 사후 호칭을 둘 다 '외치에 공이 있다' 하여 '조(祖)'라 칭한 것을 보면 조선 왕조의 몰염치성과 백성들의 아픔을 송두리째 무시하는 뻔뻔스러움을 한눈에 알아볼 수 있게 한다.

재앙은 물론 반복될 수 있다. 한비자는 '사람은 재앙을 당하면 마음이 두려워지고 마음이 두려워지면 행동이 단정해지고 행동이 단정해지면 재앙과 화가 없게 되고 재앙과 화가 없게 되면 천수를 다하게 된다. 천수를 다하게 되면 반드시 공을 이루고 부유하고 귀해질 것이다. 이것을 복이라고 한다. 그러므로 복은 본래 재앙이 있는 곳에서 생긴다.'라고 했다.

그러나 조선은 달랐다. 임진왜란이라는 미증유의 재앙을 겪은 게 불과 30년 전인데 조선 왕조의 위정자들은 그 30년 동안 마음을 두렵게 가지고 행동을 단정히 하여 화를 복으로 바꾸지 못했다. 30년간의 짧은 평화에 취해 재앙이 그 속에 엎드려 있음을 알지 못했던 것이다.(福兮禍之所伏, 복혜화지소복)

위정자들은 아무런 두려움도, 반성도 없이 다시 방향만 남쪽에서 북쪽으로 바뀐 것뿐인 대재앙을 또다시 초래하고 덕분에 이러나저러나 죽어나는 게 힘없는 백성들이었다.

따지고 보면 일본이나 청을 나무랄 수도 없다. 전란의 시대, 남들은 한 치의 영토를 넓히기 위해 칼을 갈고 창을 늘이고 총과 대포를 사고 만드는 데 혈안이 되던 때에 아무런 대비도 없이 누워서 '날 잡아 잡수시오.' 하고 있었다는 건 말도 안 되는 큰 죄다. 그것은 지금도 마찬가지다. 누워만 있으면 당한다.

화와 복이 반복되는 이 세상에서 언제, 어디서나 항상 올바른 것은 없다. 지금 올바른 것도 다음에 그릇된 것이 될 수 있고 지금은 선하다는 것도 나중에는 사악한 것이 될 수도 있어 사람들이 바른 판단을 하기 어렵게 된다. 그래서 비록 옳은 태도를 취해도 정도가 지나치면 다른 사람에게 상처를 주게 되고, 깨끗한 태도를 취해도 지나치면 다른 사람에게 손해를 주게 되고, 상대에게 강요하는 것이 된다.

그러므로 성인은 자신은 반듯하되 남도 나처럼 반듯하게 자르려 하지 않고 청렴하되 남을 해치지 않으며, 곧되 오만방자하게 남을 대하지 않는다. 그것이 바로 자신은 '빛나되 남을 눈부시게 하지 않는다.'라는 것이다.

제59장. 치인 (治人)

사람을 다스리고 하늘을 섬기는 데는 검소함만 한 것이 없다.
검소하기 때문에, 빨리 도에 따른다고 할 수 있다.

빨리 도에 따른다는 것은 덕을 두텁게 하는 것이고
덕을 두텁게 하면 하지 못하는 일이 없어진다.
하지 못하는 일이 없다는 것은 그 능력이 끝을 모른다는 것이고
끝 모르는 능력이 있어야 나라를 다스릴 수가 있다.

그런 능력이 나라를 다스리는 근본이 되어야 오래도록 갈 수가 있다.
이를 일러 뿌리가 깊고 단단하다 하고
오래 살고 오래 보는 길이다.

治人事天莫若嗇 (치인사천막약색)

夫唯嗇, 是謂早服 (부유색, 시위조복)

早服謂之重積德 (조복위지중적덕)

重積德則無不克 (중적덕즉무불극)

無不克則莫知其極 (무불극즉막지기극)

莫知其極, 可以有國 (막지기극, 가이유국)

有國之母, 可以長久 (유국지모, 가이장구)

是謂深根固柢 (시위심근고저)

長生久視之道 (장생구시지도)

> 嗇(색) 아끼다, 인색하다 | 早服(조복) 빨리 도에 따르다 여기서 服은 도에 따른다는 뜻 | 積(적) 쌓다 | 克(극) 이기다 | 柢(저) 뿌리, 직근(直根)

해설

노자는 나라를 다스리는 데 있어서는 우선 '위정자가 검소해야 한다'고 한다. 위정자가 검소하지 않고 재물에 욕심을 내면 신하들도 재물에 욕심을 내게 되어 결국 백성들이 고통받게 되는 것이다. 그러므로 위정자는 검소함이 자기에게 주어진 도가 된다.

위정자가 도에 따라 검약하면 그 영향이 차례로 백성들에게도 미쳐 백성들에게 덕을 두터이 펴는 것이 된다. 백성들이 은덕을 받아 살림살이가 나아지고 부유해지면 나라가 부강해져 못 하는 일이 없게 된다. 이것은 역으로 위정자의 능력이 된다.

위정자가 이런 능력을 가졌을 때 그 다스림은 뿌리가 단단한 정치가 되어 오래가게 되는 것이다. 백성들이 평안해지고 나라가 부강해지면 백성들은 그 임금을 고마워하여 오래도록 그가 임금 자리에 있기를 바랄 것이다. 그러므로 검약함을 근본으로 하여 백성들을 잘살게 하는 것이 나라를 튼튼히 하는 뿌리가 되며 위정자가 그 자리에 오래 있게 되는 길이다.

深根固柢(심근고저)에서는 뿌리라는 뜻으로 근(根)과 저(柢)가 함께 쓰이고 있다. 줄기 아래로 곧장 내려가는 뿌리를 직근(直根)이라 하고 줄기 아래로 사방으로 번져 가는 뿌리를 만근(曼根)이라 한다. 저(柢)라 함은 바로 이 직근을 말한다. 저(柢)는 나무의 생명을 유지하는 근본적인 기초가 된다.

제60장. 치대국 (治大國)

큰 나라를 다스리는 것은 작은 생선을 지지는 것과 같이 해야 한다.

도로써 천하에 임하면 귀신도 그 영험함이 없다.

귀신이 영험함을 잃는 것은 아니지만

그 영험함이 사람을 해치지 못한다는 것이다.

귀신이 사람을 해치지 않으면 성인도 역시 귀신을 해치지 않아

양쪽이 서로 해치지 않으므로, 그 덕이 오고 가서 사람에게로 돌아간다.

治大國若烹小鮮 (치대국약팽소선)

以道莅天下, 其鬼不神 (이도리천하, 기귀불신)

非其鬼不神, 其神不傷人 (비기귀불신, 기신불상인)

非其神不傷人, 聖人亦不傷也[1] (비기신불상인, 성인역불상)

夫兩不相傷, 故德交歸焉 (부양불상상, 고덕교귀언)

1　聖人亦不傷也 : 하상공본과 왕필본에서는 '聖人亦不傷人(성인 역시 사람을 해치지 않는다)'으로 되어 있는데 이는 성인이 사람을 해칠 수도 있는 존재라는 것이 되어 너무 억지스럽다. 백서 을본에서는 '聖人亦不傷也(성인 역시 귀신을 해치지 않는다)'로 되어 있어 해석상 무리가 없다. 따라서 본서에서는 이 부분은 백서 을본의 내용을 택하여 '성인은 귀신의 영험함을 억제하는 존재'라고 해석하고 이를 따른다.

> 烹(팽) 삶다, 여기서는 '요리하다', '지지다'는 의미로 해석해야 문장이 쉽다 | 莅(리) 다다르다, 임하다 | 不神(불신) 영험이 없다는 뜻으로 쓰임 | 交(교) 오고 가다

해설

노자는 여러 가지 비유를 쓰는데 도를 물에 비유(제8장 상선약수)하거나 골짜기(제6장 곡신)에 비유하고 이 장에서는 큰 나라를 다스리는 것을 작은 생선을 지지는 것에 비유하고 있다.

작은 생선은 큰 생선처럼 내장을 제거하거나 비늘을 벗겨 내지도 않고 원형을 그대로 두고 지지게 된다. 특히 요리를 하는 중에도 여유를 가지고 천천히 생선이 익기를 기다려야지 이리저리 함부로 뒤집으면 생선만 볼썽사납게 부서진다. 익는 정도를 보아 가며 뒤집어야 하며 불의 세기도 같이 조절해야 한다. 이와 같이 큰 나라를 다스리는 일은 모든 일을 서두르지 않고 조심해야 제대로 다스려지는 것이다.

무위로써 천하를 다스리면 귀신도 함부로 날뛰지 못한다. 나라에 도가 사라지면 권력에 목을 매는 권귀(權鬼), 재물만 보면 환장을 하는 재귀(財鬼) 같은 귀신들이 제 세상을 만나 권력과 재물 사이를 횡행하며 백성들을 희롱하고 나라의 곳간을 쥐새끼처럼 드나들며, 자기들끼리 나눠 먹으며 희희낙락하는 것이다.

생각건대 어떤 시대이건 권귀(權鬼)나 재귀(財鬼)는 늘 있어 왔고, 요즘들어서는 색귀(色鬼)까지 설쳐 대며 때로는 서로 손잡고 더 크게 먹기도

하고 때로는 자기들끼리 서로 싸워서 세상의 이목을 끄는 일도 허다하다.

그러나 성인이 있어 나라의 도를 바로 세우면 그런 귀신들이 존재는 하지만 숨을 죽여 크게 나라와 백성을 해치지 못하는 것이다. 귀신이 나라와 백성을 해치지 않으면 굳이 성인도 귀신을 없애려 하지 않아 그 양자 간의 평화의 덕이 백성들에게로 돌아가 백성들의 삶과 나라의 곳간이 안정되는 것이다.

제61장. 대국자 (大國者)

큰 나라가 자신을 낮추어 천하의 여성이 되면

이에 천하의 모든 나라가 와서 교류하게 된다.

여성이 항상 남성을 이기는 것은 고요히 아래에 처하기 때문이다.

그러므로 큰 나라는 작은 나라에 대해 자신을 낮춤으로써

작은 나라를 얻고

작은 나라는 큰 나라에 대해 스스로 낮추어서 큰 나라를 얻게 된다.

혹은 낮춤으로써 가지기도 하고 혹은 낮춘 후에 가지게 되기도 한다.

큰 나라는 (작은 나라 사람과) 같이 먹고 살기만을 바라야 하며

작은 나라는 (큰 나라에) 들어가서 섬기기만을 바라야 한다.

양자가 각자 그 바라는 바를 얻으려면

큰 것이 마땅히 낮추어야 한다.

大國者下流 (대국자하류)

天下之牝[1] 天下之交 (천하지빈 천하지교)

牝常以靜勝牡, 以靜爲下 (빈상이정승모, 이정위하)

故大國以下小國, 則取小國 (고대국이하소국, 즉취소국)

小國以下大國, 則取大國 (소국이하대국, 즉취대국)

故或下以取, 或下而取 (고혹하이취, 혹하이취)

大國不過欲兼畜人 (대국불과욕겸휵인)

小國不過欲入事人 (소국불과욕입사인)

夫兩者各得其所欲 (부양자각득기소욕)

大者宜爲下 (대자의위하)

牝(빈) 암컷, 여성 | 牡(모) 수컷, 남성 | 兼(겸) 겸하다, 아울러, 함께 | 不過欲(불과욕) 그 이상 욕심을 내어서는 안 된다 | 畜(휵) 보통은 짐승 축(畜)으로 읽으나 여기에서는 '기르다, 양육하다'라는 휵(畜)으로 읽음 | 宜(의) 마땅히

해설

강과 바다에 냇물이 흘러드는 것은 강과 바다가 항상 냇물보다 낮게 있기 때문이며, 여성이 남성을 항상 이기는 것도 여성이 스스로를 낮추기 때문이라 한다. 노자는 큰 나라의 처신도 이처럼 스스로를 낮춤으로써 큰 나라가 작은 나라들을 포용하고 함께 교류하는 장이 될 수 있다고 한다.

즉, 큰 나라가 크다는 것을 과시하여 힘으로 작은 나라를 압박하지 않고 오히려 겸허하게 자신을 낮추어야 작은 나라들의 진심 어린 지지와 복종

---

1 하상공과 왕필본에는 大國者下流, 天下之交, 天下之牝(대국자하류, 천하지교 천하지빈)으로 되어 있어 '큰 나라가 자신을 낮추어야 천하가 교류하게 되고 또, 천하의 여성이 된다.'라는 말이 되어 부자연스럽다. 그러나 백서 갑본에는 '大邦者下流也, 天下之牝, 天下之交也(대방자하류야, 천하지빈, 천하지교야)'가 되어 본문처럼 '큰 나라가 자신을 낮추어 천하의 여성이 되어야 천하 모든 나라가 교류하게 된다'가 되어 자연스럽다. 본서에서는 이 부분은 백서 갑본을 참고하여 '천하지빈, 천하지교(天下之牝, 天下之交)'의 순서로 번역한다.

을 얻을 수 있다는 것이다. 작은 나라도 역시 작은 나라답게 큰 나라에 대해 자신을 낮추어야 할 것이다.

이와 같이 큰 나라와 작은 나라가 서로 앞다투어 상대를 존중하고 자신을 낮출 때 양자 모두 서로에게 이득이 되는 교류를 할 수 있는 것이다. 이러한 이상적인 양자 관계를 만들려면 처음에는 어떻게 해야 할까? 노자는 처음부터 당연히 큰 나라가 먼저 몸을 낮추어야 한다고 말한다. 노자의 약자우선 주의가 국제 관계에서도 같은 패턴으로 나타나는 대목이다. 탁견이며 참으로 감동스러운 생각의 깊이다.

그러나 오늘날 국제 관계에 있어서는 유감스럽게도 큰 나라들이 도를 따르고 덕에 의존하는 장자(長者)의 모습이 아니라 눈앞의 이익을 위하여 가진 힘을 거침없이 사용하는 강포자의 모습을 하고 있어 국가 간의 긴장을 유발하고 있다. 중국은 인도·네팔 등 접경 지역에서 영토 문제를 일으키고 남중국해, 황해 등에서도 노골적으로 자신들의 이익만을 앞세워 주변 국가들의 우려와 반발을 사고 있다.

일본 역시 제2차 세계 대전을 발발시켜 이웃 나라에 많은 피해를 준 것에 대해서는 몇 차례 유감 표명으로 얼버무리고 또다시 전쟁 가능 국가를 위한 헌법 개정과 군비 확장을 통한 재무장에 열을 올리고 있어 북한의 핵무기, 미사일과 함께 중국, 일본 등의 극우민족주의 외교는 동북아의 장기적인 평화 안정에 심각한 장애 요소로 등장하고 있다.

미국도 미국 우선주의에 의한 보호 무역 강화로 전통적인 우방과의 마찰 등 우리 주변의 대국들이 하나같이 노자가 생각하는 겸허로운 대국과는 거리가 먼 패권적 자국 우선주의 정책을 실시하고 있다. 큰 나라들이 그들의 국익을 앞세워 보호 무역주의니 해양 주권 수호 등의 명분으로 작은 나라들의 이익을 침해하고 그들과 다투는 것을 예사로 한다.

그러나 작은 나라라 해서 그들의 국익을 함부로 포기할 수 있는 것도 아니므로 큰 나라 주변에서는 오늘도 마찰이 끊이지 않고 있다. 국제 관계에서 노자의 철학과 그 주장은 유감스럽게도 오늘날에도 여전히 미래형이다.

제62장. 도자 (道者)

도는 만물 중의 으뜸이니

좋은 사람에게는 보물이 되고, 좋지 않은 사람도 지켜야 할 바가 된다.

아름다운 말은 좋은 평가를 받고, 존경스러운 행동은 남에게 감동을 준다.

그러나 사람이 언행이 나쁘다고 어찌 버릴 수가 있는가?

천자를 세우고 삼공을 두는 큰 공을 세우거나

먼저 두 손으로 받칠 만한 큰 옥을 선물하고

다음에 네 마리 말이 끄는 수레에 보물을 담아 바쳐도

앉아서 이 도를 올리는 것만은 못하다.

옛날부터 이 도를 귀하게 여겼던 것은 무엇 때문인가?

도를 따르면 구하는 대로 얻어지고,

죄를 지어도 그 죄를 면하게 되기 때문이 아닌가?

그래서 도가 천하에서 가장 귀한 것이 되는 것이다.

道者萬物之奧 (도자만물지오)

善人之寶, 不善人之所保 (선인지보, 불선인지소보)

美言可以市, 尊行可以加人 (미언가이시, 존행가이가인)

人之不善, 何棄之有? (인지불선, 하기지유?)

故立天子, 置三公[1] (고입천자, 치삼공)

雖有拱璧以先駟馬[2], 不如坐進此道 (수유공벽이선사마, 불여좌진차도)

古之所以貴此道者何? (고지소이귀차도자하?)

不曰以求得, 有罪以免耶[3], 故爲天下貴 (부왈이구득, 유죄이면야, 고위천하귀)

奧(오) 깊숙한 안쪽 | 所保(소보) 지켜야 할 바 | 市(시) 시장, 가격 | 尊(존) 높다, 우러러보다 | 加人(가인) 남에게 베풀다, 남에게 영향을 주다 | 置(치) 두다 | 拱(공) 두 팔을 벌려 껴안다, 두 손으로 바치다. | 璧(벽) 둥근 옥 | 駟馬(사마) 네 마리 말이 끄는 수레 | 所以(소이) 까닭 | 耶(야) 어조사. 아닌가 정도의 뜻

해설

도는 만물 중에서 가장 으뜸 되는 이치이니 좋은 사람에게는 당연히 보물이 되고 좋지 않은 사람에게도 도는 간직해야 할 소중한 것이다.

오(奧)는 집에서 가장 안쪽에서 통상 불을 지피는 곳을 나타낸다. 불을 지피는 것은 요리를 하거나 난방을 하는 것이므로 사실상 집에서 가장 중

---

1 삼공(三公)은 주(周)나라 때 왕의 고문을 맡았던 최고위직 벼슬로 태사(太師), 태부(太傅), 태보(太保)를 이름. 본문에서 천자를 세우고(立天子), 삼공을 둔다(置三公)는 것은 나라를 세운 큰 공을 이루었다는 뜻.

2 고대 중국에는 선물을 두 번 하는 습속이 있었다 한다. 여기서는 한 아름의 둥근 옥을 먼저 선물하고, 다음에는 큰 수레에 실은 보물로 다시 선물을 하는 모양을 말하고 있다.

3 왕필본은 有罪以免邪로 되어 있고 하상공본은 有罪以免耶로 되어 있다. 여기서 邪=耶이므로 별다른 의미가 없어 하상공본을 따른다.

요한 기능을 하는 곳이 된다. 여기에서 중요하다, 으뜸이라는 의미가 되어 만물지오(萬物之奧)란 만물 중에서 가장 중요한 것이라는 의미가 된다.

   도는 말을 잘하고 못하고를 구분하지 않으며 행동을 잘하느냐 못하느냐를 구분하지 않는다. 도는 어떤 사람이 나쁘다 해서 그를 버리지도 않는다. 좋은 것과 나쁜 것을 구분하지 않고 내 편과 네 편을 구분 짓지 않는다. 도는 모든 것을 품는다.
   천자를 세우고 삼공을 둔다는 것은 나라를 세웠다는 의미이다. 나라를 세우는 그런 큰 공을 세우거나 두 손으로 받칠 만한 큰 옥을 바치고 이어서 보물을 마차 가득히 실어 선물하는 것보다도 앉아서 이 도를 알려 주는 것이 더 큰 공덕이라 한다. 그만큼 도가 소중하다는 의미이다.

   오직 도만이 우주 만물과 사람을 궁극적으로 제도할 수가 있다. 도가 이처럼 귀한 까닭은 모든 것이 도 안에서 이루어지며 도 안에서 구하면 무엇이든 얻어지며 사람의 모든 허물도 도 안에서 소멸되고 정화되기 때문이다.

   공자도 일찍이 '아침에 도를 들으면 저녁에 죽어도 좋다(朝聞道 夕死可以)'라고 했다. 도는 무엇보다도 소중한 것이어서 나라를 구하는 것보다, 세상에 둘도 없는 보물을 주는 것보다도 사람들에게 이 도를 알려 주는 것이 더 큰 선행인 것이다.

제63장. 위무위 (爲無爲)

무위로써 행하며 일삼음이 없이 일하고 맛없음으로 맛본다.

크든 작든 많든 적든, 원한은 덕으로써 갚아야 한다.

쉬운 일에서부터 어려운 일을 꾀하며 작은 것에서부터 큰일을 행한다.

천하의 어려운 일은 반드시 쉬운 일에서부터 도모하고

천하의 큰일은 반드시 작은 일에서부터 시작해야 한다.

그러므로 성인은 끝까지 큰일을 한다고 하지 않으니,

그래서 큰일을 이룰 수 있다.

무릇 가볍게 한 승낙은 신빙성이 적으며,

아주 쉽게 한 일은 반드시 많은 어려움이 있다.

그러므로 성인은 오히려 어렵게 생각하므로, 끝에는 아무 어려움이 없다.

爲無爲, 事無事, 味無味 (위무위, 사무사, 미무미)

大小, 多少, 報怨以德 (대소, 다소, 보원이덕)

圖難於其易 爲大於其細 (도난어기이 위대어기세)

天下難事必作於易 (천하난사필작어이)

天下大事必作於細 (천하대사필작어세)

是以聖人終不爲大, 故能成其大 (시이성인종불위대, 고능성기대)

夫輕諾必寡信, 多易必多難 (부경락필과신, 다이필다난)

是以聖人猶難之, 故終無難矣 (시이성인유난지, 고종무난의)

圖(도) 꾀하다 | 細(세) 작다, 가늘다 | 作(작) 짓다, 일어나다 | 終(종) 끝나다 | 猶(유) 오히려, ~같다

해설

무위라고 해서 아무것도 안 한다는 뜻은 아니다. 억지로 일을 시작하여 무리하게 강행하지 않고 자연스럽게 일을 한다는 뜻이다. 무슨 대단한 일 한다고 요란 떨지 마라. 그렇게 요란하게 시작한 일은 결국에는 별다른 성과도 없이 끝난다. 그러므로 성인은 무위로써 행하고, 일이라고 하지 않고 일하며, 맛있다고 하지 않고 먹는다.

모든 일은 작은 것에서부터 시작한다. 그러므로 아무리 작은 원한도 반드시 덕으로써 갚아야 한다. 원한을 원한으로 갚으면, 처음에는 아무리 작은 원한이라도 점점 자라서 큰 원한이 된다. 그러므로 처음부터 원한은 덕으로 갚아야 한다. 덕으로 갚으면 아무런 문제를 남기지 않는다.

어려운 일도 쉬운 일에서 비롯되고 큰일도 작은 일로부터 커지는 것이다. 그러므로 성인은 쉬운 일을 쉽다고 여기지 않고 어렵다고 생각하고 처리해 가며 사소한 일도 적다고 생각하지 않고 신중하게 처리하는 것이다. 쉬운 일이라도 쉽다고만 생각하고 일하다 보면 의외로 어렵게 일이 꼬이

고, 작은 일도 가벼이 여기면 나중에는 생각지도 않게 일이 커질 수도 있다.

아파트의 층간 소음 같은 것도 처음부터 작은 일이라고 소홀히 하지 말고 이웃 간에 중요한 일이라고 생각하여 상대방에게 평소부터 꾸준히 양해를 구하고 가능한 한 소음을 적게 하려고 조심하고, 그 조심함을 이웃으로 하여금 알게 한다면 대부분의 경우, 무난하게 지내게 될 것이다.

그러나 이것을 작은 일이라고 소홀히 하다가 일이 생기면 짜증 섞인 반응을 보이게 되고 이 짜증이 상호 증폭되면 나중에는 걷잡을 수 없는 불행한 사태까지 발전할 수가 있는 것이다.

그러므로 성인은 모든 일을 다 어렵다고 생각하고 행하므로 어려움이 없는 것이다. 작은 나무가 자라서 큰 나무가 되고 작은 냇물이 모여서 강이 되고 바다가 되는 것처럼 성인은 일이 쉬울 때부터 신중하게 행하며 일이 작을 때 크게 생각하므로 끝날 때까지 큰 어려움이 없는 것이다.

근년 들어 성추행 등으로 가해자가 수많은 사람의 손가락질을 받고 검찰·경찰의 조사, 언론의 집중 취재 등 갖은 수모 끝에 자살로 생을 마감하는 결과까지 발생하지만, 그런 일을 처음부터 목숨을 걸고 시작하지는 않았을 것이다. 결과로 나타난 사회적 수모와 비난을 처음에 생각했다면 감히 그런 일을 할 사람은 아무도 없을 것이다.

그러므로 노자는 '아주 쉽게 한 일은 반드시 많은 어려움이 있다. 성인은 오히려 어렵게 생각하므로, 끝에는 아무 어려움이 없다.'라고 한다. 어떤가? 앞에 예를 든 사람들이 노자의 이 말 한마디만 새겨들었어도 많은 것이 달라졌을 것이다.

제64장. 기안이지 (其安易持)

안정되어 있는 것을 유지하기는 쉽고

아직 나타나지 않은 것을 도모하기는 쉽다.

연한 것을 물에 녹여 버리는 것은 쉽고 적은 것을 흩어 버리는 것도 쉽다.

아직 나타나지 않은 일을 처리하고

어지러워지지 않은 것을 다스리기는 쉽다.

아름드리나무도 터럭 같은 싹으로부터 생겨났고

9층 누대도 한 무더기의 흙으로부터 시작되었다.

천 리 길도 발아래로부터 시작한다.

억지로 행하려는 자는 실패하고 잡으려고만 하는 자는 잃게 된다.

그러므로 성인은 억지로 행하지 않으니 실패하지 않고

잡으려 하지 않으니 놓치지도 않는다.

사람들은 일에 있어 늘상 일이 거의 성사될 무렵에 실패한다.

끝 무렵에도 신중하기를 처음처럼 하면 실패할 일이 없다.

그러므로 성인은 항상 욕심 없기를 바라니

남들이 얻기 힘든 재화라 해도 귀하게 여기지 않는다.

배우지 않음을 배워서

보통 사람들이 지나쳐 버린 소박함으로 되돌아간다.
만물이 자연히 되어 가는 것을 도우면서
감히 억지로 일을 하려 하지 않는다.

其安易持, 其未兆易謨 (기안이지, 기미조이모)

其脆易泮, 其微易散 (기취이반, 기미이산)

爲之於未有, 治之於未亂 (위지어미유, 치지어미란)

合抱之木, 生於毫末 (합포지말, 생어호말)

九層之臺, 起於累土 (구층지대, 기어루토)

千里之行, 始於足下 (천리지행, 시어족하)

爲者敗之, 執者失之 (위자패지, 집자실지)

是以聖人無爲, 故無敗, 無執故無失 (시이성인무위, 고무패, 무집고무실)

民之從事, 常於幾成而敗之 (민지종사, 상어기성이패지)

愼終如始, 則無敗事 (신종여시, 즉무패사)

是以聖人欲不欲, 不貴難得之貨 (시이성인욕불욕, 불귀난득지화)

學不學, 復衆人之所過 (학불학, 복중인지소과)

以輔萬物之自然, 而不敢爲 (이보만물지자연, 이불감위)

持(지) 보전하다, 유지하다 | 謨(모) 꾀하다, 계획하다 | 脆(취) 무르다, 약하다 | 泮(반) 녹다 | 合抱(합포) 한 아름 | 毫末(호말) 털끝 | 累土(누토) 한 무더기 흙 | 幾成(기성) 거의 이루어지다. 여기서 幾는 '가깝다'라는 뜻 | 所過(소과) 지나쳐 가다 | 輔(보) 도움, 보좌

해설

이 장은 노자의 처세관이 절절히 나타나고 있는 장이다. 처음에는 간단하고 쉽게 처리할 수 있는 것도 시간이 흘러 복잡한 상황들이 서로 엉키게 되면 처리하기가 어려워지는 것이 많다. 그러므로 '아름드리나무도 터럭 같은 싹으로부터 생겨났고, 9층 누대도 한 무더기의 흙으로부터 시작되었다. 천 리 길도 발아래로부터 시작한다'라는 것이다.

일을 할 때도 처음부터 무리하게 강행하려 한다면 실패한다. 그것이 '억지로 행하려는 자는 실패하고 잡으려고만 하는 자는 잃게 된다.'라는 것이다.

그러므로 성인은 무리하지 않으니 실패하지 않고 잡으려 하지 않으니 놓치는 법이 없다. 사람들은 간혹 처음에는 신중하게 일을 시작하나 끝에 이르면 이미 일이 이루어진 것이라고 자만하여 긴장이 풀려 일을 그르치는 수가 많다. 그러므로 처음이나 끝이나 모두 신중하다면 일에 실패가 없다.

성인은 욕심이 없는 상태에 있기를 바란다. 욕심이 생기면 상황 판단에 객관성을 잃게 되고 객관성을 잃게 되면 실제 상황을 왜곡한다. 왜곡된 상황 판단으로는 일을 성사시키기 어렵다. 그러므로 성인은 욕심이 없는 상태로 있기를 바라는 것이다.

학불학(學不學)에 대해서는 여러 가지 해석이 있다. 불학무식함을 배운다는 설과 배우지 않고도 할 수 있다는 설, 배우지 않음을 배운다는 설 등이 대표적이다. 어떤 것이든 현재로서는 그 의미가 명확하지가 않다.

그러나 나는 학불학(學不學)은 바로 위의 욕불욕(欲不欲)과 연관 지어 그 뜻을 파악해야 한다고 본다. 즉, 학불학(學不學)은 '배우지 않은 상태로 남기를 바란다'라는 뜻으로 이해하는 것이 자연스럽다. 글자 그대로는 '배우지 않음을 배운다'가 되지만 그 의미는 '배우지 않음으로, 배우지 않은 상태로 남기를 바란다.'가 보다 정확한 의미라고 생각된다.

이러한 해석은 제48장 위학(爲學)에서 '학문을 하는 것은 날마다 더하는 것이요, 도를 행하는 것은 날마다 덜어 내는 것이다(爲學日益, 爲道日損, 위학일익, 위도일손).'를 생각해 보면 명확해진다. 노자에게 학문이라는 것은 덜어 내거나 하지 않아야 할 그 무엇인 것이다. 그러므로 학불학(學不學)을 불학무식함을 배운다거나 안 배웠는데도 할 수 있다는 설 모두 노자의 본의와는 다르다고 생각한다.

그리고 복중인지소과(復衆人之所過)도 해석상 설이 나누인다. 글자 그대로는 '사람들이 지나친 곳으로 돌아간다'이지만 무슨 뜻인지가 명확하지 않다. 그러나 이 문장은 앞의 학불학(學不學)과 연계를 해서 읽어야 뜻이 통한다. 즉, '배우지 않음으로, 배우지 않은 상태로 남아' 있기 때문에 사람들이 모두 지나쳐 버린 '그 본래의 소박함으로 되돌아간다.'라고 이해한다면 앞뒤 문장과 연결되어 자연스럽다.

성인은 만물이 자연히 이루어지기를 도울 뿐 억지로 일을 만들지 않는다. 농부가 채소를 키우는 것과 같다. 잡초를 뽑고 비료나 물을 주고 기다릴 뿐 늦게 자란다고 채소를 잡아다 늘이거나 뽑지 않는다. 아이들을 키우는 것도 같은 이치이다. 나름대로 좋은 여건을 만들어 주고 기다려야 한다. 기다림에 조급하면 유위가 되고 유위이면 실패한다.

자연에는 억지가 없다. 오직, 인간에게만 억지가 있는 것이다. 억지는 어떤 의도와 목적을 가지고 무리하게 그것을 이루려 하는 것이다. 자연이든 사람이든 억지로 행하면 성과가 거의 없다. 농부가 곡식이나 채소를 얻기 위해서 봄에 씨앗을 뿌리고 김을 매며 거름을 주고 물을 대는 행위는 자연스러운 행위이며 도에 따르는 행위이다. 도에 따르는 행위, 그것이 무위다.

제65장. 고지선위 (古之善爲)

옛날에 도를 잘 행하던 사람은 백성을 밝게 만들지 않고 어리석게 하였다.
백성을 다스리기 어렵게 되는 것은
그들이 교지(巧智)가 너무 많을 때이다.

그러므로 교지(巧智)로 나라를 다스리려는 자는 나라의 도둑이고
교지(巧智)로 나라를 다스리지 않는 것은 나라의 복이 된다.
이 두 가지를 아는 것이 다스림의 근본이 된다.

항상 이 근본을 아는 것을 오묘한 덕(玄德)이라 하니
오묘한 덕은 깊고도 원대하다.
사물의 이치와는 반대되는 것 같지만 나중에는 또한, 크게 같아진다.

古之善爲道者 非以明民, 將以愚之 (고지선위도자 비이명민, 장이우지)
民之難治, 以其智多 (민지난치, 이기지다)
故以智治國 國之賊 (고이지치국 국지적)
不以智治國 國之福 (불이지치국 국지복)
知此兩者, 亦稽式[42] (지차양자, 역계식)
常知稽式, 是謂玄德 (상지계식, 시위현덕)

玄德深矣, 遠矣 (현덕심의, 원의)

與物反矣, 然後乃至大順 (여물반의, 연후내지대순)

> 將(장) 장차 ~하려 하다, 마땅히 하여야 한다 | 愚(우) 어리석다 | 智(지) 슬기, 여기서는 간사한 꾀나 교지(巧智)를 뜻한다 | 稽(계) 서로 같다, 법식, 쌓다 | 式(식) 법규, 법 | 物(물) 사물, 이치 | 然後(연후) 그러한 뒤 | 乃至(내지) 얼마에서 얼마까지, 또는, 혹은 | 大順(대순) 크게 거스르지 않는다

해설

이 장에서는 '백성을 밝게 만들지 않고 마땅히 어리석게 한다(非以明民, 將以愚之, 비이명민, 장이우지).'에서 '우(愚)'를 어떤 의미로 해석하느냐가 이해의 핵심이 된다. 우(愚)를 문자 그대로 어리석다는 의미로 이해한다면 노자는 백성들의 눈과 귀를 가려 백성을 우민화하는 우민 정치(愚民政治)를 지향한다는 비난을 피하기 어렵다.

그러나 노자는 앞선 제20장 절학무우(絕學無憂)에서 '나는 어리석은 마음을 가져 흐릿하여 구분하지 못하는 것 같다(我愚人之心也哉, 沌沌兮, 아우인지심야재, 돈돈혜).'라고 하고, 또한 '사람들은 사리에 밝은데 나만 혼자 어두운 것 같고 사람들은 영리해서 잘들 아는데 나만 어리숙하게 있는 것 같다(俗人昭昭, 我獨昏昏, 俗人察察, 我獨悶悶, 속인소소, 아독혼혼, 속인찰찰, 아독민민).'라고 하여

---

1 계식(稽式) : 왕필은 계(稽)를 동(同)이라 하고 예나 지금이나 똑같다고 한다. (稽. 同也, 今古之所同) 따라서 稽式은 예나 지금이나 따라야 할 법도, 준칙 즉, 근본이 된다.

'우(愚)'를 보통 사람들이 가지는 분별적이고 세속적인 앎이 아니라 사물이나 이치에 대한 근원적인 통찰력을 가진 상태 즉, 도를 아는 상태로 보고 있다. 단순히 어리석다는 의미가 아니다.

그렇게 도를 아는 통찰력을 가지기 위해서는 '세속적인 배움을 끊어야' 한다는 얘기다. 배움을 끊어 백성들이 영리해지지 않도록 한다는 것은 백성들이 분별적인 지식이나 교활한 앎에서 벗어나 통나무와 같은 소박한, '도'와 하나 되는 경지로 돌아간 상태에 있게 한다는 것을 의미한다.

지식으로 사람들의 삶을 풍요롭게 할 수도 있지만 그 지식을 악용한다면 자신은 이득을 볼 수도 있지만 다른 사람에게 해를 끼치거나, 나아가서는 세상에 큰 해독이 될 수도 있다. 이것이 교지(巧智)이다. 노자는 백성들이 그러한 교지를 가지는 것을 꺼렸다.

그래서 노자는 그런 교지로 나라를 다스리려는 자는 나라의 도둑이 되고 그런 교지 없이 나라를 다스리려는 자는 나라의 복이 된다고 한다. 이 두 가지의 차이와 한계점을 명확히 아는 것이 다스림의 근본이 되는 것이다.

교지로 나라를 다스려서는 안 된다고 해서 모든 지식 자체를 차단해서도 안 되고 교지 없이 다스린다고 불학무식하게 백성을 다루는 것조차 나라의 복이 된다는 것은 노자의 뜻을 왜곡하는 것이다. 그러므로 노자는 그 다스림의 근본을 항상 알고 있는 것을 깊고 오묘한 덕이라 한다. 그 덕은 깊고도 원대하다고 덧붙인다. 한마디로 쉽고 간단한 문제가 아니라는 의미이다.

어쨌든 지금은 민주주의가 대세가 된 시대이다. 민주주의 시대에는 모든 지식과 의견이 개방되어 국민이 자유롭게 위정자를 부릅뜬 눈으로 감시하고 자유롭게 비판적 의견도 말할 수 있는 시대이다. 위정자의 교지도 국민들이 알 수 있고 당연히 알아야만 한다.

마지막 문장인 與物反矣(여물반이)에 대해서 왕필은 '그 참됨으로 되돌아간다'라고 풀이한다. 그러나 그렇게 풀면 뒤의 대순(大順) 즉, '크게는 같다'라는 말과 어울리지 않는다. 그러므로 與物反矣(여물반이)는 '사물의 이치와는 반대되는 것 같다'로 해석하는 것이 자연스럽다. 여기서 物(물)도 단순한 사물이 아니라 사물의 이치 정도로 푸는 것이 좋다.

그래서 '오묘한 덕은 사물의 이치와는 반대되는 것 같지만 나중에는 또한, 크게 같아진다.'가 되어 말이 자연스럽다.

제66장. 강해 (江海)

강과 바다가 모든 골짜기의 왕이 되는 것은

그들이 즐거이 아래에 있기에 모든 골짜기의 왕이 될 수 있는 것이다.

백성들의 위에 서려 하면 반드시 말을 낮추어야 하며

백성들의 앞에 서려 하면 그 몸을 뒤로 물려야 한다.

그러므로 성인은 위에 있어도 백성들이 무겁다 하지 않고

앞에 있어도 백성들이 꺼리지 않는다.

천하가 즐거이 추대하고 싫어하는 이가 없다.

성인은 본래 다투지 않으므로 천하의 누구도 그와 다툴 수 없다.

江海所以能爲百谷王者 (강해소이능위백곡왕자)

以其善下之, 故能爲百谷王 (이기선하지, 고능위백곡왕)

是以欲上民, 必以言下之 (시이욕상민, 필이언하지)

欲先民, 以身後之 (욕선민, 이신후지)

是以聖人處上而民不重 (시이성인처상이민부중)

處前而民不害 (처전이민불해)

是以天下樂推而不厭 (시이천하락추이불염)

以其不爭, 故天下莫能與之爭 (이기부쟁, 고천하막능여지쟁)

> 上民(상민) 백성의 위에 서다 | 先民(선민) 백성의 앞에 서다 | 不重(부중) 무겁다고 느끼지 않는다 | 處前(처전) 앞에 있다 | 害(해) 해롭다, 꺼리다 | 推(추) 추대하다, 받들다 | 厭(염) 싫다

해설

강과 바다, 그리고 골짜기의 관계는 성인과 백성의 관계와 같다. 즉 강과 바다가 바닥이 낮을수록 많은 계곡물이 모이듯이 성인도 그 몸을 낮출수록 더 많은 백성의 지지를 얻을 수 있다. 즉, 백성을 다스리는 위치에 서려 하면 말은 겸손하게 하고 몸은 뒤로 물러나는 자세여야 한다는 것이다.

그 결과 성인은 위에 있어도 백성들이 그를 부담스럽게 여기지 않고 앞에 있다 해도 그를 꺼리지 않아 모두들 즐거이 그를 추대하고 싫어하지 않는 것이다. 오늘날 많은 정치인이 선거 때는 그지없이 겸손하여 그야말로 국민의 종이 될 것처럼 말하고 행동하다가도 일단 선거만 끝나면 오만방자한 모습으로 되돌아가 국민들을 속이고 냉대하는 모습을 보여 국민들을 실망시킨다.

그런 사람들이 위에서 정치를 하니 국민들은 하나같이 임기 내내 그들을 무거워하고 그들을 TV에서 보는 것조차 꺼리게 되는 것이다. 정치인들끼리의 싸움도 말로는 국민을 위한 싸움이라지만 한 꺼풀만 벗겨 보면 하나같이 자신들의 밥그릇 때문에 싸우고 있어 국민이 정치에 염증을 느끼는 것이다.

성인은 자신을 위해서 일을 하지 않으니 누구와도 다투지 않고, 누구든

성인과 다투려 해도 다툴 명분과 실질이 없으므로 다툴 수가 없는 것이다.

제67장. 천하개위 (天下皆謂)

천하에서 모두 말하기를 나의 도는 크나, 못나고 어리석은 것 같다 한다.

오직 크기 때문에 못나고 어리석다.

똑똑했다면 작아진 지 오래리라.

나에게는 세 가지 보배가 있어 꽉 쥐고 지키는데,

첫째가 자애로움이고 둘째는 검소함,

셋째는 감히 세상에 앞장서지 않는 것이다.

자애로우면 용감해지고 검소하면 넉넉해지며

감히 세상에 앞장서지 않으면, 세상의 우두머리가 될 수 있다.

이제 자애로움을 버리고, 바로 용감해지려 하고

검소함을 버리고, 바로 넉넉해지려 하고

뒤에 서지 않고 바로 앞장선다면, 죽으리라!

무릇 자애로움으로 싸운다면 승리하고, 지킨다면 단단해질 것이다.

하늘이 도와준 것은 자애로움으로 지켜야 한다.

天下皆謂我道大, 似不肖[1] (천하개위아도대, 사불초)

夫唯大, 故不肖 (부유대, 고불초)

若肖, 久矣其細也夫 (약초, 구의기세야부)

我有三寶, 持而保之 (아유삼보 지이보지)

一曰慈, 二曰儉, 三曰不敢爲天下先 (일왈자, 이왈검, 삼왈불감위천하선)

慈, 故能勇, 儉, 故能廣 (자, 고능용, 검, 고능광)

不敢爲天下先, 故能成器長 (불감위천하선, 고능성기장)

今舍慈且勇, 舍儉且廣 (금사자차용, 사검차광)

舍後且先, 死矣 (사후차선, 사의)

夫慈, 以戰則勝, 以守則固 (부자, 이전즉승, 이수즉고)

天將救之, 以慈衛之 (천장구지, 이자위지)

似(사) 같다, 닮다 | 不肖(불초) 못나고 어리석음 | 肖(초) 닮다, 여기서는 똑똑하고 분별력이 있다는 뜻 | 矣(의) 어조사로 문장의 끝에서 단정, 결정의 뜻으로 쓰임 | 細(세) 가늘다, 작다 | 夫(부) 글의 끝부분에서 ~도다, ~구나 정도의 감탄사 | 持(지) 지키다, 유지하다 | 保(보) 지키다 | 曰(왈) 일컫다 | 廣(광) 넓다, 넓어지다, 여기서는 넉넉하다는 뜻 | 器(기) 그릇, 기관, 여기서는 천하를 뜻함 | 舍(사) 집, 버리다, 포기하다 | 且(차) 또, 취하다 | 救(구) 돕다 | 衛(위) 지키다, 방비하다

해설

노자의 도는 모든 사람이 이해하기 쉽지도 않고 겉보기에는 그리 훌륭해 보이지는 않는다. 그래서 노자도 크나 불초(不肖) 즉, 어리석고 못나 보인다고 한다. 이 불초(不肖)에 대해서는 당초에 초(肖)가 '닮다'라는 뜻을

---

1 不肖(불초) : 원래 肖는 자식이 부모를 닮았다는 뜻이다. 그러므로 不肖는 부모를 닮지 않았다는 뜻이 되고 이것이 변하여, '부모와 다르게 못나고 어리석다'라는 뜻으로 쓰이게 된 것이다.

가지므로 불초(不肖)를 기존의 어떤 학설과 닮지 않았다고 해석하는 견해가 있다. 그렇게 해석한다 해도 그 '기존의 학설'이 무엇인가 하는 문제가 여전히 남는다.

도는 천지자연과 우주 만물을 움직이는 원리이다. 노자가 이러한 도를 말하면서 고작 기존의 어떤 학설과 닮지 않았다고 하는 것은 도에 대한 노자의 기본적인 생각과는 어울리지도 않고 또한 그런 의미로 자신의 도를 하필이면 불초(不肖)라는 단어를 써서 표현한다는 발상도 어색하다.

노자는 제41장 상사문도(上士聞道)에서 '수준이 낮은 사람이 도를 들으면 큰 소리로 웃는데 이런 사람이 웃지 않으면 도라고 하기에는 부족하다(下士聞道, 大而笑之 不笑不足以爲道, 하사문도, 대이소지, 불소부족이위도).'라고 하여 애초에 하류의 인물들에게까지 도에 대한 이해를 바라지도 않는다.

그러므로 노자는 자신의 도가 많은 사람이 볼 때는 당연히 어리석고 못나 보일 거라고 한다. 이것이 노자의 통상의 생각과 더 잘 어울린다. 만약에 노자의 도가 세상 사람들 특히, 하류의 인물들까지도 쉽게 이해하고 좋아하도록 되어 있다면 한때는 사람들의 기호에 힘입어 유행하겠지만 사람들의 기호가 다른 데로 쏠리면 이내 유행에서 멀어져 사람들의 기억에서 이미 사라져 버렸을 것이다.

그러나 노자의 도는 무엇보다 크고 밝다. 우주 만물과 인간 만사를 관통

하는 진리이므로 시류에 흔들리지도 않고 유행에 따라 사라질 리도 없다. 다만 누구든지 쉽게 알고 느끼지 못할 뿐이다.

　　노자는 '자애롭고, 검소하며, 남 앞에 나서지 않는다'라는 세 가지 행동 원칙을 가지고 살라고 한다. 우선, 자비는 나와 남을 하나로 본다. 그러므로 나와 적의 구분이 없다. 진정한 자애를 가질 때 나를 움츠러들게 하는 이기심과 욕심으로부터 벗어나 자유로워진다. 그러므로 진정으로 용감해진다.

　　또한 검소하기에 항상 필요한 것을 축적할 수가 있어 유사시에 남에게 베풀 수도 있어 넉넉하며, 남 앞에 함부로 나서지 않음으로써 남의 주목과 시기를 받지 않고 문제가 생겨도 여유 있게 대처할 수 있다. 그러므로 천하의 우두머리가 될 수 있다(故能成器長 고능성기장).

　　고능성기장(故能成器長)에서 기(器)를 기관으로 보는 설이 있고, 만물 또는 천하라고 해석하는 설이 있다. 기장(器長)을 기관의 장 정도로 보면 타 부분과 균형이 맞지 않는다. 인생에 있어 세 가지 보물을 지킨 끝에 고작 어느 기관의 장이 되었다는 말은 스케일도 작고 문맥상 도저히 노자의 말로 생각되지 않는다. 따라서 기장(器長)을 천하의 우두머리, 세상의 으뜸으로 해석하는 것이 글 전체의 문맥상 자연스럽다.

　　노자의 이 세 가지 교훈을 잊어버리고 자애로움을 버리고 바로 용감하려고 하고, 검소함을 버리고 바로 넉넉해지려 하고, 뒤에 서지 않고 바로 앞장서려 한다면, 빨리 죽는 수밖에 없을 것이라고 한다.

대체로 자애로움으로 싸운다면 승리하고, 지킨다면 단단해질 것이다. 하늘이 자애로움을 가진 사람으로 하여금 새로운 천하를 세우고자 함일 것이다. 우리는 흔히 '여자는 약하나 어머니는 강하다'라고 한다. 자식에 대한 진정한 사랑을 가진 어머니는 자식을 위해서는 누구보다도 용감해지고 헌신적으로 된다. 그러므로 그 사랑으로 싸우면 무조건 승리하고 지키면 단단해지는 것이다.

하늘이 구해 준 것은 자애로움으로 지켜야 하고 오직 자애로움으로써만이 오래 지킬 수가 있다.

제68장. 선위사자 (善爲士者)

훌륭한 장수는 용맹을 자랑하지 않고

잘 싸우는 자는 노하지 않고

적에게 잘 이기는 자는 다투지 않는다.

사람을 잘 부리는 자는 즐거이 남의 아래에 처한다.

이를 싸우지 않는 덕이라 하고, 참으로 사람을 잘 쓰는 힘이라 하니

이것이 하늘의 뜻에 맞는, 옛날부터 내려오는 지극한 도이다.

善爲士者不武 (선위사자불무)

善戰者不怒 (선전자불노)

善勝敵者不與 (선승적자불여)

善用人者爲之下 (선용인자위지하)

是謂不爭之德, 是謂用人之力 (시위부쟁지덕, 시위용인지력)

是謂配天, 古之極 (시위배천, 고지극)

士(사) 선비, 군사, 여기서는 병사의 우두머리를 가리킨다. l 武(무) 무인, 굳세다, 용맹하다 l 與(여) 더불어, 여기서는 다투다(鬪)의 뜻 l 配(배) 짝지어 주다, 일치하다 l 極(극) 극치, 표준, 준칙. 여기서는 도와 다름 아니다.

해설

사(士)는 왕필에 의하면 사졸의 우두머리인 장수를 가리킨다(士卒之帥也, 사졸지수야). 무(武)의 원래의 뜻은 창(戈)을 들고 발로 나아가는(止) 모습으로 전투를 시작하는 모양, 즉 용맹함을 나타낸다. 무(武)가 '싸움을 그친다'는 뜻(戈 + 止)으로도 사용되는 것은 전국 시대 이후의 일이다.

뛰어난 장수(士)는 함부로 용맹함(武)을 과시하지 않고 싸움을 잘하는 자 역시 노해서 싸움을 하지 않는다. 훌륭한 장수는 오히려 상대편 장수를 욕하거나 명분상의 약점을 공격해서 상대를 분노하게 만든다. 그 장수가 분노하여 냉정을 잃은 상태에서 성급히 이편을 공격하게 함으로써 그 허점을 찌르고자 하는 것이다.

적에게 잘 이기는 사람은 적과 함부로 싸우지 않는다. 서기 234년, 위나라의 사마의(司馬懿)는 제갈량이 이끈 촉군의 북상을 오장원에서 저지하고 있었다. 촉군은 험한 산을 넘고 넘어 전선으로 보급되는 군량 문제와 제갈량의 건강 악화로 속전속결을 원했지만 사마의는 냉정하게 촉군의 사정을 꿰뚫어 보고 기다림으로 일관했다.

초조한 제갈량이 여자의 머릿수건과 머리 장식을 보내 사마의의 비겁함을 비웃었으나 사마의는 이에 말려들지 않고 침착하게 수비만 하고 있었다. 마침내 병든 제갈량이 54세를 일기로 생을 마감하자 지휘관을 잃은 촉군은 철수할 수밖에 없었다. 사마의는 뛰어난 전략가였다. 자신을 이기는 자가 최후의 승리자가 된다는 생각으로 자신을 통제했고 상황이 호전

될 때까지 인내심을 갖고 기다렸던 것이다.

중국 춘추 시대 진도공(晉悼公) 때 기해라는 신하가 나이가 많이 들어 수상 자리에서 물러나게 되었다. 도공이 그에게 후임 수상을 천거하도록 하자 기해는 평소 자신의 정적이었던 '해호'를 추천했다. 도공이 깜짝 놀라 "해호는 그대의 적이 아닌가? 어찌 그를 후임 수상으로 추천하는가?" 하자 기해는 "주공께서 물으신 것은 이 나라의 수상 될 재목이 누구냐는 것이요, 신이 좋아하는 사람을 물은 것이 아니므로 신은 주공께서 물으신 뜻에 합당한 자를 추천한 것뿐입니다." 했다.

진(晉)나라가 이 도공 때에 이르러 천하의 패자가 된 것도 기해처럼 적을 잘 이기는 신하들을 거느렸기 때문일 것이다.

중국의 주은래는 1930년대에 정통 마르크스-레닌주의 이론대로 도시 무장 투쟁을 주도하였지만 거듭 실패하던 중, 농민 혁명으로 성과를 얻은 모택동을 발견하여 자신보다 하위직이던 모택동을 사령관으로 추대하고 자신은 그를 보필하는 길을 걸었다.

그의 이러한 처신으로 중국 공산당은 조기에 안정되었고 이후 국공내전의 승리로 중국 대륙을 차지할 수 있게 되었다. 이것이 사람을 잘 부리는 자는 즐거이 그 사람의 아래에 처한다는 노자의 말을 실천한 예이며, 싸우지 않는 덕으로 사람을 잘 쓰는 힘이라 할 수 있다. 이것이 하늘의 뜻에 맞는, 옛날부터 내려오는 지극한 도이다.

햇볕과 물, 땅 등 합당한 여건만 갖추어 둔다면 나무는 자라려고 하지 않아도 자라고 꽃은 피려고 하지 않아도 핀다. 이러한 합당한 여건을 갖추는 일, 즉 양지바른 땅을 골라서 개간하여 씨앗을 뿌리고 거름을 주는 등의 일을 하고 난 다음에 기다리는 것이지 무위라고 해서 씨앗도 뿌리지 않고 거름도 주지 않는 문자 그대로 아무것도 하지 않고 기다리기만 하는 것은 단순한 게으름이지 무위가 아니다.

제69장. 용병 (用兵)

용병하는 데는 다음과 같은 말이 있다.
나는 과감히 공격하는 쪽이 아니라 수비하는 쪽이 될 것이다.
한 치를 나아가느니 오히려 한 자를 물러설 것이다.

이것을 '행동하지 않음을 행하고, 없는 팔을 걷어붙인다.'라고 하고
또한 '없는 적을 깨뜨리고, 없는 병기를 잡는다.'라고 한다.

화는 적을 깔보는 것보다 큰 것이 없으니
적을 깔보면 자기가 가진 보물을 거의 잃게 될 것이다.
따라서 군사로써 서로 맞붙을 때, 애통해하는 마음을 가진 편이 이긴다.

用兵有言 (용병유언)

吾不敢爲主而爲客 (오불감위주이위객)

不敢進寸而退尺 (불감진촌이퇴척)

是謂行無行, 攘無臂 (시위행무행, 양무비)

扔無敵, 執無兵 (잉무적, 집무병)

禍莫大於輕敵 (화막대어경적)

輕敵幾喪吾寶 (경적기상오보)

故抗兵相加, 哀者勝矣 (고항병상가, 애자승의)

> 主(주) 주인, 여기서는 전쟁에서 주체 즉, 공격하는 쪽을 뜻함 | 客(객) 손님, 여기서는 전쟁에서 객체 즉, 수비하는 쪽을 뜻함 | 寸(촌) 손가락 마디, 치(약 3.03cm) | 尺(척) 자(한 치의 10배, 30.3cm) | 攘(양) 물리치다, 걷어 올리다 | 臂(비) 팔 | 扔(잉) 깨뜨리다, 당기다 | 兵(병) 병기 | 幾(기) 거의, 낌새 | 抗(항) 막다, 저지하다 | 相加(상가) 서로 붙다

해설

전쟁은 하지 않는 것이 좋으나 부득이 할 때는 앞서 나가서 전쟁을 주도하지 말고 마지못해 응전할 것이며 앞으로 공격하기보다는 뒤로 물러서서 희생자를 최소화해야 할 것이다. 전쟁에서 적을 가볍게 여기고 물러설 줄 모르고 살상만을 일삼는 것보다 큰 실책은 없다.

노자가 이 장에서 '행위하지 않음을 행한다'나 '없는 팔을 걷어붙인다'라든가 '없는 적을 깨뜨리고, 없는 병기를 잡는다'라고 하는 것은 결국 전쟁에서는 가급적 전쟁 시늉만 하면서 실제로는 하지 않아야 한다는 것을 뜻한다. 일단 전쟁이 일어나면 그 피해가 상상 이상으로 커지기 때문이다.

중국 공산당의 국가 방어 전략은 실제로 주변국과 서로 포탄을 주고받는 전쟁을 하는 것보다는 평소에 자기들의 군사 장비나 중국군의 사기 또는 국방 과학 기술의 우수성을 과시함으로써 주변국들이 겁을 먹게 하여 실질적인 전투 의욕을 꺾는 것을 목적으로 한다고 한다.

사실 대부분 국가의 건군 기념식에는 대규모 군사 퍼레이드를 통해 자국이 가진 최신, 최강의 무기를 과시함으로써 주변국들의 기를 꺾고자 한다. 그리고 핵무기를 가진 나라들끼리는 전면전을 하기는 사실상 불가능하다. 핵은 상대국에 괴멸적인 타격을 가할 수가 있어 전쟁 당사자 국민들이 모두 죽거나 대부분 죽을 수가 있다. 그러므로 핵전쟁은 애초부터 불가능한 것이다.

예로부터 전쟁은 자체가 쌍방 간에 큰 위험 부담을 가지고 시작할 수밖에 없는 모험이다. 더구나 핵전쟁은 전쟁 당사국민 모두가 한꺼번에 공멸할 수도 있는 전쟁이 되므로 서로 입씨름만을 하거나 아주 소규모의 충돌로 끝내지, 전면전을 하지는 않는다. 말하자면 '없는 적을 깨뜨리고, 없는 병기를 잡는다.'라는 것이다.

『손자병법』에서도 '백 번 싸워 백 번 이기는 것이 최선의 방법은 아니며 싸우지 않고 적을 굴복시키는 것이 최선이다'라고 하고 있다. 그럼에도 불구하고 전쟁이 일어난다면 그 전쟁에서는 성심을 다하여야 하며 적을 깔보고 경계심을 늦추는 것은 있을 수 없는 경박함으로 노자는 이를 '자기가 가진 보물을 거의 잃게 될 것이다'라고 경고한다.

그리고 군대가 서로 맞붙을 때는 애통해하는 마음을 가진 편이 궁극적으로 민심을 얻게 되어서 결국에는 승리할 가능성이 크다. 민심이 곧 천심(天心)이므로 민심을 얻는 편이 천심을 얻게 되어 결국에는 이긴다. 제67장 천하개위(天下皆謂)에서 '자애로움으로 싸운다면 승리하고, 지킨다면 단단해질 것이다. 하늘이 구해 준 것은 자애로움으로 지켜야 할 것이다(夫慈, 以戰則勝, 以守則固 (부자, 이전즉승, 이수즉고).'라는 것도 바로 그런 의미인 것이다.

제70장. 오언 (吾言)

내 말은 아주 알기 쉽고 행하기도 쉽다.

그러나 세상 사람들은 알지도 못하고 행하지도 않는다.

말에는 근본이 있고 일에는 중심이 있다.

오로지 그 근본과 중심을 모르기 때문에, 나를 알지 못하는 것이다.

나를 아는 자가 드물기 때문에 나를 본받는 사람은 귀해진다.

이를 일러 '성인이 굵은 베옷을 입고 있지만

가슴에는 귀한 옥을 품고 있다.'라고 하는 것이다.

吾言甚易知, 甚易行 (오언심이지 심이행)

天下莫能知, 莫能行 (천하막능지 막능행)

言有宗, 事有君 (언유종 사유군)

夫唯無知, 是以不我知 (부유무지 시이부아지)

知我者希, 則我者貴 (지아자희, 즉아자귀)

是以聖人被褐懷玉 (시이성인피갈회옥)

甚(심) 심하다, 지나치다 | 莫(막) 없다 | 則(즉) 여기서는 '본받다'라는 뜻 | 被(피) 입다 | 褐(갈) 굵은 베옷 | 懷(회) 품다

해설

노자는 자신의 말은 아주 알기 쉽고 행하기도 쉽다고 한다. 도는 말하는데 근본이 되고 일에도 중심이 되는데 사람들이 그 근본과 중심을 모르니 노자 자신도 몰라본다는 것이다.

도는 사실 어려운 것이 아니다. 세상 사람들은 도를 자꾸 우리 생활을 떠난 어떤 특별한 것으로 생각하려 드니 알 수 없고 어렵게 느껴지는 것이다. 그러나 도는 제67장 천하개위(天下皆謂)에서 말하듯이 의외로 쉬운 '자애로움, 검소함, 남 앞에 함부로 나서지 않는 것'이며 '어떤 일에 있어서든 반드시 있어야 할 핵심적이며 당위적인 요소', 그것이 바로 도이다.

노자는 사람들이 도에 따른다면 쉽게 자신을 알아볼 것인데 도에 따르지 않으니 자신을 알아보지 못한다고 하고 그래서 '나를 아는 자 즉, 도를 아는 자가 드물기 때문에 나를 본받는 사람 즉 도를 따라 행하는 사람은 귀해진다.'라고 한다.

성인은 도를 체득한 사람이다. 성인이 굵은 베옷을 입는다고 함은 성인도 보통 사람과 같이 거친 베옷을 입고 세상 사람들과 함께 산다는 의미이며 그러나 가슴속에는 보통 사람이 가지지 않은 귀한 옥, 즉 도를 품고 산다는 것이다.

제71장. 지부지 (知不知)

모른다는 것을 아는 것은 좋은 것이며,

모르는 것을 안다고 하는 것은 병이다.

병을 병으로 안다면 그것은 병이 되지 않는다.

성인에게 병이 없는 것은, 병을 병으로 여기기 때문에 병이 되지 않는다.

知不知, 上, 不知知, 病 (지부지, 상, 부지지, 병)

夫唯病病, 是以不病 (부유병병, 시이불병)

聖人不病, 以其病病, 是以不病 (성인불병, 이기병병, 시이불병)

夫(부) 발어사, 대저 | 唯(유) 오직, 비록 ~하더라도, 발어사 | 病病(병병) 병을 병으로 알다

해설

노자는 '모른다는 것을 아는 것은 좋은 것이며, 모르는 것을 안다고 하는 것은 병이다(知不知, 上, 不知知, 病, 지부지, 상, 부지지, 병).'라 하고 공자도 '아는 것을 안다고 하고 모르는 것을 모른다고 하는 것이 곧 아는 것이다(知之爲知之, 不知爲不知, 是知也, 지지위지지, 부지위부지, 시지야. / 논어 위정편)'라고 하여 이 장의 노자와 유사한 말을 하고 있다.

이 장에서 노자는 우리에게 안다는 문제에 대하여 단도직입적으로 말한다. 우리는 자신이 어떤 문제에 있어 '모른다'라는 것을 인정하지 않는 경우가 많다. '모른다'라는 것을 흔쾌히 인정하기보다는 상황을 적당히 얼버무리거나 변명으로 자신의 무지를 덮으려는 경우가 더 많은 것이다. 더구나 모르는 것도 안다고 하는 경우도 적지 않다. 노자는 이를 병이라고 잘라 말하는데 그렇게 본다면 우리들 중 많은 사람이 병자인 셈이다.

그런데, 아는 것에 대한 문제점은 이것만이 아니다. 우리는 생각이 다른 사람들도 '다르다'라고 하지 않고 '모른다'라고 한다. 심지어 '무지하다'라고 말하기도 한다.

15세기의 조선은 세종 때에 왕명으로 『농사직설』이라는 책을 편찬하여 널리 백성들이 종자의 선택, 저장 방법과 논밭 갈이 등 농사를 지을 때에 참조하도록 했으며, 범법자에 대하여 형벌을 내릴 때도 법령에 따르도록 하여 왕이나 관리의 임의대로 형을 집행하는 것을 금지하였다. 적어도 15세기의 조선은 서구 유럽 사회에 결코 뒤지지 않는 문명사회였다.

훨씬 훗날인 19세기 말에 조선에 온 유럽인들은 임진왜란 등 외세의 침략으로 농업의 기반이 붕괴되고 무능한 임금과 부도덕한 세도 정치나 탐관오리들의 무자비한 수탈로 피폐해질 대로 피폐해진 조선 사회를 보고 아프리카나 동남아와 같은 후진적이고 야만적인 사회라고 생각했다. 그러나 그들이 그렇게 본 것은 조선 사회에 대한 사전 지식의 부족에서 온 편견에 불과한 것이었다.

조선이 이미 15세기에 백성들을 위해서 책을 발행하고 형벌 집행을 법령에 의하도록 한 문명국의 하나라는 사실을 유럽인들은 몰랐던 것이다. 15세기의 유럽 사회는 마녀 사냥이나 면죄부 발행 등이 횡행하여 어떤 면에서는 조선보다 훨씬 더 후진적이고 몽매한 사회였다.

유럽인들 중에 아직도 문명은 유럽만의 것이었고 나머지 세계는 유럽에 의해 문명 세계로 진입할 수 있었던 야만의 세계라고 생각한다면 그들은 노자가 말하는 뭘 모르는 '병'에 걸린 사람들일 뿐이다.

제72장. 민불외위 (民不畏威)

백성들이 왕의 위력을 두려워 않으면, 곧 더 큰 위력이 닥치게 된다.

백성들의 삶을 업신여기지 말고 그들의 생활에 위해를 가하지 마라.

위해를 주지 않으면, 백성들은 싫어하지 않는다.

그러므로 성인은 알되 나타내지 않으며,

스스로를 아끼지만 스스로 귀하게 되려 하지 않는다.

그러므로 저것(自貴)을 버리고 이것(自愛)을 취한다.

民不畏威, 則大威之 (민불외위, 즉대위지)

無狎其所居, 無厭[1]其所生 (무합기소거, 무엽기소생)

夫唯不厭[2], 是以不厭 (부유불엽, 시이불염)

是以聖人自知不自見[3] (시이성인자지부자현)

自愛不自貴, 故去彼取此 (자애불자귀, 고거피취차)

---

1 누르다는 뜻으로 '엽'으로 읽는다.

2 누르다는 뜻으로 '엽'으로 읽는다.

3 이때 見은 나타날 '현'으로 읽는다.

> 畏(외) 두려워하다 | 威(위) 위엄, 권세 | 狎(합) 보통은 누르다(압)이나 여기서는 업신여기다(합)는 뜻 | 厭(염) 싫어하다, 누르다. 단, '누르다'라는 뜻으로는 '엽'으로 읽음

해설

위정자가 백성들을 핍박하여 백성들이 극도의 궁지에 몰리면 왕의 위엄도 무서워하지 않아 마침내 '큰 위력(大威)'이 닥치게 된다. 이 '큰 위력(大威)'이 무엇인가에 대해서는 몇 가지 설이 있다. 왕필은 '하늘의 벌(天誅, 천주)'이라고 하지만 누구에게 내리는 벌인지가 애매하다.

과연, 고대 사회에서 백성들이 왕의 위엄을 두려워하지 않는 상태란 어떤 것일까? 왕의 위엄을 부정하는 행위가 반란 외에 어떤 것이 있을 수 있을까? 나는 '큰 위력(大威)'이란 백성들의 반란이라고 보는 것이 간명하다고 본다.

위정자는 하늘의 명령(天命, 천명)을 받아 그 위엄으로 백성을 다스리는데, 그 위엄을 부정하고 백성들이 스스로 하늘의 명령(天命, 천명)을 바꾸어 위정자를 바꾸고자 한다. 이것이 바로 '하늘의 명령을 혁신'하는 혁명(革命)이며 곧, 반란이다.

위정자의 가혹한 통치로 백성들의 삶이 극도로 어려워지면 백성들은 이렇게 죽으나 저렇게 죽으나 매한가지라는 생각으로 왕의 위엄에 항의하여 반란을 일으키게 된다. 노자의 '큰 위력(大威)'이란 바로, 이러한 백성들의 반란이라고 볼 수밖에 없다.

전국 시대에는 각국이 경쟁적으로 군사력을 증가시키는 데 나라의 총력을 기울였다. 그러므로 백성들 중에서 힘을 쓸 만한 장정들은 모두 병졸로 징집하고 각종 명목으로 세금을 매기고 곡물 등을 군용으로 징발하는 것을 예사로 하였으므로 백성들의 삶은 갈수록 피폐해졌다. 삶의 피폐가 극에 달하면 백성들은 자포자기하여 더 이상 왕의 위엄을 두려워하지 않게 된다. 이렇게 되면 더 큰 하늘의 위력 즉, 백성들의 반란이나 혁명의 위기가 닥치는 것이다.

노자는 위정자는 그들의 지위를 유지하기 위해서라도 백성들의 삶에 직접적인 압박이나 지나친 위해를 가하지 말라고 경고한다. 위정자가 백성들의 생활에 직접적인 위해를 가하는 원인은 자기 스스로 뽐내고(自見, 자현), 귀하게(自貴, 자귀) 되려 하기 때문이다.

뽐내고 귀하게 되기 위해서 궁궐을 크게 짓기도 하고 영토를 넓히려고 이웃 나라를 침범하려고도 한다. 그런 경비를 백성들에게서 거두니 자연히 강제적인 수탈이 되어 백성들의 가계를 압박하게 되고 생활에 위해가 가해진다는 것이다.

그러므로 성인은 스스로를 아끼지만 스스로 귀하게 되어 백성들의 삶이나 생활에 위해가 되는 것은 피한다.

제73장. 용어감 (勇於敢)

감히 하는데 용감하면 죽이고, 감히 하지 않는데 용감하면 살린다.

이 두 가지는 혹은 이롭고 혹은 해로우니

하늘이 싫어하는 바에 대해 누가 그 이유를 알겠는가?

그러므로 성인이라도 그에 대하여 어려워한다.

하늘의 도는 싸우지 않고도 잘 이기고

말하지 않고도 잘 응해 오고

부르지 않아도 잘 오고 느슨하면서도 잘 꾀한다.

하늘의 그물은 넓고 넓어 성긴 것 같아도 무엇하나 놓치는 법이 없다.

勇於敢則殺, 勇於不敢則活 (용어감즉살 용어불감즉활)

此兩者或利或害 (차양자혹이혹해)

天之所惡[1] 孰知其故? (천지소오 숙지기고?)

是以聖人猶難之 (시이성인유난지)

天之道不爭而善勝 (천지도부쟁이선승)

---

1 '미워하다, 싫어하다'라는 뜻으로 '오'로 읽는다.

不言而善應 不召而自來 (불언이선응 불소이자래)

繟然而善謀 (천연이선모)

天網恢恢 疎而不失 (천망회회 소이부실)

> 或(혹) 혹은 | 猶(유) 오히려, 마치 ~같다 | 應(응) 응하다 | 召(소) 부르다 | 繟(천) 느슨하다, 너그럽다 | 謀(모) 꾀하다, 계획하다 | 網(망) 그물 | 恢(회) 넓다, 넓히다 | 疎(소) 소통하다, 성기다(물건의 사이가 뜨다)

해설

이 장에서 '감히 하는데 용감하면 죽이고, 감히 하지 않는데 용감하면 살린다'에서 '한다'는 것이 무엇을 의미하는가에 대해 설이 나누어진다.

첫째는, '한다'를 일상적인 행동으로 보는 설이다. 그러나 이 설은 뒤이어 나오는 '하늘이 미워하는 바에 대해 누가 그 이유를 알겠는가? 그러므로 성인이라도 그에 대하여 어려워한다(天之所惡 孰知其故? 是以聖人猶難之, 천지소오 숙지기고, 시이성인유난지).'에 대한 의미 파악이 곤란해진다.

그리고 노자는 이미 제67장 천하개위(天下皆謂)에서 일상적인 행동의 준칙으로 '나에게는 세 가지 보배가 있어 지키고 보전하는데, 첫째가 자애로움이고 둘째는 검소함, 셋째는 감히 세상에 앞장서지 않는 것이다(我有三寶, 持而保之, 一曰慈, 二曰儉, 三曰不敢爲天下先, 아유삼보, 지이보지, 일왈자, 이왈검, 삼왈불감위천하선)'라고 명확하게 말한 바 있다.

그래서 이 장에서 '한다'를 일상적인 행동으로 본다면 제67장의 말은 의미 없이 해 본 말이 되고 새삼스레 그런 일상의 행동에 대하여 '하늘이 그 행동을 미워하는 이유를 모르겠다. 성인도 이를 어려워한다'라고 물러서는 것도 이해하기 힘든 말이 된다. 그러므로 이 설은 취하기 어렵다.

둘째는, '한다'를 전쟁에서의 행동으로 보는 설이다. 그러나 전쟁에서의 행동에 대해서는 이미 제31장 부병자(夫兵者), 제68장 선위사자(善爲士者), 제69장 용병(用兵) 등에서 몇 번이고 명확하게 말한 바 있음에도 불구하고 되풀이해서 말하는 것도 이상하지만 '하늘이 그 행동을 미워하는 이유를 모르겠다. 성인도 이를 어려워한다'라고 새삼스레 불확실하게 말한다는 것은 납득하기 어렵다. 그러므로 이 설 역시 받아들이기가 곤란하다.

셋째는, '한다'를 형벌을 내리는 행위로 보는 설이다. 이렇게 보면 뒤의 '하늘의 그물은 넓고 넓어 성긴 것 같아도 놓치는 것이 없다(天網恢恢 疎而不失, 천망회회 소이부실).'와도 어울린다. 즉 죄를 지으면 하늘이 반드시 그를 응징한다는 말은 형벌에 관한 이야기로 보아야 제격이다. 그리고 다음에 있는 제74장 민불외사(民不畏死)와 내용상 연결이 된다. 그러므로 본서에서는 '한다'를 '형벌을 내린다'는 의미로 보고자 한다.

죄인을 벌함에 있어 엄격하고 용감하면 죄인을 죽이고, 그렇지 않으면 죄인을 살린다. 그런데 어느 것이 궁극적으로 옳고 그르며 하늘이 원하는 바인지는 알기가 어렵다. 그러므로 성인이라도 어려워하는 것이다. 그러나 대체로 보면 하늘의 도는 싸우지 않고 굳이 말하지 않고 부르지 않고 고요히 있어도 모든 일이 이루어지는 것이다.

하늘의 그물은 도가 이루어지는 범위이며 도라는 질서이자 규범이 실현되는 장소이다. 그렇기에 하늘의 그물은 넓고 넓어서 듬성듬성해 보이지만 죄인이 그 그물 사이로 빠져 달아나는 법이 없다.

독일의 히틀러를 비롯하여 캄보디아의 크메르루주, 중동의 IS 등 잔혹한 대량 살상과 파괴를 일삼던 무리들은 한때는 세상을 뒤흔들 정도로 위세를 떨쳤지만 세상의 주류로 자리 잡지 못하고 곧 모두 흔적도 없이 사라졌다. 하늘의 그물에 걸려 모조리 멸망의 길로 사라져 버린 것이다.

제74장. 민불외사 (民不畏死)

백성들이 죽음을 두려워하지 않는다면,

어찌 죽임으로써 백성을 두렵게 할 수 있겠는가?

만약에 (나라가 안정되어) 백성들이 항상 죽음을 두려워하게 되면,

이후에 그릇된 행위를 하는 자가 있다면

내가 그를 잡아 죽일 것인데 누가 감히 그런 짓을 하겠는가?

항상 사형을 관리하는 자를 두어서 사람을 죽여야 하는데,

사형 관리자를 대신하여 사람을 죽이려 한다면,

그것은 큰 목수를 대신하여 나무를 베는 것이니

큰 목수를 대신하여 나무를 베는 사람치고,

그 손을 다치지 않는 사람은 드물다.

民不畏死, 奈何以死懼之 (민불외사, 내하이사구지)

若使民常畏死, 而爲奇者, 吾得執而殺之, 孰敢? (약사민상외사, 이위기자, 오득집이살지, 숙감?)

常有司殺者殺, 夫代司殺者殺, 是謂代大匠斲 (상유사살자살, 부대사살자살, 시위대대장착)

夫代大匠斲者, 希有不傷其手矣 (부대대장착자, 희유불상기수의)

> 奈何(내하) 어찌 | 懼(구) 두려워하다 | 爲奇者(위기자) 그릇된 짓을 하는 자. 여기서 奇는 正과 반대의 뜻 | 執(집) 잡다 | 司殺者(사살자) 사형을 관리하거나 집행하는 자. 법관이나 집행관 등 | 代司殺者(대사살자) 사형을 관리하는 자를 대신하다 | 大匠(대장) 큰 목수 | 斲(착) 베다, 도끼질하다 | 希(희) 드물다 | 矣(의) 어조사, 문장 끝에서 단정. 결정 등을 강조

해설

백성들이 수탈 끝에 자포자기하여 죽음조차 두려워하지 않는 상태가 되면, 사형이 더 이상 백성들을 제압하는 수단이 될 수 없다. 근대 이전에 민중이 위정자에게 집단으로 반기를 드는 민란은 붙잡히면 역적이라는 이름으로 삼족이 멸해지는 중죄였다.

그러나 조선 말기 특히, 철종 때에 일어난 민란은 그 무거운 처벌에도 불구하고 1862년 한 해에만 경상·전라·충청 지역을 중심으로 전국 70여 개 고을에서 동시다발적으로 일어났다.

이 민란은 대부분 농민, 특히 그중에서도 빈농이나 아예 땅을 갖지 못한 농민들에 의해 주도되었는데 3~5월의 춘궁기에 집중적으로 일어났다는 사실은 먹을 것이 없는 농민들이 죽음의 벼랑까지 몰려 이래 죽으나 저래 죽으나 마찬가지라는 마음으로 죽음의 공포를 무릅쓴 최후의 항쟁이었음을 보여 준다.

민란은 보통 2~7일간 계속되었는데 봉기한 농민들은 관아의 창고를 열어 곡식을 빈민에게 나누어 주기도 했고 서리배나 양반 토호의 집을 불태

우고 곡식과 재산을 몰수하기도 했다. 이에 대해 정부는 해당 지역에 안핵사나 선무사를 파견했는데 이들은 민란의 원인이 된 탐관오리들의 비행을 밝히고 처벌하는 것보다 민란의 주모자를 체포·처형하는 데 힘을 쏟아 오히려 민심을 악화시키는 경우가 더 많았다.

나중에 조선 정부는 민란의 원인이 삼정의 문란에 있다고 생각하고 좀 더 근본적인 개혁으로 삼정을 바로잡음으로써 사태를 해결하고자 했다. 이를 위해 여러 가지 개혁안을 내놓았는데 이러한 정부의 정책이 어느 정도 효과를 거두어 민란은 점차 수그러들었다.

이렇게 사회가 안정된 다음에는 비로소 백성들이 죽음을 두려워하게 되고 만약 그중에 범법 행위를 하는 자가 나타나면 위정자가 그만을 처벌해도 다른 백성들은 두려워서 감히 그런 행동을 따라 할 수가 없게 된다.

한편, 노자는 나라에서 사형을 집행할 때는 항상 형을 집행하는 집행관을 따로 두어야 한다고 충고한다. 만약에 위정자가 집행관을 대신해서 사람을 직접 죽이면 사형이 위정자의 임의대로 집행되는 꼴이 되어 도리어 혼란을 가져온다.

위정자가 마음대로 칼을 휘둘러 신하나 백성을 죽인다면 나중에는 신하나 백성들의 칼끝이 위정자를 향할 수도 있다. 노자는 이것을 노련한 큰 목수를 대신하여 서툰 초보자가 나무를 베는 것과 같이 죽임에 서툰 위정자가 죽임을 대신한다면 대체로 자기 자신도 다친다고 경고한다.

제75장. 민지기 (民之饑)

백성들이 굶주리는 것은 위에서 세금을 너무 많이 받아먹기 때문에 굶주리는 것이고,

백성들을 다스리기 어려운 것은 위에서 작위로 하기 때문에 다스리기 어려워지는 것이다.

백성들이 죽음을 가벼이 여기는 것은
위에서 더 넉넉하게 살려고 하기 때문에,
백성들은 오히려 죽음을 가벼이 여기게 된다.
대체로 무위로 사는 것만이 삶을 귀히 여기는 현명한 방법이다.

民之饑, 以其上食稅之多, 是以饑 (민지기, 이기상식세지다, 시이기)

民之難治, 以其上之有爲, 民以難治 (민지난치, 이기상지유위, 민이난치)

民之輕死, 以其求生之厚, 是以輕死 (민지경사, 이기상구생지후, 시이경사)

夫唯無以生爲者, 是賢於貴生 (부유무이생위자, 시현어귀생)

飢(기) 굶주리다 | 以其(이기) 그것에 의한다. ~이기 때문이다 | 上(상) 위, 여기서는 위정자, 치자층을 뜻함 | 輕(경) 가볍다 | 厚(후) 두텁다. 여기서는 더 집착한다는 의미 | 無以生爲=以生無爲의 도치 형태

해설

고대 사회에서는 산업이라는 것이 사실상 농업밖에 없었다. 화폐 경제가 시작되어 수공업이나 상업도 일부 있기는 했지만 백성들 대부분은 한 해의 풍흉을 하늘에 의지하는 농업에 종사하고 있었다. 전국 시대에 들어 소를 이용하는 우경(牛耕)이 시작되고 철제 농기구로 땅을 깊이 팔 수 있어 농업 생산력이 이전보다 나아졌다고는 하나 관개 시설이나 병충해를 막는 농약, 비료 등이 없어 생산성은 극히 낮았다.

온 식구가 일 년 내내 농사에 매달린다 해도 평년의 경우에는 그런대로 먹고 살았지만 가뭄, 홍수 등의 천재지변이 있거나 병충해가 많이 드는 해가 되면 먹을 것이 없어 온 식구가 굶주리고, 심할 경우는 가족이 뿔뿔이 흩어져 유랑하기도 했다.

그런데 이런 형편의 백성들에게는 위정자라는 반갑지 않은 변수가 있었다. 대체로 위정자가 백성들을 보살펴 잘 살게 하는 경우보다는 백성들의 식량을 세금으로 거두고 장정들을 끌고 가서 노역을 시키거나 이웃 나라와의 전쟁에 동원하는 등 백성들을 못살게 하는 경우가 더 많았다. 즉, 위정자의 존재는 대부분 백성들의 삶에 중대한 위협 요소였다.

노자는 백성들이 굶주리는 것은 위정자가 세금을 너무 많이 걷기 때문

이고 백성들을 다스리기 어려운 것은 위정자가 자기 입맛대로 백성들을 다스리려 하기 때문이라고 한다. 오늘날 아프리카나 동남아 등 후진국에서 국민들이 굶주리고 생활 수준이 바닥을 헤매는 이유는 위정자가 단순히 세금을 많이 걷고 강압적으로 다스리는 것뿐만이 아니다.

극소수의 위정자들이 정권을 독점하여 그들끼리 요직을 나누어 차지하고, 한편으로는 나라의 자원과 각종 이권을 외국에 헐값으로 주는 대가로 막대한 뇌물을 받고, 또 한편으로는 외국산의 값싼 농작물과 생필품을 들여와 독과점, 탈세 등으로 치부하면서 자국의 농업과 가내 수공업이 자라나지 못하도록 근본부터 망가뜨려 백성들의 현재의 삶은 물론 미래 삶의 희망마저 함께 갉아먹고 있기 때문이다.

이처럼 위정자가 유위(有爲)하면 백성들의 삶은 고달프다. 위정자가 유위로 백성들의 삶의 터전을 망치고 장래 희망마저 앗아가면 백성들은 언젠가는 위정자에 대해 죽음을 두려워하지 않고 저항하게 된다.

그러므로 노자는 제72장에서도 '백성들의 집에 압박을 가하지 말고 그들의 생활에 위해를 가하지 마라(無狎其所居, 無厭其所生, 무압기소거, 무엽기소생)'라고 했다. 백성들이 죽음을 두려워하지 않고 저항하면 그런 백성들을 다 죽이는 정치가 무슨 정치이며, 다 죽인들 백성이 없는 나라가 무슨 나라인가? 백성이 없으면 나라도 없다. 왜냐하면 백성이 곧 나라이기 때문이다.

그러므로 무릇 정치는 자연에 따라 무위로 하여야 하고 그 무위가 백성들의 삶을 참으로 귀하게 하는 가장 현명한 방법이다.

제76장. 인지생 (人之生)

사람은 부드럽고 약하게 태어나지만, 죽을 때는 견고하고 딱딱해진다.

초목을 비롯한 만물은 태어날 때는 부드럽고 약하지만

죽을 때는 바짝 마른 나무처럼 된다.

그러므로 단단하고 굳센 것은 죽음의 무리이고

부드럽고 약한 것은 삶의 무리이다.

병력이 강하다고 이기는 것은 아니며, 나무도 강한 것이 먼저 잘려 버린다.

그러므로 강대한 것이 아래에 있어야 하고 유약한 것은 위에 있어야 한다.

人之生也柔弱, 其死也堅强 (인지생야유약, 기사야견강)

萬物草木之生也柔脆, 其死也枯槁 (만물초목지생야유취, 기사야고고)

故堅强者死之徒, 柔弱者生之徒 (고견강자사지도, 유약자생지도)

是以兵强則不勝, 木强則共[1] (시이병강즉불승, 목강즉공)

强大處下, 柔弱處上 (강대처하, 유약처상)

---

1 왕필본에는 兵(병)으로 되어 있고 백서에는 烘(홍)으로 되어 있으며 이밖에 恒(항), 拱(공), 兢(긍), 折(절) 등 여러 설이 있다. 본서에서는 하상공본에 따라 共(공)으로 하고 '잘린다. 부러진다.' 정도의 뜻으로 보기로 한다. 다른 한자도 '대체로 잘려서 쓰인다. 잘려서 불에 태워진다.'라는 정도의 뜻으로 쓰이고 있다.

> 也(야) 어조사 | 柔弱(유약) 부드럽고 약함 | 堅强(견강) 단단하고 굳셈 | 脆(취) 무르다, 약하다 | 枯(고) 마르다 | 槁(고) 마르다, 마른나무 | 共(공) 함께, 같이. 여기서는 '잘리다'라는 뜻으로 쓰임.

해설

전국 시대에는 국가 간의 빈번한 전쟁으로 백성들의 고통은 나날이 심해졌다. 강한 나라는 마음껏 힘을 과시하여 작고 약한 나라는 하나하나 멸망의 길로 갈 수밖에 없었다. 큰 나라가 싸워 빼앗은 땅에는 시신이 온통 널려 있었고, 빼앗은 성 또한 시신이 가득하였다. 그래서 장군이나 지방 관리가 산과 들에서 썩어 가는 시신을 거두어 매장만 해 주어도 선정을 베풀었다고 백성들의 칭송을 받았다.

어쨌든 전국 시대는 견고하고 강한 것들이 보다 유약한 것들을 말살하였으므로 견고하고 강한 것만이 최상의 가치가 됐던 세상이었다. 부드럽고 유약하다는 것은 곧 패배요 굴욕이며, 죽음의 또 다른 이름이었을 뿐이다. 그래서 용케 싸움에서 이겨 살아남은 위정자는 오직 더 견고하고 더 강한 존재가 되기 위하여 온 힘을 경주할 수밖에 없었다.

그러나 그런 존재들끼리 다시 죽이고 죽는 살육극이 끝나고 나니 그 끝에 최후로 살아남은 이는 더 견고하고 더 강한 사람들이 아니었다. 전국 시대를 끝내고 천하를 통일했던 진시황이 순행 중에 객사하고 진시황을 도와 강한 나라들을 하나하나 멸망시켰던 장군 백기(白起), 몽염(蒙恬)이나 승상 이사(李斯), 조고(趙高) 등 견고하고 강하다고 뽐내던 자들은 하나같이 비참한 최후를 맞이하며 몰락해 갔고 진시황의 뒤를 이은 호해(胡亥)나

자영(子嬰)도 마찬가지였다.

한때 견고하고 강하다고 하는 것들도 시간이 흐르면 딱딱하고 바싹 말라 부서지는 존재가 되어 버리고 최후에 살아남는 승자는 강한 자들이 그렇게나 유약하다고 경멸하던 힘없는 백성들이었다. 짓밟히고 짓밟혀도 어딘가에 다시 살아나는 잡초처럼, 모든 견고하고 강한 것들이 서로 힘을 겨뤄 사라지고 난 후에 끝끝내 살아남는 것은 약하고 힘없던 백성들이었다. 그들이야말로 이 땅에 삶을 이어가는 진정한 승자들이었다.

그런 백성들을 거두어 체제를 갖추고 민초들이 살 수 있는 세상을 만들어 간 것은 견고하고 강하며 무자비했던 진(秦)도 아니요, 그 진을 무너뜨리고 수만 명, 수십만 명의 포로를 생매장시켜 버리고 강한 힘으로 천하를 억누르던 항우의 초(楚)도 아닌, 약법삼장으로 복잡한 진의 법령을 간소화하고 백성들이 스스로 살아가는 조건들을 만들어 주려 했던, 유약하고 어설퍼 보였던 유방의 한(漢)이었다.

그래서 노자는 '만물은 태어날 때는 부드럽고 약하지만 죽을 때는 바싹 마른 나무처럼 된다. 그러므로 단단하고 굳센 것은 죽음의 무리이고 부드럽고 약한 것은 삶의 무리이다.'라고 하여 전국 최후의 승자는 상대적으로 백성들을 부드럽고 편안하게 대했던 한(漢) 같은 나라가 천하의 주인이 될 것을 예견하고 있었던 것이다.

즉, 노자는 '병력이 강하다고 이기는 것은 아니며, 나무도 강한 것이 먼저 잘려 버린다. 그러므로 강하고 큰 것은 아래에 있어야 하고 유약한 것이 위에 있어야 한다'라고 하여 전국 시대를 통틀어 일관되던 '견고하고 강함이야말로 최고 최선이다'라는 가치관을 부정하고 유약하고 부드러운 것이야말로 최고 최선의 가치이며 그것이 장차 천하를 이끄는 도라고 했던 것이다.

제77장. 천지도 (天之道)

하늘의 도는 활을 당기는 것과 같다.

높은 것은 낮추고 낮은 것은 올리며

남는 곳에서 가져와서 모자라는 곳을 채운다.

하늘의 도는 남는 것을 덜어 내어 모자라는 데에 채우지만

사람의 도는 그렇지 않아, 모자라는 곳에서 덜어 내어 남는 데에 넣는다.

누가 남는 것으로 천하를 봉양하겠는가? 오직 도를 가진 자만이다.

그러므로 성인은 행하되 자랑하지 않고,

공을 이루되 머물지 않고, 자신의 현명함을 드러내려고 하지 않는다.

天之道 其猶張弓與 (천지도 기유장궁여)

高者抑之 下者擧之 (고자억지 하자거지)

有餘者損之, 不足者補之 (유여자손지, 부족자보지)

天之道 損有餘而補不足 (천지도 손유여이보부족)

人之道則不然, 損不足以奉有餘 (인지도즉불연, 손부족이봉유여)

孰能有餘以奉天下, 唯有道者 (숙능유여이봉천하, 유유도자)

是以聖人爲而不恃, (시이성인위이불시)

功成而不處, 其不欲見[1]賢 (공성이불처, 기불욕현현)

猶(유) 마치 ~와 같다 | 張(장) 넓히다. 여기서는 활을 당긴다는 뜻 | 與(여) 더불어, 주다. 여기서는 어조사로 별다른 뜻이 없음 | 抑(억) 누르다 | 擧(거) 들다 | 餘(여) 남다, 넉넉하다 | 損(손) 덜다, 줄이다 | 補(보) 더하다, 돕다 | 不然(불연) 그렇지 않다 | 奉(봉) 받들다, 돕다 | 恃(시) 믿다. 자부하다 | 處(처) 거처하다. 머물다 | 見(현) 見(견)일 경우에는 보다. 여기서는 '나타내다'라는 뜻으로 '현'으로 읽음

해설

활을 쏘는 사람은 과녁을 향해 활을 겨눌 때 활이 높으면 아래로 낮추고 활을 낮게 들었으면 높이 쳐들어야 한다. 이렇게 남는 쪽을 덜어 내서 부족한 쪽을 채우는 것을 노자는 하늘의 도라 한다. 사람은 거꾸로 아홉 개를 가진 사람이 한 개를 가진 사람의 것을 마저 빼앗아 자기 것으로 채우려 한다. 이렇게 사람의 욕심을 따르는 것이 유위다.

도는 이치상으로는 어려운 것이 아니다. 필요로 하는 자에게 필요한 것을 주는 것이 도이고 절실하지 않은 자가 절실한 자의 것을 빼앗으려 하는 것은 가진 자의 욕심이고 유위이며, 하늘의 뜻에 어긋나는 부도(不道)이다.

제55장 함덕(含德)에서 '도가 아니면 오래가지 못한다(不道무已, 부도

---

1 見은 나타낼 '현'으로 읽음.

조이)'라고 했듯이 부도(不道)는 자연스럽지 못한 것이며 자연스럽지 못한 것은 오래가지 못한다. 시냇물 한가운데 있는 돌은 언젠가는 굴러 내려가 한쪽 옆으로 치워진다. 그것이 자연스럽고 오래가는 일이며, 도에 맞는 것이다.

'누가 남는 것으로 천하를 봉양하겠는가?' 하는 것은 남는 것으로 부족한 곳을 채운다는 것이다. 너무나도 당연하고 쉬워 보이는 이 말이 현실에서 실현되기 어려운 것은 누구라도 천하를 봉양할 위치에 오르면 공정무사한 마음은 희미해지고 욕심이 생겨 틈만 나면 유위를 하려 하기 때문이다.

유위가 되면 남는 것으로 부족한 곳을 채우기는커녕 오히려 '부족한 곳에서 재물을 빼내어 남는 곳에 채우려' 한다. 그러므로 '남는 것으로 천하를 봉양'하려면 천자의 지위에 오른 사람이 성인이어야 한다. 성인이 반드시 남의 눈에 확연히 띄는 빼어난 생각과 대단한 행동을 하는 사람만은 아니다. 오히려 해야 할 일을 해야 할 시점에 흔쾌히 행하는 사람이다.

전철이 들어오는 시각에 전철 선로에 떨어진 사람을 구하는 일은 보통 사람이라도 해야 한다고 생각은 하지만 막상 행동하는 데는 큰 용기와 결단이 필요하다. 그러므로 마땅히 해야 할 때에 마땅한 일을 하는 사람. 그 사람이 바로 성인이다.

성인은 응당 해야 할 일을 한다고 생각하기에 자랑할 수도 없고 자랑하지도 않는다. 그 일이 공이라고 생각하지도 않기에 공을 이룬 그 자리에 머물러 있을 필요도 없고 머무르지도 않으며, 자신이 그 일을 한 것이 특별히 현명하다고 생각하지도 않기에 현명함을 남에게 드러내지도 않는다.

그러므로 성인은 공이 있게 되고 자신의 현명함을 드러내지 않기에 현명함을 잃지 않게 되는 것이다.

제78장. 천하막유 (天下莫柔)

천하에 물보다 더 부드럽고 약한 것은 없으나

견고하고 강한 것을 공격하여 이기는 데 물보다 나은 것이 없으니

어떤 것도 물을 대신할 수 없다.

약한 것이 강한 것을 이기고 부드러운 것이 단단한 것을 이기는 것을

세상 사람들이 모르는 사람이 없으나 행하지는 않는다.

따라서 성인이 말하되,

나라의 온갖 더러움을 받아 내는 사람을 사직의 주인이라 하고

나라의 온갖 좋지 못한 일을 받아 내는 사람을 천하의 왕이라 하니,

바른말은 현실과 반대되는 것 같다.

天下莫柔弱於水 (천하막유약어수)

而攻堅强者莫之能勝 (이공견강자막지능승)

其無以易之 (기무이역지)

弱之勝强, 柔之勝剛 (약지승강, 유지승강)

天下莫不知, 莫能行 (천하막부지, 막능행)

是謂聖人云 (시이성인운)

受國之垢, 是謂社稷主 (수국지구, 시위사직주)

受國不祥, 是謂天下王 (수국불상, 시위천하왕)

正言若反 (정언약반)

垢(구) 때, 티끌 | 社稷(사직) 나라, 조정 | 祥(상) 상서롭다, 좋다 | 若(약) 같다

해설

물은 부드럽고 약하나 지속적으로 흘러 바위나 쇠와 같이 견고하고 강한 것도 뚫고 깎을 수 있다. 단단한 바위를 깎고 강한 쇠를 녹슬게 하는 것을 물보다 쉽게 하는 것은 없다. 이 장에서의 물은 전국 시대 이후의 중국의 정치 상황과 맞물려 새로운 의미를 지니게 된다.

즉, 근 이백 년 동안 계속되던 중국의 전국 시대가 진(秦)에 의해 통일되어 백성들의 삶이 안정되는가 싶었지만 진의 시황제는 전쟁이 끝나자 오히려 전쟁 전보다 더 큰 비용이 드는 만리장성, 아방궁, 수릉 축조와 같은 초유의 대공사를 일으켜 무수한 인력과 막대한 자금을 지방으로부터 긁어내어 그 축조에 사용함으로써 백성들의 고통은 점점 가중되어 갔다.

진은 천하 통일 전부터 16세 이상의 모든 남자를 전쟁과 노역에 징발하고 만일 그중에 도망자가 발생하면 그 가족이나 심지어는 인근 주민까지 대신 처벌하였으며, 날이 저물면 여관에 손님을 못 받게 하고 밭에 뿌리는 씨앗의 파종량, 마차 바퀴 축에 바르는 윤활유의 양까지 규율하는 등 백성들의 일상생활의 세세한 부분까지 다 국법으로 정하고 이를 어기는 자는

손과 발을 자르는 등 엄격하고 가혹한 법 집행으로 민심의 반발을 샀다.

진시황이 죽고 호해가 황제에 오른 뒤에도 간신 조고(趙高)의 의견대로 여산(驪山)의 시황제 능묘와 아방궁, 만리장성 등의 대역사를 더욱 서두르고, 흉노의 침공에 대비해 대규모 징병을 실시하자 민심의 이반은 극에 달하게 되었다.

이에 백성들이 이제는 누구라도 죽음이 두렵지 않은 지경이 되어 기원전 209년, 빈농 출신의 진승(陳勝)과 오광(吳廣)이 기현(蘄縣) 대택향에서 반란을 일으키자 전국 시대에 진(秦)에 병합되었던 6국의 잔존 귀족들도 잇달아 봉기하여 자립하는 등 중국 전역이 반란 무드에 휩싸이게 된다.

이 반란의 최후의 승자는 진나라의 수많은 법령을 단 세 줄 즉, '사람을 죽인 자는 죽인다. 다른 사람을 때린 자는 처벌한다. 그리고 남의 물건을 훔친 자도 처벌한다'로 줄이고 이 세 가지를 제외한 다른 법령은 모두 다 철폐한다는 소위 약법삼장(約法三章)으로 권력의 광기와 횡포에 지친 백성들을 물과 같이 부드럽게 안으려 했던 유방(劉邦)의 한(漢)나라였다.

그러므로 '물과 같은 무위와 유약함이 천하의 으뜸이다'라는 노자의 사상은 한 제국이 성립되는 정치 상황과 시대 이념에 합치됨으로써 한 초에 노자 사상이 중심이 된 황로학(黃老學)이 거세게 유행하는 단서를 제공하였다.

전국 중기 이후에 나타난 황로학은 중국인의 시조이자 법의 제정자로 상징화되는 황제(黃帝)와 도의 창시자인 노자의 사상을 융합한 학문으로 황제(黃帝)는 법가적 사고를 대표하며, 노자는 도가적 사고를 대표한다. 강제적인 법과 도를 조화시킴으로써 도에서 법이 생겨나지만 궁극적으로 도는 법을 초월하는 것이라고 보는 사상이 황로학이다.

노자는 이 장에서 '나라의 온갖 더러움을 받아 내는 사람을 사직의 주인이라 하고 나라의 온갖 좋지 못한 일을 받아 내는 사람을 천하의 왕이라 한다(受國之垢, 是謂社稷主, 受國不祥, 是謂天下王(수국지구, 시위사직주, 수국불상, 시위천하왕).'라고 하여 왕이 하늘을 대신해서 백성을 다스리는 존귀한 존재라는 유가적 이데올로기를 부정한다.

즉, 유가가 왕이 하늘의 대리인으로서 맨 위에 서고 그 밑으로 인의예지를 국가 질서의 기반으로 하여 임금은 임금답게, 신하는 신하답게 각자 서열에 맞게 주어진 직분을 행함으로써 나라가 안정된다고 하지만, 노자가 말하는 왕은 천명을 받은 자라기보다는 차라리 국민 투표로 선출되어 나라에 큰일이 생길 때마다 온갖 욕이란 욕은 다 먹고 심지어 퇴임 후에도 재직 시 잘못으로 감옥까지 가는 현대의 대통령과 흡사한 개념이다.

그러나 노자의 시대는 아직도 왕이 존귀하게 엄존하던 시대이다. 그래서 노자는 한마디 더 붙인다. '바른말은 현실과 반대되는 것 같다(正言若反, 정언약반).'라고

제79장. 화대원 (和大怨)

큰 원한은 화해를 해도 반드시 원한을 남긴다.

그것이 어찌 잘된 일이라 하겠느냐?

그러므로 성인은 좌계를 쥐고도 남에게 책임을 묻지 않는다.

덕이 있는 이는 계약을 이행하는 사람처럼 너그럽고

덕이 없는 이는 세금을 받는 사람처럼 가혹하다.

하늘의 도는 사사로움이 없으니 항상 착한 사람 편이 된다.

和大怨 必有餘怨 安可以爲善 (화대원 필유여원 안가이위선)

是以聖人執左契[1], 而不責於人 (시이성인집좌계, 이불책어인)

有德司契[2], 無德司徹[3] (유덕사계, 무덕사철)

天道無親, 常與善人 (천도무친, 상여선인)

---

1 左契(좌계) : 고대 중국에서 계약서를 좌, 우로 나누고 나중에 좌계(左契) 측 사람이 우계(右契) 측 사람에게 책임의 이행을 요구한다.

2 司契(사계) : 고대 중국에서 계약의 이행을 감독하는 직책. 여유 있고 공정 무사하게 일을 처리함.

3 司徹(사철) : 고대 중국에서 세금 수취를 관리하는 직책. 엄격하고 가혹함.

餘(여) 남다, 넉넉하다 | 安(안) 편안하다. 여기서는 '어찌'라는 뜻 | 可以(가이) 할 수 있는가 | 爲(위) 되다 | 責(책) 요구하다, 꾸짖다 | 親(친) 친지, 친척. 여기서는 사사로이 친하다는 의미

해설

큰 원한은 화해를 해도 반드시 원한을 남긴다. 일본은 제이차세계대전 시에 이웃인 한국이나 중국, 동남아 등지에서 민간인과 전쟁 포로들을 무차별 살육하고 점령지에서 위안부 징발이나 강제 징용도 모자라 생체 실험이라는 극악무도한 만행까지 저질러 해당 지역 주민에게 씻을 수 없는 상처를 남겼다.

설사 피해국이 용서를 한다 해도 원한은 한동안 남을 수밖에 없는데 일본은 난징대학살, 731부대의 생체 해부, 일본군 위안부 강제 징발 등 증거가 명백한 사실에 대해서도 '그런 사실이 없다. 날조다'라고 부정하며 오히려 상대방을 거짓말쟁이로 몰아세우니 상대국은 용서를 하고 싶어도 할 수 없는 난처한 처지가 된다.

고대 중국에서는 계약을 할 때 같은 계약서를 좌, 우로 나누어 가져갔다가 나중에 이행 시에는 합하여 같은 계약서인지 확인했다. 이때, 좌계(左契)를 가진 사람이 우계(右契)를 가진 사람에게 책임의 이행을 요구한다고 한다. 본문에서는 성인은 상대에게 책임 이행을 요구할 수 있는 좌계를 가져도 우계를 가진 자에게 책임 이행을 강요하지 않는다는 뜻이다.

즉, 성인은 채무의 이행을 독촉할 수 있는 계약서의 좌계를 갖고서도 상대가 큰 원한을 품지 않도록 상대에게 가혹하게 책임을 묻지 않는다. 상대의 형편을 살펴 가며 계약이 이행되도록 노력한다. 그러나 덕이 없는 이는 세금을 독촉하는 사람처럼 가혹하여 상대에게 큰 원한을 사게 된다.

'하늘의 도는 사사로움이 없으니 항상 착한 사람 편이 된다(天道無親, 常與善人, 천도무친, 상여선인).' 원래 이 말도 후직의 사당에 있는 금인명에 있던 말이다. 원문은 제42장 도생일(道生一) 하단을 참조하기 바란다.

살다 보면 착한 사람도 곤궁에 빠질 수가 있는데 이는 선의 열매가 익는 데 시간이 걸릴 뿐인 것이며 악한 사람도 일시적으로는 융성할 수 있으나 이는 악의 열매도 익는 데 시간이 걸릴 뿐인 것이다. 시간이 흘러 때가 되면 착한 사람은 좋은 결과를, 악한 사람은 나쁜 결과를 받게 마련이다.

사마천은 자신이 잘못도 없이 궁형을 당하자 억울한 마음에 '하늘의 도는 옳은가 그른가? (天道是邪非邪?, 천도시야비야?)'라고 한탄했다. 그러나 사마천의 한탄은 그로 하여금 『사기』라는 불후의 명작에 몰두하게 하고 그 때문에 후세에 중국 역사의 아버지라는 칭송까지 받게 했으니 하늘의 도는 역시 그르다 할 수는 없을 것이다.

제80장. 소국 (小國)

적은 백성을 가진 작은 군(郡)에서는

10인이나 100인의 힘을 가진 기계가 있어도 이를 사용하려 들지 않는다

백성들은 죽음을 두려워하여 멀리 이사도 가지 않는다

비록 배나 수레가 있어도 탈 일이 없고

갑옷과 병장기가 있어도 펼쳐 볼 일이 없다.

의사 표현을 위하여 다시 결승 문자를 사용하고,

먹던 밥을 달게 여기고 입던 옷을 아름답다고 하고,

사는 집을 편안하다고 여기고, 자신들의 풍속을 즐긴다.

이웃 군(郡)과는 서로 바라보고

닭과 개소리를 서로 들을 수 있는 거리에 살지만,

사람들은 늙어 죽을 때까지 서로 왕래하지 않는다.

小國寡民 使有什百之器而不用 (소국과민 사유십백지기이불용)

使民重死而不遠徙 (사민중사이불원사)

雖有舟輿, 無所乘之 (수유주여, 무소승지)

雖有甲兵, 無所陳之 (수유갑병무소진지)

使人復結繩¹⁾而用之 (사인복결승이용지)

甘其食, 美其服, 安其居, 樂其俗 (감기식, 미기복, 안기거, 낙기속)

隣國相望, 鷄犬之聲相聞 (인국상망, 계견지성상문)

民至老死不相往來 (민지노사불상왕래)

> 什(십) 열 | 徙(사) 옮기다 | 舟(주) 배 | 輿(여) 수레 | 乘(승) 타다, 오르다 | 甲兵(갑병) 갑옷과 병장기, 갑옷을 입은 병사 | 隣(인) 이웃

해설

 지금까지 노자는 대부분 천하라든가 적어도 큰 나라의 경영이나 그 위정자의 처신에 관한 이야기를 주로 하였다. 그런데 이 장은 그와는 달리 작은 나라(小國)에 대한 이야기를 하고 있다. 여기에서 작은 나라란 어디에 있는 어떤 나라를 말하는 것일까?

 노자는 『도덕경』의 전편에 걸쳐 천하 통일이 누구도 되돌리기 어려운 시대적 조류라고 생각했던 것 같다. 천하 통일이 된다면 그 천하의 주인은 겸허하며 검소하고 남의 앞에 감히 나서지 않는 도에 따른 정치, 무위의 정치를 행할 수 있는 사람일 것이라고 예견한다.

 천하가 통일되고 나면 큰 나라든 작은 나라든 모두 없어지고 하나의 나

---

1 結繩 : 고대 중국에서는 새끼를 묶어 의사 표현을 하였음. 여기서는 백성들이 복잡한 문자를 사용할 필요가 없어지니 다시 새끼를 묶어 의사 표현을 시작한다는 의미.

라, 하나의 임금만 남는다. 그렇다면 노자가 말하는 이 작은 나라는 어디쯤 있는 나라인가? 이 나라가 노자가 진정으로 꿈꾸는 이상적인 정치 체제나 이상국이라는 설도 있으나 노자가 살던 시대는 대규모의 살육과 파괴가 일상화되던 전쟁의 시대이며 그런 살벌한 시대의 틈바구니에서 한가롭게 이런 나라를 꿈꾼다는 것은 대단히 비현실적이다. 미안하지만 노자는 그런 비현실적인 사람이 전혀 아니다.

그리고 이 부분은 큰 도(道)가 행해지면 천하가 모든 사람의 공동의 것이 된다는 소위 천하위공(天下爲公)이 되어 모든 사람이 서로를 위해 노력하고 사는 유가(儒家)의 대동(大同)사회를 설명한 것이라고 볼 수도 있다.

대동사회란 누구나 노인을 대할 때는 자신의 부모와 같이 섬기고, 자신의 자식뿐만 아니라 남의 아이도 자신의 자식처럼 사랑하며 남녀는 모두 저마다의 직분을 갖고, 사회적 약자도 함께 돌보는 유토피아적인 꿈의 세상이다. 그러나 유가의 대동사회는 전설상의 하(夏)나라 이전에 있었다는 가공의 세상이다. 피비린내 진동하는 전국시대에는 생각하기 어렵기도 하지만, 유가와 줄곧 대립각을 세워왔던 노자가 도덕경의 말미에서 느닷없이 유가의 대동사회를 인용했다고 보기는 더욱 어렵다.

다시 노자로 돌아가 보자. 노자가 뜻하는 대로 성인이 나타나 무위로 천하의 으뜸이 되고 천하의 백성들이 모두 스스로 그에게 들어오고 큰 나라든 작은 나라든 다 귀속하여 전쟁이 멈추고 천하가 하나로 통일된다면 그 다음은 어떻게 되어야 할까?

만약, 성인이라도 자신의 천하 통일 체제를 공고히 하기 위하여 천하를 다시 크게 나누어 왕자 등 유력자를 지방의 태수로 보내고 법령을 연이어 공포하여 통일 제국의 기반을 마련하고 성을 더 높이 쌓고 궁궐을 더 웅장하게 꾸미는 데 백성들을 동원하고 채찍질을 한다면 천하 통일이 된다 한들 백성들에게 무슨 큰 의미가 있을까?

그런 면에서 볼 때, 노자는 이 장의 '작은 나라'는 천하 통일이 된 다음에 그 아래에 있는 지방의 모습을 말한 것이라고 생각된다. 백서 갑본에는 이 장의 처음이 小邦寡民(소방과민)으로 되어 있다. 邦(방)이나 國(국) 모두 우리말로는 나라라고 번역되지만 그 邦(방)이 반드시 독립적인 임금을 가진 독자적인 나라라고 생각할 필요는 없다.

노자는 아마도 이 소국(小國) 혹은 소방(小邦)을 천하 통일 후 천하를 구성하는 지방을 말한 것 같다. 그래야만 『도덕경』의 다른 노자의 말과 이 장이 별다른 모순 없이 어울린다. 천하는 통일이 되어 무위로 자연스럽게 잘 다스려지고 그 아래 지방에서는 백성들이 소규모로 모여 살면서 '멀리 이사도 가지 않고 태어난 곳에서 죽을 때까지 소박하게 살아간다.'라면 천하는 참으로 언제까지나 태평할 것이다. 나는 이 소국(小國) 혹은 소방(小邦)을 군(郡)으로 표현하고자 한다. 그편이 더욱 이해하기 쉬울 것이다.

그곳에서는 이웃 군(郡)과 싸울 일이 없으니 갑옷과 병장기가 있어도 펼쳐 볼 일도 없고 모든 생활이 단순하므로 의사 전달을 위하여 문자를 사용할 일도 더구나 미사여구를 쓸 일은 더욱 없어 다시 새끼나 가죽끈으로 의

사를 전달하는 결승 문자를 사용한다. 그리고 밥을 달게 여기고 입는 옷도 아름답다고 하고, 사는 집을 편안하다고 여길 정도로 검소하게 살면서 자신들의 풍속을 지켜서 즐거이 산다. 이웃 군(郡)과는 닭과 개소리를 서로 들을 수 있는 거리에 살지만, 늙어 죽을 때까지 서로 왕래하지 않는다.

노자는 천하가 통일되고 난 다음에 천하의 모든 지역에서 모든 백성이 이렇게 평화롭게 살기를 진심으로 원했을 것이다. 그런 점에서 이 장은 노자가 꿈꾸는 이상을 표현한 것은 맞다. 중요한 것은 노자는 '천하의 모든 지역에서 모든 백성'들이 이렇게 살기를 원했던 것이지 극소수의 사람들이 깊고 깊은 산속이나 동굴 같은 곳으로 도망쳐서 그들끼리만 세상과는 절연한 채로 평화롭게 산다고 하는 소위 유토피아를 말한 것은 아니라고 생각한다.

그런 극소수의 사람들을 위한 유토피아를 노자가 『도덕경』의 결론 부분에서 말했다는 것은 노자를 잘 모르거나 잘못 이해한 것이며 심하게는 노자의 사상을 모독하는 것이라고 생각한다. 노자는 제67장 천하개위(天下皆謂)에서 '천하에서 모두 말하기를 나의 도는 크나, 못나고 어리석은 것 같다 한다(天下皆謂我道大, 似不肖, 천하개위아도대, 사불초)'라고 했다. 극소수의 사람들이 깊은 산속이나 동굴 저편에 숨어 살면서 세상 바뀌는 줄도 모르고 산다는 유토피아 얘기 따위가 어찌 천하 사람이 모두 '크다'고 할 만한 이야기인가?

제81장. 신언 (信言)

미더운 말은 아름답지 않고 아름다운 말은 미덥지 않다.

착한 사람은 말을 잘하지 않고 말을 잘하는 사람은 착하지 않다.

아는 자는 박식할 필요가 없고

박식하다는 사람은 어느 하나도 모르는 사람이다.

성인은 자신을 위해 쌓지 않고

다른 사람을 위해 쌓으니 자신이 더욱 갖게 되고

다른 사람에게 모든 것을 주니, 자신이 더욱 많이 갖게 된다.

하늘의 도는 사람을 이롭게 할 뿐 해롭게 하지 않으며

성인의 도는 사람을 위해 줄 뿐 사람과 다투려 하지 않는다.

信言不美, 美言不信 (신언불미, 미언불신)

善者不辯, 辯者不善 (선자불변, 변자불선)

知者不博, 博者不知 (지자불박, 박자부지)

聖人不積, 旣以爲人 己愈有 (성인부적, 기이위인 기유유)

旣以與人, 己愈多 (기이여인, 기유다)

天之道, 利而不害 (천지도, 이이불해)

聖人之道, 爲而不爭 (성인지도, 위이부쟁)

既(기) 이미, 처음부터, 원래 | 爲人(위인) 여기서 人(인)은 '다른 사람'이라는 뜻. 與人에서도 같음 | 己(기) 자기 | 愈(유) 더욱, 점점 더 | 與(여) 주다

해설

노자는 이 마지막 장에서 자신이 『도덕경』 전편에 걸쳐 하고자 한 말을 요약해서 다시 말한다. 이 장에서 노자는 새삼 무슨 잠언이나 경구를 말하고 있는 것은 아니다. 글의 구성으로 보거나 느낌에서 알 수 있듯이 노자는 글의 마지막에, 편지로 말하자면 추신 같은 형태로 이렇게 육성으로 말한다.

'지금까지 내가 한 말은 잘은 아니지만 믿을 수는 있는 말이야. 착한 사람들은 대체로 말주변이 없는데 나쁜 놈들은 하나같이 말은 얼마나 번지르하게 잘하더냐? 그리고 진짜로 아는 사람은 빙긋이 웃고만 있지, 이것저것 안다고 떠벌리지 않아. 사실 이것저것 안다고 떠드는 놈들은 하나도 제대로 모르는 놈들이야.'

'그리고 이 말은 꼭 하고 싶어. 이유야 어떻든 경과야 어찌 됐든 일단, 위정자가 된 사람은 성인이 되어야 해. 지금은 아니더라도 최소한 되도록 노력은 해야 돼. 아무리 인성이 쓰레기 같은 놈이라도 일단 위정자가 되면 성인이 되어야 해. 왜냐면 위정자는 하늘을 대신해서 힘없고 약한 수많은 백성을 보살펴야 하는 책임이 있기 때문이야.'

사실 노자가 『도덕경』에서 진짜로 하고 싶은 말은 이것이라고 나는 믿는다. 노자는 『도덕경』 곳곳에서 위정자와 성인의 역할과 자세를 혼용하여 쓰고 있다. 이것은 결국 위정자가 누가 되든 그는 성인이 되어야 한다는 것을 말하는 것이다.

'위정자는 자신을 위해서는 아무것도 쌓아서는 안 돼. 무엇이든 오직 백성들을 위해서 쌓아야 하고 그렇게 하다 보면 결국에는 그 쌓은 것이 다 자기에게 돌아와. 그리고 위정자는 무엇이든 가진 것을 모두 다 백성들에게 주어야 해. 그러면 결국에는 자신이 더 많이 돌려받게 돼. 그것이 하늘의 도야. 하늘의 도는 사람을 이롭게만 하지 해롭게 하는 것이 없어. 위정자도 하늘의 도에 따라 백성들에게 한없이 봉사하는 사람이 돼야지, 백성들과 악다구니를 해서 뭔가 얻으려 하는 사람이 되어서는 안 돼.'

이것이 노자가 독자들의 손을 잡고 끝으로 당부한 말이라고 생각되지 않는가? 아닌가?

쉽고 정확한
노자 도덕경

발행일	2019년 6월 28일

지은이	김준곤
펴낸이	변지숙
교정자	권혜린
펴낸곳	도서출판 아우룸
주소	서울특별시 마포구 동교로 156-13 동보빌딩
이메일	aurumbook@naver.com
전화	02-383-9997
팩스	02-383-9996

홈페이지	www.aurumbook.com
ISBN	979-11-90048-29-3

이 책은 저작권법에 의해 보호를 받는 저작물이므로 무단 전재와 복제를 금합니다.
잘못된 도서는 구입한 곳에서 교환해드립니다.

이 도서의 국립중앙도서관 출판예정도서목록(CIP)은
서지정보유통지원시스템 홈페이지(http://seoji.nl.go.kr)와
국가자료종합목록 구축시스템(http://kolis-net.nl.go.kr)에서 이용하실 수 있습니다.
(CIP제어번호 : CIP2019022505)